Marc Lindemann

KANN TÖTEN ERLAUBT SEIN?

Ein Soldat auf der Suche nach Antworten

Econ

Econ ist ein Verlag
der Ullstein Buchverlage GmbH

ISBN 978-3-430-20139-1

Gesetzt aus der Sabon und Helvetica
Satz: LVD GmbH, Berlin
Druck und Bindearbeiten: Fa. Pustet, Regensburg
Printed in Germany

Inhaltsverzeichnis

Meine eigenen Urteile sind seit der Veröffentlichung meines Buches »Just and Unjust Wars« 1977 ziemlich beständig. Doch ich habe meine Meinung oder die Gewichtung meiner Argumente zu ein paar Dingen geändert. Konfrontiert mit der schieren Anzahl der letzten Greuel – den Massakern und ethnischen Säuberungen in Bosnien und im Kosovo, in Ruanda, im Sudan, in Sierra Leone, im Kongo und in Liberia, in Osttimor und davor in Kambodscha und Bangladesch –, wurde ich langsam williger, nach militärischer Intervention zu rufen.

Michael Walzer, *Arguing about War*

Prolog

Die Drohnen kommen – auch nach Deutschland. Die Vereinigten Staaten setzen sie bereits seit Jahren in ihren Kriegen und zur Jagd auf Terroristen ein; ein Großteil der Führungsriege al-Qaidas wurde damit getötet. Selten hat ein neues Waffensystem bei vielen Menschen solches Unbehagen ausgelöst, wie es die ferngesteuerten Kampfflieger tun. Und schon bald soll auch die Bundeswehr mit diesen Hightech-Systemen ausgerüstet werden. Verteidigungsminister Thomas de Maizière sagte dazu: »Unbemannte, bewaffnete Luftfahrzeuge unterscheiden sich in der Wirkung nicht von bemannten. Immer entscheidet ein Mensch, eine Rakete abzuschießen.« Aber auf wen soll eine solche – dann deutsche – Rakete eigentlich abgeschossen werden? Und wer gibt den Befehl dafür: der Minister selbst, die Bundeskanzlerin oder ein diensthabender Offizier?

Bewaffnete Drohnen sind eine Antwort auf den heutigen Krieg, der längst seine Grenzen verloren hat. Gleichzeitig revolutionieren sie ihn, weil sie dafür gemacht sind, einzelne Personen zu identifizieren und zu töten, ohne auch nur einen Schritt auf das Schlachtfeld setzen zu müssen. Sie ziehen den Gegner aus der fernen Sicht des Frontsoldaten hin ins Blickfeld der Öffentlichkeit. Wir können zu Hause am Bildschirm verfolgen, wen wir töten, und immer öfter kennen wir sogar Namen und Gesichter. Es stimmt: Drohnen unterscheiden sich in ihrer Wirkung nicht von anderen Waffen – sie töten, wenn jemand den Auslöser drückt. Doch in der Art, wie sie dies tun, nehmen sie dem Sterben die Anonymität. Der Krieg wird persönlicher, als er es je zuvor war. Aber befinden wir uns überhaupt im Krieg?

Die Technik zwingt uns, nun zu tun, was wir schon längst hätten tun sollen: Wir müssen unser Verhältnis zur militärischen

Gewalt neu bewerten. Wir müssen klären, wie wir auf die Bedrohungen unserer Zeit reagieren wollen und was wir im Dienst des Gewaltverzichts zu akzeptieren bereit sind. Als die Bundeswehr 2002 nach Afghanistan geschickt wurde, sprach niemand von Krieg. Es sollte ein Land aufgebaut werden, das andere zerstört hatten. Plötzlich aber waren auch deutsche Soldaten in schwere Gefechte verwickelt, und die politische Lebenslüge vom »Friedenseinsatz« zerbrach. Mit dem Angriff auf die Tanklaster von Kundus im September 2009 wurde spätestens offenbar, was in Deutschland lange verleugnet wurde: Auch unsere Soldaten töten. Aber wollten wir das je wieder?

Die Anschaffung bewaffneter Drohnen wirft zweifelsfrei neue Fragen auf: Enthemmen sie das Töten von Gegnern, weil das Risiko für die eigenen Soldaten verschwindet? Sind sie der Einstieg in eine Sicherheitspolitik, die weltweit Jagd auf Terroristen macht? Die Politik wird sich einer breiten gesellschaftlichen Diskussion stellen müssen. Doch schon in die amerikanischen Drohneneinsätze gegen mutmaßliche Terroristen in Pakistan, Jemen oder Somalia ist die Bundesrepublik Deutschland weit mehr involviert, als offiziell zugegeben wird. Deutschland kooperiert mit den USA eng auf geheimdienstlicher Ebene: Informationen, die deutsche Behörden in der Terrorabwehr gewinnen, werden an Amerikaner weitergeleitet. Führen sie zur Tötung eines Terrorverdächtigen, tragen auch wir Verantwortung dafür. Im Afghanistaneinsatz wirken deutsche Soldaten sogar direkt an der Erstellung von Ziellisten mit, auf denen Taliban-Kommandeure und al-Qaida-Führer zur Tötung freigegeben werden.

Der Einsatz am Hindukusch wird bald zu Ende sein, doch im Nahen Osten und in Afrika warten schon neue Einsatzgebiete auf deutsche Beteiligung. Ob wir uns zukünftig an einem multinationalen Einsatzkontingent mit Bodentruppen beteiligen werden oder Drohnen zur Bekämpfung von Terroristen und Aufständischen schicken: Wir sollten endlich die Frage klären, wann die deutsche Außenpolitik auch mit Waffengewalt durchgesetzt werden soll. Wann darf Töten erlaubt sein?

Gezielte Tötungen im Krieg
gegen den Terror

Tod eines Internet-Islamisten

Als sich der kleine Konvoi am Morgen des 30. September 2011 auf den Weg nach Südosten machte, war das Schicksal seiner Insassen bereits besiegelt. Eigentlich war es das schon, als die kleine Gruppe aus der Tür des Hauses in der nordjemenitischen Provinz al-Dschauf trat. Denn der ummauerte Gebäudekomplex in dem Örtchen Khasfah wurde bereits seit Monaten durch amerikanische Satelliten und Aufklärungsflugzeuge überwacht. Die Treffen im Hof, die Fahrzeugbewegungen, wer kam und wer ging: Alles wurde genau beobachtet und akribisch ausgewertet. Die Bewohner des Gebäudes bekamen von alldem nichts mit. Wie auch? Die Späher flogen außerhalb jedweder Sicht- und Hörweite. Zwar wussten die Überwachten sehr genau, dass man hinter ihnen her war, und sie kannten auch den Grund dafür, doch vermittelte ihnen die Abgeschiedenheit dieser Region mit der Zeit ein leidliches Gefühl der Sicherheit. Denn da oben, unweit der saudischen Grenze, war Stammesgebiet, ihr Gebiet.

Die Landschaft ist der Orient eines Karl May: idyllisch und unerschlossen, warm und gleichzeitig wehrhaft. Windschiefe Lehmhäuser mit weißgekalkten Fensterumrandungen schmiegen sich an steil aufragende Felswände, die nach Südwesten hin zu stattlichen Gebirgszügen werden. Dazwischen die grobsteinigen Geröllmäander, jene berühmten Wadis, die höchstens einmal im Jahr Wasser führen und in der trockenen Zeit die fehlenden Straßen ersetzen. Fremde haben keine Chance, unentdeckt zu bleiben. Wenn sich etwas bewegt, wird das sofort bemerkt und gemeldet. Selbst die autoritäre Zentralregierung aus Sanaa kann sich in diesem Teil des Landes nur mit Hilfe ihres Militärs durchsetzen. Die ganze Region wird durch ein komplexes Gerüst aus Abhängigkeiten und Loyalität zusammengehalten, das jeden mit jedem verbindet. So entsteht ein soziales Gefüge, das in anderen Teilen der Welt seit Jahrhunderten der Vergangenheit angehört. In sich ist dieses System stimmig und konsequent, für die Gemeinschaft vielleicht sogar die einzige Möglichkeit zu überleben, doch bei genauerem Hinsehen offenbart es seinen archaischen Charakter und seine innewohnende Brutalität. Denn zugleich ist es ein gut kombiniertes Wehrsystem: Feinde werden auf Abstand gehalten, Gästen hingegen bietet es Versorgung und Schutz.

Ein solcher Gast, ein im US-Bundesstaat New Mexico geborener Mann mit arabischen Wurzeln, der bereits seit vielen Jahren jene Obhut der Clans und Stämme genoss, trat am Morgen des 30. September vor die Tür des überwachten Gebäudes. Sein Name: Anwar al-Awlaki, ein Führungsmitglied al-Qaidas, auch bekannt als »bin Laden des Internets«.

Seit Monaten hatte er das Haus nicht verlassen – aus gutem Grund. Der Vierzigjährige war bereits im Mai desselben Jahres auf eine Weise gewarnt worden, die er unmöglich missverstehen konnte: dem Versuch, ihn mit einer Drohne zu töten. Damals verfehlte die Rakete nur knapp ihr Ziel und schlug auf der Ladefläche seines Pick-ups ein; im brennenden Fahrzeug konnte er gerade noch entkommen. Er kannte also sein Risiko und handelte deshalb meist sehr vorsichtig. Warum er an jenem Tag dennoch ins Freie trat, bleibt unklar. Ein Clantreffen ist denkbar, möglicherweise eine Zusammenkunft zur Planung neuer Projekte und Strategien, vielleicht aber auch nur eine Hochzeitseinladung bei Verwandten oder noch schlichter: einfach einmal das Haus verlassen, um den mild-warmen Septembertag in den Gebirgsausläufern an der alten Weihrauchstraße zu genießen. Wer sich über Monate verstecken muss, wird schließlich auch als bekennender Asket auf eine harte Prüfung gestellt – das Risiko zu relativieren wäre daher nur allzu menschlich.

Am anderen Ende des Globus, im Örtchen Langley bei Washington, löste Awlakis Schritt nach draußen hektische Betriebsamkeit aus. Trotz nachtschlafender Stunde eilten immer mehr Personen in die zuständige Operationszentrale im Hauptquartier des CIA. Der fensterlose Raum im Herzstück des größten und mächtigsten amerikanischen Geheimdienstes, vollgestopft mit Monitoren und modernster Kommunikationstechnik, verwandelte sich innerhalb von Sekunden vom eintönigen Beobachtungsstand zur hektischen Kommandozentrale. Die Befehle waren zwar schon lange erteilt und abgesegnet, die Abläufe bekannt und trainiert, aber dennoch war die Anspannung in jener Nacht mit Händen zu greifen. Was nun in Bewegung kam, war keine Routineoperation mehr, es war der letzte Akt einer fast zweijährigen Jagd, die sich ihrem Ende näherte.

Als sich die Fahrzeuge mit Awlaki und seiner Entourage an Bord in Bewegung setzten, blieben ihm seine Verfolger per Satellitenüberwachung dicht auf den Fersen. Über staubige Straßen und ausgetrocknete Wadis fuhren die Pick-ups in Richtung Schabwah, der Stammprovinz des Verfolgten. In Langley wurde währenddessen rasch der nächste Schritt angeordnet: Zwei mit Hellfire-Raketen bewaffnete Drohnen des Typs Predator, die sich bereits im Luftraum befanden, wurden an die fahrenden Autos herangeführt und ergänzten von nun an die Überwachung aus dem All. Zusätzlich näherten sich auch Kampfjets als Reserve, um das gewünschte Ziel keinesfalls zu verfehlen.

Die Bilder, welche die unbemannten Flugzeuge auf die Monitore der Piloten brachten, waren glasklar. Das Multispektral-Zielsystem, das im vorderen Rumpfteil der Drohne eingebaut ist, kombiniert eine hochauflösende Tageslichtkamera mit einem Infrarotsensor, einem Röntgenbildverstärker und einer Laserbeleuchtung. Dunkelste Nacht, morgendlicher Nebel oder das grüne Dach eines Palmenhains – nichts böte dem Konvoi Awlakis Schutz vor den Augen seiner Verfolger. Selbst die Nummernschilder der Autos würden die Optiken der Drohnen noch aus mehreren Kilometern Höhe erkennbar machen. Doch darum ging es zu dieser Stunde schon längst nicht mehr.

Ein vager Augenzeuge, ein angeblicher Bekannter eines Clanchefs aus der Region, wird später berichten, dass er Awlaki und seine Begleiter noch beim Picknick in der Wüste beobachtet habe. Sie seien gerade beim Essen gewesen, als sie plötzlich das helle Brummen der Drohnen am Himmel über sich bemerkt hätten. Sofort seien sie zu ihren Autos gestürmt und geflohen. In der Operationszentrale der CIA wechselten sich da nur noch Statusmeldungen und Befehle ab. Die Analysten standen im Hintergrund, nun waren die Techniker dran. Die Piloten begannen damit, die beiden Drohnen in ihre letzte Position zu lenken – Maximalhöhe, um unentdeckt zu bleiben, war jetzt nicht mehr nötig. Als die beiden »Raubvögel« ihre optimale Kampfentfernung erreicht hatten, markierte ein Waffensystemoffizier das Fahrzeug Awlakis mit dem Laserzielgerät und gab auf Befehl des Operationsleiters um 9.55 Uhr Ortszeit per Knopfdruck die erste Rakete des unbemannten Fliegers frei. Zwei Sekunden später starben Anwar al-Awlaki und drei seiner Begleiter, darunter ein Terrorverdächtiger namens Samir Khan, im Feuerball ihres zerberstenden Autos. Um ganz sicherzugehen, wurden zwei weitere Raketen abgefeuert.

Die Drohnenpiloten von Langley ließen ihre beiden Predators noch einige Male über das zerstörte Fahrzeug kreisen. Doch die »Wirkaufklärung«, das sogenannte »Battle Damage Assessment«, war eindeutig: In dem rauchenden Wrack konnte niemand überlebt haben. Später zogen Dörfler aus den umliegenden Weilern die Leichname der Getöteten aus dem zerschossenen Auto und begruben sie noch am selben Tag nach islamischem Brauch. Im CIA-Hauptquartier in Virginia war da bereits der Schichtwechsel in der Operationszentrale erfolgt: Das Team, das die Operation geleitet und durchgeführt hatte, war nach Hause gefahren. Eine lange Nacht und eine fast zweijährige Jagd waren damit zu Ende gegangen. Zwei Welten gingen wieder auf Abstand.

In der Sprache der Geheimdienste war Anwar al-Awlaki so etwas wie der Leiter der »Abteilung für aktive Maßnahmen« von al-Qaida: ein eloquenter Propagandist und geschickter Verführer. In ausgewählten Fällen kümmerte er sich sogar persönlich um seine Anhänger und verleitete sie zum Morden. Auf YouTube und Facebook betrieb er eine ganze Reihe von islamistischen Propagandaseiten mit selbstgedrehten Filmen, in denen er Muslime, vor allem in den Vereinigten Staaten, an ihre heilige Pflicht erinnerte: Ungläubige zu töten, wo immer sie welche träfen.[1] Die Bedrohung, die dabei von Awlaki ausging, waren keine Bomben oder Sprengstoffgürtel, sondern seine Sprache. Da er in den USA aufgewachsen war und deren Bildungseinrichtungen genossen hatte, wusste er genau, wie er zu argumentieren und zu reden hatte, um Unzufriedene und Fehlgeleitete anzustacheln. Er erreichte seine willigen Helfer über das Internet. Mit Hilfe der Spaß- und Werbeportale gelang ihm unter anderem die Rekrutierung des Attentäters von Fort Hood, des US-Majors Nidal Malik Hasan. Der Truppenpsychologe mit palästinensischen Wurzeln erschoss in einem Amoklauf im November 2009 dreizehn Soldaten auf dem texanischen Stützpunkt, wofür ihm die Todesstrafe droht. Auch die geistige Leitung des sogenannten »Unterhosen-Bombers«, Omar Faruk Abdulmutallab, der am ersten Weihnachtstag desselben Jahres ein vollbesetztes Linienflugzeug in Detroit sprengen wollte, und die des verhinderten Times-Square-Bombers Faisal Shahzad vom Mai 2010 gingen auf Awlakis Konto.

Der US-Jemenit Awlaki war zweifelsfrei einer der führenden Köpfe der auf der Arabischen Halbinsel aktiven al-Qaida (AQAP).[2] Er verleitete Glaubensbrüder zum Morden und erklärte dies zur religiösen Pflicht, die jeder Muslim erfüllen müsse. Er tat dies in der typischen Terminologie der Dschihadisten, an die sich die westliche Welt schon lange gewöhnt hat. Doch das reichte nicht aus, um ihn über ein interessiertes Publikum hinaus bekannt zu machen, und damit auch nicht, um seinen Tod an sich zu einem historischen Ereignis zu verklären – er war eben nicht Osama bin Laden, dessen Ableben Stoff für einen Hollywood-Streifen bot. Zu viele dieser Hass-Prediger gibt es mittlerweile, als dass einer von ihnen noch besonders hervorstechen würde, denn über zehn Jahre nach 9/11 hat sich die Welt mit den permanenten Drohungen und der bösartigen Agitation solcher Dschihadisten abgefunden.

Awlaki war also sicher keine Ikone des Terrors, und das machte die Operation gegen ihn geradezu zum Paradebeispiel eines Phänomens, welches seit einigen Jahren immer stärker auf

die Bühne der internationalen Sicherheits- und Verteidigungspolitik drängt: gezielte Tötungen von mutmaßlichen Terroristen
unter weitgehendem Ausschluss der Öffentlichkeit.

Die Praxis gezielter Tötungen

Schon lange vor der Tötung Awlakis antwortete der amerikanische Justizminister Eric Holder auf die Frage, ob er den Radikalen töten, gefangen nehmen oder strafrechtlich verfolgen
wolle: »Wir wollen ihn auf jeden Fall neutralisieren. Und wir
werden alles tun, um das sicherzustellen.«[3] »Alles« schloss in
diesem Fall eindeutig auch die Tötung ein, da gab es selbst bei
dem interviewenden Journalisten überhaupt keine Zweifel.

Nachdem die angekündigte »Neutralisierung« am 30. September 2011 erfolgt war, setzte sich die Offenheit in der Causa
Awlaki fort. Ohne Umschweife nannte der amerikanische Präsident die Operation in einem ersten Pressestatement, das er am
Rande der Verabschiedung eines Vier-Sterne-Admirals gab,
einen »bedeutenden Schlag gegen den Ableger der Terrororganisation al-Qaida auf der Arabischen Halbinsel«. Nach kurzem
Applaus der Anwesenden fuhr Barack Obama fort und nannte
die Tötung Awlakis »eine Auszeichnung für seine Geheimdienste
und für die jemenitischen Sicherheitsorgane, die in diesem Fall
eng mit den Amerikanern zusammenarbeiteten«.[4] Was Obama
an seinem Präsidentenpult auf einem Militärstützpunkt in Virginia tat, war nichts Geringeres, als in völliger Selbstverständlichkeit zu bestätigen, dass eine amerikanische Behörde auf Befehl
ihres obersten Dienstherrn, also ihm selbst, einen Menschen in
einem anderen Land zur Strecke gebracht hat, weil dieser be-
schuldigt wurde, terroristische Taten organisiert, unterstützt
und weitere solcher geplant zu haben. Auch im Vorfeld hatte
Obama Fragen nach seiner Tötungsautorisierung nie dementiert. Von Verschleierung, wie sie vielen seinen Vorgängerregie-
rungen in solchen und ähnlichen Fällen noch vorgeworfen
wurde, konnte überhaupt keine Rede mehr sein.

Auf den amerikanischen Nachrichtenkanälen dasselbe Bild: In Sondersendungen wurde über die Tötung Awlakis berichtet, und die überwiegende Zahl der Regierungsvertreter, Journalisten und Kommentatoren, die dort auftraten, begrüßten das Ereignis als gelungenen Schlag gegen den internationalen Terrorismus und stellten die Tötung an sich in keiner Weise in Frage. Auf der Straße eingefangene Stimmen von Bürgern pflichteten dieser Bewertung durchweg bei. Zudem ließen viele dort ihren Vergeltungsgelüsten wegen Awlakis Terrorplanungen freien Lauf. Die wenigen Kritiker, die sich in den USA vorwagten, konzentrierten sich meist auf die Tatsache, dass der studierte Ingenieur und Kleriker Awlaki durch seine Geburt amerikanischer Staatsbürger war – ein Detail, das auch dem amerikanischen Justizministerium vor dem Luftschlag das meiste Kopfzerbrechen bereitet hatte.[5] Über die Tötung an sich musste, in den Vereinigten Staaten jedenfalls, überhaupt nicht diskutiert werden: Terroristen mit Drohnen zu töten gilt in weiten Teilen der amerikanischen Politik und den Medien als legitimes und vor allem wirksames Mittel im Kampf gegen terroristische Bedrohungen. In anderen Ländern, vor allem in Deutschland, wird diese Meinung nicht geteilt.

Drohneneinsätze gegen einzelne Personen haben sich seit 2002 zu einem festen Bestandteil der amerikanischen Strategie im Kampf gegen den internationalen Terrorismus entwickelt. Unter der Präsidentschaft Barack Obamas wurden bereits Hunderte Einsätze gegen Terrorverdächtige geflogen. Allein in Pakistan schätzen unabhängige Beobachter die Zahl der Getöteten auf mehr als dreitausend.[6] Aber auch in anderen Teilen der Welt werden Menschen, die amerikanische Behörden für eine Bedrohung der nationalen Sicherheit halten, mit den unbemannten Kampffliegern gejagt und getötet – ohne gerichtlichen Schuldspruch, ohne Transparenz und weit außerhalb der aktuellen Kriegsgebiete. Die Öffentlichkeit erfährt davon erst im Nachhinein – bei Personen, die noch unbekannter als Awlaki sind, aber in der Regel nie. Der Einsatz von Kampfdrohnen ist in den letzten Jahren zum Synonym für gezielte Tötungen geworden, obwohl die meisten der unbemannten Flieger innerhalb bewaffneter Konflikte eingesetzt werden, wo sie fast immer dieselbe Funktion wie herkömmliche Jagdbomber haben. Die gezielte Tötung von Staatsfeinden ist keine Erfindung der Neuzeit. Die Antike ist gespickt mit Beispielen vergifteter oder erdolchter Politiker, die Tötung Julius Cäsars ist eines der bekanntesten. Der Moralphilosoph Professor Werner Wolbert berichtet von den Urahnen der heutigen Ismaeliter, den Assassinen: Im Mittelalter töteten die Mitglieder dieser islamischen Sekte gezielt die Anführer ihrer Gegner, um Angst und Schrecken zu verbreiten. Aus ihrem Namen leitet sich das heutige englische Wort für »Attentat« ab: »assassination«. Auch in der Neuzeit gab es kaum einen bedeutenden Fürsten oder hochrangigen Politiker, der nicht Opfer eines politisch motivierten Tötungsversuchs wurde oder zumindest im Fokus einer solchen Planung stand.

Tötungen wie die Abraham Lincolns, Rosa Luxemburgs oder Jitzhak Rabins lassen sich aber kaum in Zusammenhang mit den heutigen Drohnenangriffen gegen einzelne Menschen bringen. Sie waren zwar ebenfalls politisch motiviert und direkt gegen die jeweilige Person gerichtet, wurden aber in der Regel von Einzeltätern oder einer radikalen Gruppe ausgeführt. Selbst wenn ein Staat oder wie im Falle Rosa Luxemburgs eine Gruppe innerhalb des Staats hinter den Attentaten steckte, war die Tötung von Staatsoberhäuptern oder oppositionellen Politikern meist eine inländische Angelegenheit und nie Teil einer offiziellen Verteidigungsdoktrin. Auch spektakuläre Aktionen verschiedener Geheimdienste, um unliebsame Staatsführer zu töten, wie etwa die versuchte Vergiftung Fidel Castros mit einer präparierten Zigarre, fallen in eine andere Kategorie: Es handelte sich dabei immer um Einzelpläne, die zwar von Regierungen toleriert oder möglicherweise sogar in Auftrag gegeben wurden, aber niemals Teil einer offiziellen Strategie zur Kriegsführung oder Landesverteidigung waren. Für diese Art von Tötungen trifft der Begriff »politische Tötung« wesentlich besser zu. Sie sind nicht Thema dieses Buchs.

Sehr viel mehr Ähnlichkeit mit den gezielten Tötungen der Gegenwart hatte das sogenannte Phoenix-Programm während des Vietnamkriegs. Ab 1967 spürten Einheiten der CIA und der amerikanischen und südvietnamesischen Streitkräfte systematisch politisches und militärisches Führungspersonal des Vietcong auf, um dieses zu verhaften oder zu liquidieren. In die Kritik geriet diese Strategie nicht wegen der Tötungen an sich, sondern wegen zahlreicher Folterungen und ziviler Opfer. Vor allem die vietnamesischen Verbündeten der Amerikaner griffen immer wahlloser zu, um festgesetzte Quoten zu erfüllen; das Element des »Gezielten« trat dabei zunehmend in den Hintergrund. Diese Operation wurde auch in den angrenzenden Nachbarländern Laos und Kambodscha durchgeführt, die offiziell nicht am Kriegsgeschehen beteiligt waren.

Ein aktuelles Beispiel für gezielte Tötungen ist das israelische Vorgehen gegen Führer der Hamas seit der zweiten Intifada im Jahr 2000. Israel setzt dabei nicht nur Drohnen ein, sondern auch herkömmliche Kampfjets und -hubschrauber. Im Unterschied zum Phoenix-Programm gehen die Israelis gegen ihre mutmaßlichen Feinde deutlich selektiver vor, ähnlich wie die Amerikaner. Es existieren Listen, auf denen potentielle Zielpersonen geführt werden, und es gibt eine Art Auswahlverfahren, den sogenannten Targeting-Prozess; die letzte Entscheidung zur gezielten Tötung eines mutmaßlichen Terrorführers wird nicht auf operativer Ebene getroffen, sondern direkt durch die Regierung. Beide Staaten, sowohl die USA als auch Israel, gehen offen mit dieser Strategie um – aus ihrer Sicht ein legitimes Mittel im Kampf gegen den Terrorismus.

Weder das Völkerrecht noch irgendein anderes international anerkanntes Abkommen definiert, was eine »gezielte Tötung« ist. Sowohl die Gegner als auch die Befürworter dieser Praxis benutzen verschiedene Begrifflichkeiten, die meist die jeweils ablehnende oder unterstützende Haltung bekräftigen. Besonders wenn es um die gezielte Tötung durch die israelischen Streitkräfte geht, sind Begriffe wie »außergerichtliche Hinrichtung« oder »staatlicher Mord« zu vernehmen. Auch das amerikanische

Vorgehen wird zunehmend so bezeichnet. Beide Begriffe sind per definitionem jedoch bereits anderweitig belegt.

Eine Hinrichtung wird an Personen durchgeführt, die sich im Gewahrsam eines Staates befinden. Ebendies ist bei den Tötungen durch Drohnen oder andere Mittel nicht der Fall. Es ist vielmehr einer der Gründe, gezielt zu töten. Eine Hinrichtung setzt zudem zwingend eine Gerichtsverhandlung voraus, wie der Moralphilosoph Werner Wolbert feststellt, die auch durch den Zusatz »außergerichtlich« nicht obsolet wird. Denn selbst wenn ein Gericht eine gezielte Tötung autorisiert, wird der rechtliche und ethische Charakter dieser Maßnahme nicht verändert.

Der Begriff »Mord« trifft auf gezielte Tötungen, wie sie die USA und Israel durchführen, ebenfalls nicht zu. Mord ist nach Paragraph 211 des deutschen Strafgesetzbuchs eine »besonders verwerfliche Tötung eines anderen Menschen«. Genau dies wollen jene, die dieses Wort verwenden, natürlich zum Ausdruck bringen; es wird dadurch aber nicht richtiger. Um einen Mord zu begehen, muss als Beweggrund entweder »Mordlust«, die »Befriedigung des Sexualtriebs«, »Habgier« oder ein anderer »niedriger Beweggrund« vorliegen. Keines dieser Merkmale wird man etwa Barack Obama attestieren können, wenn er den Befehl zur gezielten Tötung eines mutmaßlichen Terroristen abzeichnet. Aus demselben Grund ist auch das Tucholsky-Zitat »Soldaten sind Mörder« definitorisch falsch: Ein Soldat kann natürlich zum Mörder werden, etwa an der eigenen Frau oder am Kriegsgegner, ist es aber nicht allein durch seine Funktion als Soldat. Oder könnte man einem achtzehnjährigen Gefreiten in irgendeiner Armee dieser Welt wirklich einen der obengenannten »niedrigen Beweggründe« unterstellen, wenn er mit seiner Einheit in einen Krieg geschickt wird?

Der Begriff »gezielte Tötung« wird international in den meisten juristischen oder wissenschaftlichen Abhandlungen verwendet. Er ist neutral, ohne dabei zu verschleiern, worum es tatsächlich geht: das Töten von Menschen. Dieses Buch bleibt deshalb bei dieser Bezeichnung und definiert »gezielte Tötungen« mit den folgenden drei Kriterien:

- Gezielte Tötungen richten sich gegen einzelne Individuen, deren Identität bekannt ist. Es handelt sich dabei um Personen, die vor allem durch ihre leitende Funktion innerhalb einer militärischen, paramilitärischen oder terroristischen Gruppe zum Ziel werden. Es kann sich aber durchaus auch um Personen handeln, die allein operieren. Zwingend ist, dass die Zielpersonen einem offensiv-gewalttätigen Spektrum zuzuordnen sind. Eine Zweitfunktion als politischer Führer ist möglich, darf aber nicht überwiegen. Die Tötung politischer Gegner fällt, wie oben bereits beschrieben, unter die Bezeichnung »politische Tötungen«.

- Gezielte Tötungen werden von staatlichen Behörden mit der Genehmigung durch die jeweilige Regierung durchgeführt. Tötungen, die von nichtstaatlichen Akteuren, etwa von Terrorgruppen oder kriminellen Banden, vorgenommen werden, gehören nicht dazu. Die Wahl der Waffen spielt dabei eine untergeordnete Rolle. Entscheidend ist, dass die Absicht des Tötens vorliegt. Eine Zugriffsoperation, in deren Zuge die Zielperson getötet wird, fällt nicht unter die Definition einer »gezielten Tötung«, wenn die seriöse Absicht einer Festnahme bestand.

- Gezielte Tötungen finden außerhalb der eigenen Staatsgrenzen statt. Sie können dabei potentiell in jedem Land der Erde durchgeführt werden, meist aber in Staaten, in denen ein Mangel an eigenen Sicherheitsstrukturen herrscht. Darüber hinaus wird die Praxis der »gezielten Tötungen« außerhalb des Schlachtfeldes angewendet. An dieser Stelle wird eine genaue Abgrenzung schwierig, da es die klassischen Schlachtfelder in den heutigen Kriegen nicht mehr gibt. Gezielte Tötungen sind aber keinesfalls Teil einer Gefechtssituation oder einer umfassenden herkömmlichen militärischen Operation innerhalb eines Krieges. Als also während der Operation »Phantom Fury«, der Rückeroberung der irakischen Stadt Falludscha von sunnitischen Aufständischen im Jahr 2004, Scharfschützen gegen irakische Kämpfer eingesetzt wurden, fiel dies nicht unter die Definition »gezielte Tötung«. Innerhalb des Kriegsgebiets Irak konnte es jedoch sehr wohl zu gezielten Tötungen kommen. Diese Praxis kann damit ausdrücklich auch innerhalb eines Kriegs- oder Bürgerkriegsgebiets angewendet werden.

Eine Person »gezielt« zu töten reicht also längst nicht aus, um daraus einen Fall dieser umstrittenen Art der Sicherheitspolitik zu machen. Es bedarf eines staatlichen Auftrags, eines gewalttätigen Wirkens des Gegners und einer Trennung von militärischen Operationen, die hauptsächlich andere Ziele verfolgen als die Tötung einer bestimmten Person.

In der realen Umsetzung sind diese Trennlinien freilich nicht immer genau zu ziehen. Allein das »gewalttätige Wirken« einer potentiellen Zielperson lässt großen Interpretationsspielraum offen. Einen lokalen Organisator von Selbstmordattentätern wird man leicht in ein gewalttätiges Spektrum einordnen können, zudem es sich um eine Form von terroristischer Gewalt handelt. Wie weit aber reicht ein solches Spektrum? Anwar al-Awlaki war in erster Linie Propagandist und ideologischer Scharfmacher, aber er rekrutierte auch persönlich junge Männer, die später Anschläge in den USA verübten. Hätte sein Handeln ohne diese Unmittelbarkeit ausgereicht, um als »gewalttätiges Wirken« zu gelten? Falls ja, wo verläuft dann die nächste Grenze: beim Propagandisten, beim Finanzier oder bei demjenigen, der Unterkünfte an Terroristen vermietet, sich ansonsten aber nicht an Planungen beteiligt? Eine weitere Unklarheit besteht in der Frage, ob das gewalttätige Umfeld immer terroristischer oder gar kriegerischer Natur sein muss. In Mexiko hat beispielsweise der Kampf der Drogenkartelle das Ausmaß bürgerkriegsähnlicher Zustände erreicht; die Auswirkungen betreffen die Vereinigten Staaten als nördlichen Nachbarn unmittelbar. Welcher Unterschied bestünde also zwischen der gezielten Tötung eines Terroranführers und der eines Drogenkartellbosses?

Schon bevor man sich der eigentlichen Frage nähern kann, ob Töten erlaubt sein darf, steht man vor dem ersten Dilemma: Denn selbst die Definition des Begriffs »gezielte Tötung« hängt von der Perspektive ab. Es stehen nicht einmal neutrale, also wertfreie, Begriffe zur Verfügung, um über diese Praxis zu sprechen. Es beginnt schon mit der Einordnung der Zielpersonen in ein »gewaltsames Spektrum«. Selbstverständlich ist dabei illegitime Gewalt gemeint, also etwa jene, die sich gegen unbeteiligte Zivilisten richtet oder gegen eine rechtmäßige Regierung. Diejenigen aber, die diese Form der Gewalt einsetzen, werden in der Regel eine andere Perspektive haben: Sie sehen sich im Recht zu kämpfen und zu töten, weil sie ihre übergeordneten Ziele als rechtmäßig empfinden.

Wenn einer der bewaffneten Arme der Hamas israelische Siedlungen mit Raketen oder Selbstmordkommandos angreift und dabei Zivilisten tötet, betrachten Israel und der Großteil der Staaten dieser Welt dies als unzulässige Gewaltanwendung – nicht aber die Hamas selbst. Auch der Iran hält diese Mittel im Kampf gegen Israel für gerechtfertigt und unterstützt ihn deshalb verbal und finanziell. Wenn wir also diskutieren, ob das gezielte Töten von Terroristen der Hamas erlaubt sein kann, muss uns dabei bewusst sein, dass wir dies einzig auf der Grundlage tun, dass *wir* deren Handeln als falsch ansehen. Wer sich dieser Haltung nicht anschließen möchte, teilt nicht die Grundlage für diese Diskussion. Die Bezeichnung »Terrorist« fasst diesen unbedingten Zwang zur eigenen Wertung am besten zusammen. Wer ist ein Terrorist? Osama bin Laden, möchte man sagen. Er selbst, seine Mitstreiter und seine Anhänger, die noch im südlichen Afrika T-Shirts mit seinem Konterfei trugen, bezeichneten ihn aber nicht als solchen. Wer hat nun recht?

Mit dieser Feststellung ist keinesfalls beabsichtigt, jede moralische Position innerhalb unserer gesellschaftlichen Ordnung zu hinterfragen. Wo würde es hinführen, wenn wir den Einsatz von Selbstmordkommandos auf belebten Marktplätzen nicht mehr als falsch verurteilen würden, weil es keine übergeordnete Instanz gibt, die einen Schiedsspruch darüber fällt? Letztlich würden damit die Grundfesten gesellschaftlichen Zusammenlebens in Frage gestellt. Es geht also vielmehr darum, deutlich zu machen, dass die Frage, ob Töten erlaubt sein kann, sich an unseren

Wertvorstellungen orientiert. Wer ein Terrorist ist und wer ein Freiheitskämpfer, bestimmte immer schon die Perspektive, die Zeit und manchmal erst der Erfolg der Desperados.

Dieses Buch orientiert sich an unserer Perspektive und unseren Wertvorstellungen. »Unsere« meint in diesem Fall »westlich-demokratisch«, in vielen Fällen sogar »deutsche« Wertvorstellungen. Dass diese nicht von allen vorbehaltlos geteilt werden, ja nicht einmal einheitlich definiert sind, ist natürlich bekannt. So bleibt es jedem freigestellt, sich ihnen anzuschließen, sie in einem konkreten Fall anders zu sehen oder sie komplett abzulehnen. Um aber überhaupt über die Frage des Tötens diskutieren zu können, sind klare Wertvorstellungen, ob in der einen oder anderen Form, unabdingbar.

Wollen wir töten?

Die gezielten Tötungen einzelner Topterroristen durch die USA haben das Thema auch in Deutschland in den gesellschaftlichen Fokus gerückt. Die Widerstände, die sich gegen diese Praxis richten, sind vielfältig begründet und lassen sich in ihrer Vehemenz oft nur im Kontext der deutschen Geschichte verstehen. Bevor wir im Detail darauf kommen werden, sei eines schon vorweg gesagt: In den meisten Fällen sitzt die Wurzel der Kritik an gezielten Tötungen viel tiefer. In Deutschland herrscht ein grundlegendes Unbehagen, politische Ziele mit Waffengewalt durchzusetzen, egal auf welche Art. Die Drohnenpolitik Amerikas wirkt dabei lediglich wie ein Brennglas.

Besonders deutlich zeigte sich diese grundsätzliche Ablehnung jedweder militärischen Gewalt am multinationalen Einsatz in Afghanistan. Eine breite Unterstützung gab es innerhalb der deutschen Bevölkerung von Anfang an nicht, aber solange das Trugbild des Hilfseinsatzes mit partnerschaftlicher Zusammenarbeit hielt, wagte kaum jemand, sich dagegenzustellen. Die Bundesrepublik sieht sich schließlich verpflichtet, international für den Schutz der Menschenrechte einzutreten und »dem Frieden in der Welt zu dienen«.[7] Diesem Bekenntnis müssen zu gegebener Zeit Taten folgen. Als aber die Realität das deutsche Engagement am Hindukusch einholte, kippte die Stimmung in der Bevölkerung schlagartig. Von Anschlägen, Verwundeten und Gefallenen war eben nie die Rede – und erst recht nicht vom Töten. Wollen wir Deutsche also töten? Diese Frage ist leicht zu beantworten: Nein, das wollen wir natürlich nicht! Was aber, wenn Töten notwendig wird, um andere Werte zu schützen?

Die Praxis der gezielten Tötungen und der Einsatz von herkömmlicher militärischer Gewalt teilen sich in Deutschland das Unbehagen in der Bevölkerung und die unbeantworteten Fragen dazu. Eine Auseinandersetzung mit gezielten Tötungen ist daher gleichermaßen eine Auseinandersetzung mit militärischen Interventionen im Ganzen, an denen die Bundesrepublik Deutschland seit über zwei Jahrzehnten teilnimmt. Denn obwohl es nie offen ausgesprochen wurde, ging mit der Entsendung von Soldaten in ein Kriegsgebiet immer auch die Anwendung tödlicher Gewalt einher. Im Unterschied zu einem Drohneneinsatz konnte man zwar Zeitpunkt und Ort nicht bestimmen; dass es aber zum Einsatz »letaler Wirkmittel«, wie es in der Verteidigungsbeamtensprache heißt, kommen würde, war immer sicher. Wann wollen wir Deutsche also militärische Gewalt einsetzen? Eine Frage, die man schon hätte klären müssen, bevor der erste deutsche Soldat afghanischen Boden betrat. Die sich ausdehnende Praxis der gezielten Tötungen bietet nun beste, aber leider späte Gelegenheit, das nachzuholen.

Dieses Buch wird sich mit gezielten Tötungen nach der oben gemachten Definition auseinandersetzen. Es wird im ersten Kapitel den amerikanischen Drohnenkrieg untersuchen, die deutsche Kritik daran zusammenfassen und das System Kampfdrohne in einen historischen Kontext der Waffenentwicklung einordnen. Viele haben ihr Urteil über diese neue Technik bereits gebildet. Eine unfaire, kaltblütige Art des Tötens. Stimmt das?

Im zweiten Teil wird die Praxis der gezielten Tötungen unter rechtlichen Gesichtspunkten bewertet. Das Völkerrecht ist bis heute die juristische Grundlage, auf welcher der Einsatz von Gewalt stattfindet. Es regelt seit über sechzig Jahren, wie Kriege zu führen sind. Aber die heutigen Kriege haben ihr Gesicht komplett verändert.

Im dritten Kapitel nähern wir uns dem deutschen Umgang mit Gewalt und Krieg im Speziellen. Nach dem verursachten und verlorenen Zweiten Weltkrieg haben die Deutschen große Bedenken, politische Ziele mit Waffengewalt durchzusetzen. Politiker wissen dies und suchen den Ausweg allzu oft in verbaler Verschleierung. Doch auch die Bundesrepublik wendet seit langem militärische Gewalt an und bewegt sich auch im Spektrum von gezielten Tötungen. In Afghanistan wirken deutsche Soldaten genauso an Ziellisten mit Taliban-Kämpfern mit wie amerikanische Militärs. Sie töten nicht gezielt, aber sie unterstützen durch Logistik und Informationen.

Das Thema wirft vor allem moralische Fragen auf, die auch viele andere Bereiche der eigenen Sicherheitspolitik, ja sogar von Landespolizeigesetzen berühren und im vierten Teil dieses Buchs betrachtet werden. Es geht um Risikoabwägungen, Prävention und ethische Grundwerte. Diskussionen zum Abschuss entführter Zivilflugzeuge und Gesetze zum »finalen Rettungsschuss« berühren in gleichem Maße die höchsten Güter einer demokratischen Ordnung: das Recht auf Leben. Entscheidende Fragen zum Einsatz von Gewalt sind bis heute nicht beantwortet. Wer hat das Recht, gezielte Tötungen zu befehlen? Hat es überhaupt jemand und, wenn ja, unter welchen Umständen? Was macht ein Ziel aus, um »legitim« zu werden? Was unterscheidet einen Rebellenführer von einem Freiheitskämpfer? Und was schützt vor Fehlentscheidungen und Missbrauch?

Die Praxis der gezielten Tötungen geht mit einem Paradigmenwechsel in der internationalen Sicherheitspolitik einher, der sich bereits seit einigen Jahren vollzieht und die bisherige Strategie der jahrelangen Großinterventionen ablösen wird. Der Afghanistaneinsatz ist gescheitert: Sind gezielte Tötungen die Antwort, auf zukünftige Gefahren zu reagieren? Auf der anderen Seite stellt sich die Frage, ob gezielte Tötungen zur »Humanisierung« des Krieges beitragen können, weil Kollateralschäden minimiert und Gefahren für die eigenen Soldaten vermieden werden. Wenn beispielsweise das gezielte Ausschalten eines Despoten zur Rettung Hunderter führt, sollte es dann getan werden? Dürfen Menschenleben überhaupt gegeneinander aufgewogen werden? Und, wenn ja, in welchem Verhältnis? Dieses Buch behandelt ein schwieriges Feld. Elementare Fragen von Recht und Gesetz, Moral und Realpolitik werden berührt. Es erhebt keinen Anspruch auf vollständige Lösungen. Es will die Fragen stellen, die jeden Abgeordneten bewegen, der Militäreinsätze beschließt, jeden Soldaten, der seinen Eid leistet, und jeden Bürger, der an einer Politik teilnimmt, die auf Bedrohungen unserer Zeit reagieren muss.

Vor und während des Schreibens an diesem Buch habe ich mich mit Menschen getroffen, die sich in verschiedener Weise mit der Frage des Tötens beziehungsweise mit der Frage von militärischer Gewalt befassen. Die Gespräche und Interviews haben mir sehr geholfen, dieses schwierige Thema aus unterschiedlichen Blickwinkeln zu betrachten und meine eigene Perspektive zu verlassen. Nicht alles hat mich überzeugt, aber die Argumente und Einschätzungen, die ich zu hören bekam, hatten alle etwas Gemeinsames: Sie waren von dem aufrichtigen Wunsch getragen, Gewalt zu verhindern. Neben vielen anderen waren es vor allem die Interviews mit dem evangelischen Militärbischof Martin Dutzmann, der Philosophin und Schriftstellerin Thea Dorn, den Völkerrechtlern Christian Tomuschat und Stefan Oeter, dem Moralphilosophen Werner Wolbert und dem Islamwissenschaftler Bülent Ucar, die in dieses Buch einflossen. Ihnen gilt mein Dank für die guten Gespräche und den Erkenntnisgewinn. Auch den Personen, die nicht namentlich erwähnt werden können, danke ich für ihre Einschätzungen und ihr Detailwissen, das sie mit mir geteilt haben.

Obamas Drohnenkrieg
und die Deutschen

Barack Obamas außenpolitisches Erbe wog schwer. Zwei festgefahrene Guerillakriege hatte er 2009 von seinem Vorgänger übernehmen müssen; beider waren die Amerikaner schon lange überdrüssig. Also versprach er bereits im Wahlkampf 2008, den Einsatz im Irak rasch zu beenden, sich mit den frei werdenden Kapazitäten auf Afghanistan zu konzentrieren, um später auch von dort die Truppen nach Hause zu holen.

Nicht nur in den USA, auch in Europa reagierten die Menschen auf Obamas Ankündigungen mit Erleichterung, teils sogar mit Euphorie. Sein Vorgänger im Amt, der Texaner George Walker Bush, hatte sich außerhalb Amerikas über die Jahre zu einer Inkarnation der Amoral entwickelt. Der Krieg gegen den Terror schien unter seiner Führung alles Richtige verloren zu haben. Bushs Präsidentschaft stand in Europa bald nur noch im Schatten von Guantánamo, Abu Ghraib und außer Kontrolle geratener Söldnerheere. Der Sog des Falschen riss alles Legitime herab. Waren die Amerikaner der Einsätze müde, haben viele Europäer sie von Anfang an nie als ihre Angelegenheit betrachtet. Die Gründe, die den Westen 2001 in den Krieg führten, schrumpften mit der Zeit auf Miniaturgröße. Besonders in Deutschland vermochte (oder wollte) sich kaum noch jemand daran zu erinnern, was die Auslöser waren. Die kollabierenden Türme des World Trade Centers markierten eine Zeitenwende; für die Deutschen fand diese aber nur im Fernsehen statt.

Obama trat an, um die Entgleisungen des Antiterrorkriegs wieder geradezurücken. Mit ihm sollte das »verlorene Jahrzehnt« beendet und vergessen werden, so wie ein böser Alptraum.[1] »Yes, we can!« berauschte die Menschen auf beiden Seiten des Atlantiks. Als er im Sommer 2008 an der Berliner Siegessäule sprach, jubelten ihm mehr als zweihunderttausend Menschen zu – das hatte es noch nie bei einem Mann gegeben, der sich erst anschickte, Präsident zu werden. Gut ein Jahr später bekam er eine noch größere Ehrerbietung: Wiederum auf Kredit erhielt er, nunmehr als Präsident der Vereinigten Staaten von Amerika, den Friedensnobelpreis verliehen – auch das hatte es in dieser Form noch nie gegeben. In der Begründung der Jury hieß es unter anderem: »Als US-Präsident hat Obama ein neues Klima in der internationalen Politik geschaffen. Multilaterale Diplomatie ist wieder ins Zentrum gerückt, ein Schwerpunkt ist dabei die Rolle, die die Vereinten Nationen und andere internationale Institutionen übernehmen können. Dialog und Verhandlungen werden als vorrangiges Mittel angesehen, um selbst die kompliziertesten internationalen Konflikte zu lösen.« Die Formulierung des Osloer Komitees klingt aus heutiger Perspektive deplatziert, damals allerdings traf sie exakt die Sehnsüchte eines massenkompatiblen Pazifismus des europäischen Kernlandes: ein Messias, der den deutschen Traum der frühen neunziger Jahre doch noch erfüllen würde und in ein Zeitalter der Gewaltlosigkeit führt.

Als Obama im Januar 2013 seine hart erkämpfte zweite Amtszeit antrat, war von der Hoffnung, die viele in ihn gesetzt hatten, schon längst nichts mehr übrig. »Schade« titelte der *Spiegel* bereits im Sommer 2012 gönnerhaft und stellte gut vier Jahre nach der überschwänglichen Obama-Schwärmerei die Note »missglückte Präsidentschaft« aus. Der »Superstar«, »Weltpräsident« und »Messias« hatte Deutschland bitter enttäuscht und trug, jedenfalls nach einhelliger Meinung der deutschen Presse, selbst die Schuld daran.[2] Dem Versagerurteil des Hamburger Magazins und seiner Sekundanten lag eine großangelegte Umfrage des renommierten Pew Research Centers aus Washington D. C. zugrunde.[3] Die Denkfabrik hatte insgesamt sechsundzwanzigtausend Menschen in einundzwanzig Ländern zu Barack Obamas Politik befragt. Das Gesamtergebnis war eigentlich wenig überraschend und ließ sich so zusammenfassen: Realpolitik entzaubert jeden, aber Obama war der großen Mehrheit rund um den Globus immer noch lieber als George W. Bush. Wenn man die weltfremde und medial befeuerte Erwartungshaltung vor seiner Amtsübernahme in die Bewertung einbezieht, war das Resultat für einen Regierungschef in schwieriger Zeit sogar recht passabel – so jedenfalls sahen das viele Regierungsmitglieder in Washington. Die anderen »World Leader« Wladimir Putin, Ban Ki-Moon und Angela Merkel, die in derselben Umfrage bewertet wurden, konnten nämlich von solchen Werten nur träumen. Ganze 61 Prozent der Befragten sprachen Obama in der einen oder anderen Form ihr »Vertrauen« aus – und das global. Für das deutsche Urteil, das in der gleichen Art auch von anderen Nachrichtenmagazinen und Tageszeitungen gefällt wurde, spielte dieser Gesamtwert jedoch keine Rolle mehr.[4] Obama hatte die »Mutter aller Hoffnungen« schließlich nicht erfüllt: Die Deutschen erhielten nicht den »Friedenspräsidenten«, den sie glaubten, versprochen bekommen zu haben.

Das Ende der deutschen Obama-Manie hatte seine Ursache nicht in dem, was der Vergötterte nicht einlöste. Wie versprochen, beendete er den Einsatz der US-Streitkräfte im Irak und gab kurze Zeit später den Termin für den verantwortungsvollen Abschluss der Afghanistanmission für alle Beteiligten vor. Die wirkliche Enttäuschung – und zwar im eigentlichen Sinne des Wortes – entstand bei den Deutschen durch das, was er anstelle der zähen und erfolglosen Großinterventionen tat. Barack Obama beendete nicht den weltweiten Kampf gegen den Terror, er begann, ihn auf eine andere Art fortzusetzen: durch die gezielte Ausschaltung terroristischer Führungskader mit weltweit operierenden Kampfdrohnen.

Unter Barack Obamas Präsidentschaft wurde der Einsatz der unbemannten Kampfflieger zu einer Art Markenzeichen von Amerikas Antiterrorstrategie: Seit seinem Einzug ins Weiße Haus 2009 hat sich die Zahl der Einsätze außerhalb der offiziellen Kriegsgebiete mehr als verfünffacht! Genehmigte sein Vorgänger Bush im Durchschnitt alle dreiundvierzig Tage einen Drohnenangriff, kam Obama in den ersten zwei Jahren seiner Amtszeit auf durchschnittlich zwei pro Woche. Zur Wahrheit gehört freilich auch, dass Technik und Anzahl der Kampfdrohnen unter seinem Vorgänger noch nicht auf dem Stand von heute waren; Bush stand dieses Mittel zur Terrorbekämpfung also nicht im jetzigen Umfang zur Verfügung. Das Pentagon und das Weiße Haus machen aus dem Strategiewechsel keinen Hehl: Obama hat sich für die Drohnen entschieden, um die kostspieligen, verlustreichen und erfolgsarmen Kriege gegen den Terrorismus zu beenden. Die unbemannten Flieger sind dabei natürlich nur ein Teil einer neuen sicherheitspolitischen Strategie, wenn auch der herausstechende. Drei Länder stehen bisher offiziell im Fokus des amerikanischen Drohnenkriegs:

– Pakistan: Hier finden mit Abstand die meisten Angriffe statt. Die westlichen Provinzen der Atommacht, die sogenannten »Stammesgebiete unter Bundesverwaltung« (FATA)[5], und die ostwärts angrenzende »Nordwestliche Grenzprovinz«, die 2010 in Khyber Pakhtunkhwa umbenannt wurde, werden in weiten Teilen nicht von der Zentralregierung kontrolliert. Die zerklüftete Region teilt sich eine über tausend Kilometer lange Grenze mit Afghanistan und ist die Rückzugs- und Logistikbasis der kämpfenden Taliban am Hindukusch. In Zweitfunktion bieten die Stammesgebiete auch mannigfaltige Versteckmöglichkeiten, die sogenannten »Safe Haven«, für Führungspersonal der al-Qaida und anderer islamistischer Terrorgruppen. Seit 2004 gab es weit über dreihundert Drohnenangriffe auf diesem Gebiet.[6]
– Jemen: Schon lange vor der Tötung al-Awlakis wurden verdächtige Personen aus dem Umfeld al-Qaidas aufgespürt und unbemannt getötet. 2002 gab es den ersten Einsatz einer bewaffneten Predator-Drohne: Kaid Ali Bin Sinian al-Harethi, der mutmaßliche Planer und Koordinator des Anschlags auf den US-Zerstörer Cole im Jahr zuvor, wurde im gleichen Gebiet wie Awlaki aufgespürt und ebenfalls auf der Fahrt mit fünf weiteren mutmaßlichen al-Qaida-Leuten getötet. Ähnlich wie in Pakistan hat die Zentralregierung in Sanaa nur spärlich Kontrolle über weite Gebiete des Landes, und während des Irakkriegs haben sich diese »wilden« Regionen als

Rückzugsraum islamistischer Kämpfer stetig vergrößert. Die Zahl der Drohneneinsätze wird von unabhängigen Beobachtern auf über hundert geschätzt. Offizielle Bestätigungen gibt die amerikanische Regierung aber nur dann heraus, wenn politisches Kapital daraus geschlagen werden kann – zuletzt war dies bei Anwar al-Awlaki der Fall.

– Somalia: Das Land gilt seit über zwanzig Jahren, spätestens aber nach dem gescheiterten UNOSOM-Einsatz 1993 als »failed state«, als gescheiterter Staat ohne funktionierende Regierung. Durch die Kämpfe rivalisierender Clans und Milizen entwickelten sich auch dort Kooperationsmodelle mit überregional und weltweit agierenden Terrorgruppen. Kenia hat beispielsweise seit einigen Jahren, vom Ausland weitgehend unbemerkt, mit Anschlägen, Geiselnahmen und Piraterie zu kämpfen, die ihre Basis in Somalia haben. Eine Trennung zwischen Kriminalität und Terrorismus ist wie in Afghanistan meist nicht möglich. 2011 intervenierte die unerfahrene kenianische Armee, um wenigstens der Bedrohung im Grenzbereich Herr zu werden, und erzielte tatsächlich einige Erfolge. Die USA schicken ihre Kampfdrohnen von Stützpunkten in Dschibuti, den Seychellen und in Saudi-Arabien in den Kampf. Eine direkte Unterstützung der Kenianer bei laufenden Operationen ist bisher nicht bekannt, selbstverständlich aber wird das militärische Vorgehen miteinander abgestimmt. Wie in Pakistan und dem Jemen konzentrieren sich die Drohnen vorrangig auf Ziele, die als Sicherheitsrisiko für die USA bewertet werden. Die Zahl der Drohneneinsätze wird vom Londoner Bureau of Investigative Journalism, einem unabhängigen Netzwerk zur Dokumentation der Drohnenpolitik, auf weniger als zehn geschätzt und liegt damit weit unter den Einsatzzahlen im Jemen und in Pakistan. Das Gebiet ist jedoch noch weniger strukturiert als in den beiden anderen Ländern; eine tatsächlich höhere Anzahl von unbemannten Luftschlägen wäre daher leicht zu übersehen. Darüber hinaus ist Somalia ein Beispiel dafür, dass gezielte Schläge und Tötungen nicht allein von Kampfdrohnen durchgeführt werden:

Die USA verwenden weiterhin auch ältere herkömmliche Waffensysteme wie Kampfjets und Schlachtflugzeuge, um am Horn von Afrika ins Geschehen einzugreifen.

Obamas Drohnenstrategie abseits der offiziellen Kriegszonen wird vor allem durch den Auslandsgeheimdienst CIA und das JSOC, das United States Joint Special Operations Command, eine Führungseinrichtung für militärische Spezialeinheiten, umgesetzt. Entscheidungs- und Verantwortungsgewalt liegen jedoch beim Commander in Chief: Barack Obama. Darauf legt er nach eigenem Bekunden großen Wert. Sofort nach seiner Amtsübernahme ordnete der vierundvierzigste Präsident der USA an, ihm jeden einzelnen Fall einer gezielten Tötung zur Genehmigung persönlich vorzulegen.[7]

Jeden Dienstag trifft sich eine Topgruppe von Sicherheitsberatern, Geheimdienstlern und Militärs im Lagezentrum des Weißen Hauses, um die Liste der aktuellen Zielpersonen zu besprechen. Stellung in der Organisation, das Alter und die Gefährdungseinschätzung der mutmaßlichen Terroristen: Alles wird rapportiert und bebildert unterlegt. Obama stellt Fragen, und am Ende erteilt er die Genehmigung zum Abschuss oder auch nicht.

Die Personen, die in diesem engen Kreis diskutiert werden, haben bereits eine Art »Auswahlverfahren« hinter sich. Unter Führung des Pentagons findet lange vor der präsidialen Entscheidung eine institutionalisierte Videokonferenz statt, an der circa hundert Mitarbeiter jenes fast unüberschaubaren amerikanischen Sicherheitsapparats aus Geheimdiensten und Militärkommandos teilnehmen. Das Produkt dieser großen Auswahlkonferenz ist eine Liste mit Namen und zugehörigen Details. Die Personen, die zur Aufnahme auf jene Liste vorgeschlagen werden, stehen bereits seit einiger Zeit im Fokus verschiedener amerikanischer Sicherheitsbehörden und werden im Allgemeinen dem Führungszirkel islamistischer Terrororganisationen und -netzwerke zugeschrieben. Überzeugen bei der Konferenz die Argumente derer, die sie auf die Liste setzen wollen, tritt die finale Stufe des sogenannten Targeting-Prozesses, des Auswahl-verfahrens, ein. Die Aufnahme von Beweisen und Indizien ist dann weitestgehend abgeschlossen, der Aufenthaltsort der Person wird ab jetzt ununterbrochen überwacht, und in den Planungszellen der zuständigen Kommandozentralen wird die gezielte Tötung vorbereitet.

Wer auf dieser Liste steht, hat nur noch wenig Chancen, sein drohendes Schicksal abzuwenden. Sich zu stellen oder das Versteck unbemerkt zu wechseln sind Optionen, doch wissen die Gelisteten nicht immer um ihren Status. Ferner entspricht es nicht der Selbstdarstellung von Terrorführern, bei Gefahr für das eigene Leben die Segel zu streichen. Wenn sie also ihre Haut retten wollten, müssten sie dies unter einem Vorwand tun oder eine Legende entwickeln. Dies sogar in Kooperation mit den amerikanischen Geheimdiensten zu tun ist durchaus möglich.

Topleute der islamistischen Netzwerke wie beispielsweise der Nachfolger Osama bin Ladens, der Ägypter Aiman al-Zawahiri, können sich allerdings sicher sein, Zielperson zu sein. Ein Platz auf dieser »Capture-Kill-List«, wie sie umgangssprachlich genannt wird, kommt also – nicht im juristischen Sinne! – einem Todesurteil gleich. Und das wird am Ende von einem einzelnen Mann ratifiziert: dem Friedensnobelpreisträger des Jahres 2009.

Wenn die letzte Entscheidung fällt, sind keine Reporter zugegen. Es gibt keine Filme, die Barack Obama dabei zeigen, wie er den Befehl zur Tötung eines mutmaßlichen Terroristen erteilt, keine Tonbänder, die belegen, was und vor allem wie er es sagt. Das kann freilich die Fantasie beflügeln: Sitzt er grübelnd am Kopf des Lagetisches, das Hemd krawattenlos, mit ernster und entschlossener Miene, so wie er sich gern fotografieren lässt? Ist er so etwas wie der letzte Anwalt der Todgeweihten, der nachfragt und Widersprüche entlarvt? Ein Kennedy wie weiland während der Kubakrise, der den skrupellosen Falken der Geheimdienste und des Militärs auf den Zahn fühlt, wenn diese großzügig und unreflektiert ihre Abschussvorschläge unterbreiten? Ist er das wirklich, auch noch nach weit mehr als dreihundert bestätigten Drohneneinsätzen? Oder hat sich nach mehreren Jahren bereits eine gewisse Routine bemerkbar gemacht, ein eher bürokratisches Abarbeiten der einzelnen Namen? Nein, würde jeder militärische Führer und jeder Verteidigungspolitiker steif und fest behaupten, wenn er interviewt würde. Wenn es um das Leben von Menschen gehe, dürfe dies niemals zur Gewohnheit werden, geht diese staatstragende Floskel meist weiter. Aber lässt sich das überhaupt verhindern? Sitzt Obama mittlerweile vielleicht zielstrebig und knapp an Zeit am Tisch und hakt die einzelnen Namen schnell ab, ein daumensenkender Cäsar? Wer jemals auch nur in der Nähe solcher Entscheidungen gearbeitet hat, weiß, dass Empathie ein flüchtiges Wesen ist. Außerdem gibt es ja noch anderes zu tun: Wenn im eigenen Land eine Gesundheitsreform zu scheitern droht oder das Finanzsystem auseinanderfliegt, könnte dies auch das Einfühlungsvermögen eines Barack Obama bei der Entscheidung über Leben und Tod eines westpakistanischen Taliban-Führers beeinflussen. Vorstellbar ist es jedenfalls, und das sorgt verständlicherweise für Irritation.

Wie auch immer Obama seine Entscheidung über Leben und Tod treffen mag, ob schnell und routiniert oder sorgsam und gedankenschwer, er trifft sie – und das hatte seine deutsche Anhängerschaft niemals von ihm erwartet. An der Siegessäule hatte Obama so freundlich über seinen Großvater, den Koch aus Kenia, gesprochen, dessen Sohn, Obamas Vater, hoffnungsfroh ins Land der unbegrenzten Möglichkeiten emigrierte – in jenes Land, das unter Bushs Kriegspolitik so gelitten hatte und das von Obama moralisch instand gesetzt werden sollte. Nein, so hatten sich die Deutschen »ihren« Präsidenten von der anderen Seite des Atlantiks nicht vorgestellt.

Das Popstar-Image hat in Deutschland Schrammen bekommen, und das liegt nicht zuletzt an Obamas Art, den Krieg gegen den Terror weiterzuführen. 59 Prozent der befragten Bundesbürger sprachen sich gegen gezielte Tötungen mit amerikanischen Drohnen aus,[8] und unter Frauen wurde sogar ein noch höherer Wert ermittelt, wie einige Medien betonten. Das Ergebnis einer solchen Befragung kann in der Tat kaum überraschen. Es scheint tatsächlich unvorstellbar, dass die Mehrheit der Deutschen eine Politik der gezielten Tötungen unterstützt. Unter den befragten Amerikanern sah das Ergebnis der Umfrage völlig anders aus: Satte 62 Prozent befürworteten diesen rauen Teil von Obamas Antiterrorstrategie, und nur 28 Prozent sprachen sich explizit dagegen aus. Ein solches Ergebnis erklärt auch, warum die amerikanische Regierung das Drohnenprogramm mittlerweile so offen betreiben kann und sogar weiter ausbauen will. Gezielte Tötungen von mutmaßlichen Terroristen werden vor allem im Ausland kritisiert, nicht in den Vereinigten Staaten selbst. Deutsche und Amerikaner blicken mit unterschiedlichen Augen auf den Einsatz von Waffengewalt. Wenn in den USA die Entsendung des Militärs in irgendeinen Teil der Erde beschlossen wird, so steht das in einer langen Tradition einer gerechten Sache und vor allem in einer Tradition des Sieges. Man mag in Europa zu einigen amerikanischen Interventionen nach dem Zweiten Weltkrieg eine andere Auffassung über die tatsächlichen Absichten haben, aber niemals wurden die Streitkräfte der Vereinigten Staaten entsandt, um einen Eroberungskrieg zu führen, der die Vernichtung ganzer Völker zum Ziel hatte. Das wiederum ist aber das Bild, das bei vielen Deutschen nicht aus dem Kopf verschwinden will, wenn es um militärische Gewalt geht. Es wäre in der Tat sehr verwunderlich, wäre das Ergebnis der Untersuchung zu den gezielten Tötungen mit Kampfdrohnen anders ausgefallen. Allerdings stimmten 38 Prozent der befragten Deutschen der amerikanischen Drohnenpolitik zu – eine Minderheit zwar, aber keine kleine.

In der Bundesrepublik ist die These eines gerechten Krieges eine Minderheitenmeinung. Sehr skurril wäre deshalb auch die Vorstellung, dass deutsche Politiker und politische Beamte sich der amerikanischen Kommunikationsweise in der Causa Drohnenkrieg bedienten. Ein deutscher Justizminister, der offen bekennt, dass die Regierung einen Staatsfeind neutralisieren will, ist schlicht nicht vorstellbar. Allein das Wort »Staatsfeind« würde bereits für einen gehörigen Rechtfertigungsdruck und eine umgehende Relativierung oder gar ein Dementi der Aussage durch den zuständigen Pressesprecher sorgen. Ebenso surreal ist die Vorstellung, dass etwa ein bekanntes Mitglied des Rechtsausschusses des Deutschen Bundestags die gezielte Tötung eines islamistischen Dschihadisten lobt und anmerkt, dass »man nun Stück für Stück, Person für Person weitermachen müsse, um das Netzwerk al-Qaida weiter auseinanderzunehmen«.[9] Man würde annehmen, sich verhört zu haben, und anschließend die Tage bis zu seinem Rücktritt zählen.

Das Gewagteste, was ein Regierungsmitglied in dieser Hinsicht je geäußert hat, kam 2004 von Otto Schily: »Wer den Tod liebt, der kann ihn haben.«[10] Die Aussage des ehemaligen Innenministers bezog sich weder auf einen konkreten Auftrag an deutsche Sicherheitsbehörden noch auf eine etwaige Adaption der amerikanischen Strategie. Der Satz war höchstens als Aufforderung zu verstehen, einmal darüber nachzudenken, wie man mit Bedrohungen umzugehen gedenke, bei denen die herkömmlichen Mechanismen der Diplomatie und der grenzüberschreitenden Polizeikooperation möglicherweise versagen. Dennoch wird die Aussage bis heute, vor allem von manchen Medien, als Irrweg zum Schutze des Rechtsstaats gewertet.[11] Davon unbeirrt hat sich mittlerweile auch Innenminister Hans-Peter Friedrich diesen Satz zu eigen gemacht. Würden deutsche Behörden im Zweifel also gezielt töten, um Terroranschläge zu verhindern?

Zu den Umfrageergebnissen und der ausweichenden Zurückhaltung der deutschen Politik passen letztlich auch das Vokabular und der Tenor der Presse. Die deutschen Medien, vielleicht mit Ausnahme des Axel-Springer-Verlags, behandeln das Thema gezielte Tötungen durchweg kritisch bis ablehnend. Die steigende Häufigkeit der Meldungen über amerikanische Droneneinsätze lässt freilich eine gewisse Ermüdung in den deutschen Stellungnahmen aufkommen, doch die grundsätzliche Haltung ist ohnehin schon lange formuliert: Eine Politik der gezielten Tötungen gegen Terroristen ist strikt abzulehnen.

In der Bundesrepublik wird politisch und medial ein sehr viel bedächtigerer Ton als in den USA gepflegt, wenn es um den Einsatz tödlicher Gewalt gegen Menschen geht. Das Ausschalten von Terroristen bringt in Deutschland keine Person des öffentlich-politischen Lebens zum Jubilieren, es sei denn, er legt es darauf an, sich und seinen Arbeitsplatz in Schwierigkeiten zu bringen. Diese grundsätzliche Ablehnung militärischer Gewalt kann ohne Übertreibung als eine Tradition bezeichnet werden, die sich in der Bundesrepublik über Jahrzehnte geformt hat und auf die nicht wenige stolz sind. Es gab keinen einzigen Militäreinsatz, keinen Rüstungsbeschluss und keinen Wechsel in der Verteidigungsstrategie seit den sechziger Jahren, die nicht als Richtungsstreit in der deutschen Öffentlichkeit geendet hätten.

In der Frage, wie der Staat mit Bedrohungen umgehen soll, gab es in Deutschland noch nie eine eindeutige Festlegung, und selbst als alternativlos betrachtete Beschlüsse mussten von der Regierung oft gegen eine scheinbar breite, aber zumindest lautstarke Mehrheit durchgesetzt werden. Die verschiedenen Ansätze und Strategien der USA zur Sicherheits- und Verteidigungspolitik, von denen Deutschland fast immer direkt betroffen war, führten dabei stets zu besonders großen Differenzen. Seit Jahrzehnten tut sich eine Lücke in der öffentlichen Bewertung von sicherheitspolitischen Notwendigkeiten zwischen den beiden Ländern auf, die sich nur wenige Male und dann auch nur für kurze Zeit, beispielsweise nach dem 11. September 2001, verkleinerte. Im Nachhinein ist man sogar versucht, die damals von Bundeskanzler Schröder proklamierte »uneingeschränkte Solidarität« als Ausrutscher zu werten, der der allgemeinen Verwirrung geschuldet war.

Die Praxis des gezielten Tötens, die seit dem Einzug Obamas ins Weiße Haus eine deutliche Quantitätssteigerung erfahren hat, hat daran nichts geändert, im Gegenteil: Die Strategie, Staatsfeinde zu definieren, um sie dann weltweit zu verfolgen und unschädlich zu machen, stößt in Deutschland auf eine tiefe Abneigung und hat die Distanz zum amerikanischen Sicherheitsansatz von der Lücke zum Graben werden lassen. Wie sehr sich das deutsche Verhältnis zum Einsatz tödlicher Gewalt vom amerikanischen unterscheidet, wurde am 2. Mai 2011 deutlich.

Jubel und Erleuchtung

Männer aus der zweiten und dritten Reihe der großen islamistischen Terrororganisationen sind in Deutschland weitgehend unbekannt, genauso wie im Rest der Welt. Besonders die neue Generation – jene Extremisten, von denen immer angenommen wird, sie seien noch radikaler als ihre Vorgänger – wird dem deutschen Fernseh- und Zeitungspublikum so gut wie gar nicht vorgestellt. Zu viele gibt es mittlerweile von ihnen, zu wenig Genaues weiß man über sie. Wenn in Amerika ein Anschlagsversuch auf ein Passagierflugzeug vereitelt wird oder ein abtrünniger US-Offizier viele seiner früheren Kameraden erschießt, berichten auch die hiesigen Medien darüber. Im Unterschied zu amerikanischen Nachrichtensendungen wartet man auf einen analytischen Bericht über das dahinterstehende Netzwerk und seine Anführer in der Regel aber vergeblich; Deutschland ist eben nicht direkt betroffen. Weil dies so ist, spielt der gewaltsame Tod eines eher unbekannten Terroristen durch eine amerikanische Drohne in einem weit abgelegenen Gebiet eine eher nebensächliche Rolle in der heimischen Berichterstattung. Er wird zwar vermeldet, aber die Gewöhnung der Gesellschaft an die Praxis der gezielten Tötungen macht sich auch in der spärlichen Berichterstattung darüber deutlich bemerkbar. Den Tod Unbekannter zu analysieren und zu bewerten, fällt schwer.

Am 2. Mai 2011 war dies allerdings anders. Da nämlich wurde kein unbekannter »Logistiker« einer Terrorzelle oder ein mittlerer Taliban-Anführer in seinem pakistanischen Versteck von einer Drohne getötet, sondern ein Terrorist, dessen Name in Deutschland vermutlich bekannter ist als der des ersten Bundeskanzlers: Osama bin Laden, die Nummer eins der al-Qaida, wurde in der Nacht zuvor von einem Team der US Navy Seals in einem Haus in Pakistan erschossen. Dort führte er offenbar die letzten Jahre seines Lebens in unmittelbarer Nachbarschaft zu pakistanischen Militäreinrichtungen ein zwar eingeschränktes, aber unter den gegebenen Umständen doch recht komfortables Leben. Nach dem Zugriff brachten die Elitekämpfer die Leiche bin Ladens auf einen Flugzeugträger der US-Marine, von wo aus er dann auf See bestattet wurde. Die größte Jagd, die jemals auf einen einzelnen Menschen ausgerichtet wurde, war zu Ende.

Der Weg des Saudis, vom Sprössling aus reichem Hause bis zum gealterten Terrorführer in dieser Rohbauvilla in Abbottabad, war seit zehn Jahren rauf- und runterdiskutiert worden. Sein Kampf gegen die Sowjets in Afghanistan in den achtziger Jahren, seine Fokussierung auf die USA als neuen Hauptgegner, seine ersten Anschläge gegen amerikanische Einrichtungen und seine Flucht nach dem 11. September 2001. Besonders die Frage nach seinem möglichen Versteck oder nach seiner tatsächlichen Existenz waren ein Standardeinstieg für viele Diskussionen über die Fähigkeiten und das Versagen amerikanischer Sicherheitsbehörden. Die Amerikaner könnten ja nicht einmal einen einzelnen Mann finden, wunderten sich viele und stellten damit die militärischen Fähigkeiten der USA im selben Atemzug in Zweifel. Als dann die Tötung des Terrorpaten bekannt gegeben wurde, war dies nicht nur das endgültige Aus für jene Unkenrufe über die vermeintliche amerikanische Unfähigkeit, sondern vor allem der Startschuss für die Kommentatoren und Experten aus Medien, Politik und Gesellschaft, ihre Einschätzungen zum Tode des berüchtigtsten Terroristen der Welt zu formulieren.

Die Reaktionen in Amerika waren nicht überraschend und sind schnell beschrieben: Es waren die gleichen wie nach der Tötung Awlakis einige Monate später, nur dass sie noch resoluter, noch siegestrunkener und noch freudiger waren. Hunderte Menschen versammelten sich auf den Plätzen New Yorks und Washingtons zu spontanen Siegesfeiern. Sie jubelten, schwenkten Fahnen und riefen gemeinsam »USA! USA!«, wie sie es schon bei der Ergreifung Saddam Husseins gemacht hatten. Sie sangen die Nationalhymne, und im Fernsehen reichten sich Moderatoren und deren Interviewgäste die Hände und verliehen ihrer Erleichterung und Genugtuung offen Ausdruck. Konzerte und Sportevents wurden unterbrochen, um den Zuschauern die Nachricht zu überbringen, die durch Freudenschreie nirgends zu Ende vorgetragen werden konnte. Und als sich schließlich Präsident

Obama um halb zwölf am Abend an sein Volk richtete, über-
brachte er den Angehörigen der 9/11-Opfer die Botschaft, dass
»der Gerechtigkeit Genüge getan wurde«, und wertete die Tötung bin Ladens als den Beweis, »dass die Vereinigten Staaten
alles erreichen können, was sie sich zum Ziel gesetzt haben«.[12]
Amerika befand sich an diesem Abend und den Tagen danach im
Siegesrausch. Es gab niemanden, der den Tod des Terrorführers
nicht begrüßte, und falls doch, fand er dafür keine öffentliche
Plattform. Bin Laden starb durch das Schwert, weil er zum
Schwert griff – dieser Logik war sich die Supermacht sicher.

Auch international wurde die Nachricht vom Tode Osama
bin Ladens mit breiter Mehrheit begrüßt. Zwar wurden aus dem
Ausland keine Jubelfeiern und keine Euphorieausbrüche gemeldet, aber anerkennende Gratulation und echte Erleichterung waren rund um den Globus zu vernehmen. Die Staats- und Regierungschefs fast aller Nationen sendeten Glückwunschschreiben
an Präsident Obama und äußerten in Presse- und Regierungs-
erklärungen ihre Genugtuung, ihr Verständnis für den amerikanischen Jubel und ihre eigene Freude. Sogar der Vorsitzende des
Europäischen Parlaments und die Generalsekretäre von NATO
und UNO priesen den Erfolg und sahen im Tode bin Ladens einen
»Wendepunkt im globalen Kampf gegen den Terrorismus«.[13]
Die wenigen Regierungen, die sich etwas gedämpfter zu Wort
meldeten, warnten vor einem voreiligen Siegesrausch oder stellten ihre zaghaften Hoffnungen in den Vordergrund, dass die Zeit
des globalen Terrorismus nun dem Ende zugehe. Explizite Kritik
an der amerikanischen Kommandoaktion äußerte keine einzige
Regierung des westlichen Wirtschafts- und Verteidigungsraums.

Der islamische Teil der Welt stand ebenfalls in großer Mehrheit hinter der Entscheidung des amerikanischen Präsidenten,
bin Laden in Pakistan zur Strecke zu bringen – zumindest von
offizieller Seite. Trotz aller Beteuerungen, dass der Kampf gegen
den islamistischen Gewaltexport keine Auseinandersetzung der
Weltreligionen sei, richten sich die Blicke der Öffentlichkeit ja
trotzdem immer auf die islamische Staatenwelt, wenn es um Fragen des Terrors und dessen Bekämpfung geht. Jedes Mal muss

man mit scharfen Protesten oder Racheakten rechnen, wenn Amerika auf islamischem Boden handelt. Bei vielerlei, teilweise geringfügigeren Anlässen wurden westliche Botschaften und andere Einrichtungen bereits angegriffen oder kam es in den Straßen der großen Metropolen zu heftigen Ausschreitungen. Diesmal aber blieben die befürchteten Reaktionen überraschenderweise aus: Osama bin Ladens Tod nahmen die Menschen des islamischen Kulturraums wesentlich gelassener hin als seinerzeit die Veröffentlichung von zwölf Mohammed-Karikaturen in der dänischen Zeitung *Jyllands-Posten*. Damit hatten viele Terrorexperten hierzulande nicht gerechnet.

Die Regierungsvertreter des Nahen und Mittleren Ostens fanden zum Teil sogar noch deutlichere Worte als die Kommentatoren aus Amerika:»Mörder und Schurken verdienen solch ein Schicksal«, sagte der ehemalige libanesische Premierminister Saad Hariri und fügte hinzu, dass»es vor allem die Verantwortlichkeit der Araber und Muslime ist, den Islam von seinen Kidnappern zu befreien«.[14] Der irakische Außenminister Hushiar Zabari sah»Bagdad durch die Nachricht von bin Ladens Tod erleuchtet«, und selbst der pakistanische Premier Yousuf Raza Gilani gratulierte in einem ersten Reflex auf Al Jazeera»zum Erfolg der Operation«. Erst kurze Zeit später realisierte er, dass er ja jenes Land vertrat, in dem sich der Führer al-Qaidas über Jahre recht kommod verstecken konnte. Gilani ruderte holpernd zurück und dehnte die Verantwortung für»das Versagen, bin Laden gefangen zu nehmen« auf die»ganze Welt« aus.[15] Zudem kritisierte er nachträglich die territoriale Verletzung seines Landes. Bis dahin aber waren die weltweiten Reaktionen auf die Tötung des al-Qaida-Anführers einheitlich positiv.

An diesem Tag erinnerten Regierungssprecher und Kommentatoren in zahlreichen Statements an das, was Osama bin Laden losgetreten hatte. Er war Führer und Symbol des Terrors. Sein Wirken, sein Wahn, im Grunde seine reine Existenz verursachten zähe Kriege und Bürgerkriege, Abwehr- und Sicherheitsmaßnahmen in ungekanntem Ausmaß und ein weltweites Misstrauen, das vermutlich noch in vielen Jahrzehnten existieren wird. Abertausende Menschen mussten seinen »Kampf gegen die Ungläubigen« mit dem Leben bezahlen; die meisten waren Muslime. Die Welt ist seit dem Tag seines größten Erfolgs eine andere, und die Spirale, die er in Gang gesetzt hat, lässt sich vermutlich nie wieder zurückdrehen.

Ob man über seinen Tod nun jubelte wie in den USA oder ihn nüchtern begrüßte wie in den meisten anderen Ländern der Welt, war letztlich eine Frage des Charakters und, nicht zu vergessen, der eigenen Geschichte. In Los Angeles stellte ein Student dem Dalai Lama die Frage nach der Tötung bin Ladens und wie darauf zu reagieren sei. Das Oberhaupt der Tibeter antwortete: »Vergebung bedeutet nicht vergessen, was geschah [...]. Wenn etwas bedrohlich ist und Gegenmaßnahmen erforderlich sind, dann muss man eben Gegenmaßnahmen treffen.«[16] Die diplomatische und vorsichtige Reaktion des Dalai Lamas passte zu dem Mann, der ein Symbol für das Friedfertige in der Welt ist. Seine Antwort war fern jeden Triumphgefühls, aber nicht fern von der irdischen Realität des Terrorismus. Er stimmte der Tötung bin Ladens zu und nannte auch gleich den Grund dafür: die Bedrohung, die von diesem Mann noch immer ausging.

Auch andere Reaktionen auf die riskante Operation mit dem Namen »Neptune's Spear« waren weit weniger von rachedurstigem Jubel erfüllt, als es bei einigen den Anschein hatte. Ein »erleuchteter Himmel über Bagdad« klingt sicherlich übertrieben und martialisch, aber der Kommentar des irakischen Außenministers war lediglich in jener blumigen Art formuliert, die ein selbstverständlicher Teil der arabischen Sprache ist. Sogar die Jubelfeiern in Amerika relativieren sich ein wenig in Anbetracht der Zahlen: Von einigen Hundert Menschen am Times Square wurde in den Nachrichten berichtet, die ausgelassen feierten und sangen – New York jedoch hat über acht Millionen Einwohner, zuzüglich Touristen und Pendler. In Präsident Obamas Verlautbarung selbst war ebenfalls keine Spur eines überbordenden Siegesrausches zu hören. Die Rede war fest und sachlich, aber natürlich auch überzeugt davon, das Richtige getan zu haben. Obama ließ keinen Zweifel, dass die Tötung Osama bin

Ladens das naturgegebene Recht der USA war. Wie konnte es auch anders sein? Er selbst hatte wenige Stunden zuvor den Befehl für die Operation erteilt. Der Siegesrausch aber fand vor allem dort statt, wo die Kameras angeschaltet waren.

Ob es rechtlich tatsächlich legitimiert war, den Terrorchef in Pakistan zu töten, und welche nichtrechtlichen Überlegungen dabei eine Rolle spielen, wird im Folgenden diskutiert. Hier geht es aber zunächst um die öffentlichen Reaktionen auf bin Ladens Tötung, denen ja ein gewisses Rechtsgefühl beziehungsweise ein innerer moralischer Kompass zugrunde liegt. Anders als in Amerika konnte sich in Deutschland die Mehrheit der Kommentatoren und Repräsentanten öffentlicher Institutionen nicht der positiven Bewertung anschließen. Die Regierung in Berlin gratulierte wie alle anderen Regierungen auch. Aber in Deutschland war kein Aufatmen zu hören – jedenfalls nicht dort, wo die Kameras liefen.

Bevor wir den Blick auf eine Auswahl deutscher Reaktionen zum Tode Osama bin Ladens richten, möchte ich Sie, die Leser, bitten, die Lektüre für eine Minute zu unterbrechen. Können Sie sich noch an den ersten Impuls erinnern, als Sie von der Tötung bin Ladens erfuhren? Was war Ihr erster spontaner Gedanke dazu?

Merkels Freude und der Tod
eines Familienvaters

Die Nachricht vom Tode Osama bin Ladens kam für die Deutschen wie für alle anderen auch ziemlich überraschend. Niemand hatte zwar je verkündet, dass die Suche nach ihm eingestellt worden wäre, aber zehn Jahre Erfolglosigkeit hatten den Terrorführer besonders in der Bundesrepublik zu einer Art Phantom werden lassen, dessen Existenz immer mystischere Züge anzunehmen schien. Im Gegensatz zu Amerika, wo dieser Mann aus Fleisch und Blut ganz selbstverständlich zum Staatsfeind Nummer eins erklärt wurde, wurden in Deutschland immer häufiger Fragen gestellt, die seine Rolle im islamistischen Terrornetzwerk zu relativieren versuchten: War er tatsächlich noch der operative Führer? Lebte er wirklich noch? Hatte es ihn überhaupt je gegeben? Oder wurde sein Tod vielleicht schon seit Jahren verheimlicht, um weiter Krieg führen zu können? In öffentlichen Diskussionen zum Krieg in Afghanistan waren dies übliche Gedankenspiele um die »wirklichen« geostrategischen Interessen der USA. Dass das mächtigste Militär der Welt nicht in der Lage sein sollte, einen Mann im weißen Kaftan und Tarnfleck-Anorak ausfindig zu machen, irritierte viele. Die einen gaben sich der unterhaltsamen Fiktion hin, bei anderen wiederum machte sich so etwas wie klammheimliche Schadenfreude breit. Mit einem erfolgreichen Ausgang der Jagd jedenfalls hatte offenkundig kaum noch jemand gerechnet.

So blieben die deutschen Nachrichtensendungen in den ersten Stunden nach bin Ladens Tötung vorsorglich zurückhaltend. Pünktlich zur vollen Stunde wurde das Ereignis zwar verlesen; mit Einschätzungen oder fundierten Hintergrundinformationen, aufschlussreichen Interviews oder Stellungnahmen wagte sich zunächst jedoch keiner der Korrespondenten vor die Kamera. Die deutsche Medienlandschaft schien sich erst einmal orientieren zu müssen.

Um 14.30 Uhr schließlich kam diese Orientierung, und zwar von der Bundeskanzlerin selbst. Angela Merkel erschien im Kanzleramt zur Pressekonferenz und gab ihren »Respekt für diese gelungene Kommandoaktion« bekannt. Sie fasste die Taten bin Ladens und deren Auswirkungen kurz zusammen, erinnerte daran, dass auch die Bundesrepublik direkt im Fokus des islamistischen Terrors stehe, und äußerte schließlich am Ende jenen Satz, an dem sich dann die deutsche Debatte über den Umgang mit international operierenden Terroristen entzündete. »Ich freue mich darüber, dass es gelungen ist, bin Laden zu töten«, sagte Merkel mit freudloser Miene. Damit war der Aufhänger zur öffentlichen Diskussion gefunden. In den folgenden Tagen ging es fast überhaupt nicht mehr darum, welche Folgen die Tötung bin Ladens für das Terrornetz von al-Qaida oder das doppelte Spiel Pakistans im Kampf gegen den Terrorismus hatte, sondern fast ausschließlich nur noch darum, dass die Bundeskanzlerin das Wort »Freude« benutzt hatte. Darf man sich über den Tod eines Menschen wirklich freuen?

In der langen Reihe der Kritiker Merkels befanden sich auch zahlreiche Parteifreunde der Kanzlerin, die das C in der Abkürzung ihrer Partei betonten und zu einer christlichen Zurückhaltung im Umgang mit getöteten Menschen mahnten. Der Bundestagsabgeordnete Siegfried Kauder sagte der *Passauer Neuen Presse*, dass Merkels Freude »Rachegedanken seien, die man nicht hegen sollte«; das sei »Mittelalter«, so der Vorsitzende des Rechtsausschusses.[17] Die Vize-Fraktionsvorsitzende der CDU im Bundestag Ingrid Fischbach ging ebenfalls auf Distanz: »Aus christlicher Sicht ist es sicher nicht angemessen, Freude über die gezielte Tötung eines Menschen und dessen Tod zu äußern«, so die ehemalige Gymnasiallehrerin aus Wanne-Eickel. Andere Bundestagsabgeordnete der Union stiegen indes schon tiefer in die »Differenzierung« ein und korrigierten die Kanzlerin dahingehend, dass man sich zwar durchaus darüber freuen dürfe, dass »nun die Gefahr des Terrorismus gedämmt sei« oder dass »Osama kein Unheil mehr anrichten kann«, und boten mit dem Wort »Erleichterung« auch gleich eine bessere Alternative für die »Freude Merkels« an.[18]

Auch aus den Reihen von SPD und Grünen gab es ähnliche Bedenken zur Wortwahl der Kanzlerin und zum Vorgehen der Amerikaner. Der Bundestagsabgeordnete Tom Koenigs, der einst mit seinem Millionenerbe den Vietcong unterstützt hatte, sah in der Tötung Osamas »weniger einen Akt der Gerechtigkeit als einen Akt des Krieges«. Der grüne Direktmandatsträger Christian Ströbele fand es schade, dass dem al-Qaida-Chef nicht der Prozess gemacht wurde, um »die Hintergründe, seine Rolle und die Rolle von al-Qaida« besser zu verstehen. Und der grüne Verteidigungsexperte Omid Nouripour forderte die USA auf, alle Details zur Operation Neptune's Spear darzulegen, um »viele offene Fragen« zu klären.[19] Berlins sozialdemokratischem Innensenator Ehrhart Körting gelang es, seinen Aufruf zur Mäßigung in der Wortwahl mit realpolitischen Überlegungen zu verknüpfen: »Wie wir reagieren, ist auch für die zukünftige Sicherheitslage relevant«, sagte der Jurist.[20] Er meinte damit den überschwänglichen Jubel, den auch Barack Obama in seiner Ansprache vermieden hatte und der von einigen zentralen Plätzen im Fernsehen übertragen wurde. Die Parteispitzen von SPD und Grünen schlossen sich verbal der Kanzlerin an und äußerten flüsternd ihre Genugtuung, ohne sich dabei in den Vordergrund zu drängen. Viel deutlicher hingegen war die Kritik aus den deutschen Kirchen.

Die Evangelische Kirche in Deutschland (EKD) äußerte ausschließlich Kritik an der Tötung des Terrorchefs und an der Wortwahl der Bundeskanzlerin. Der Präses der westfälischen Landeskirche Alfred Buß sagte beispielsweise der *Neuen Westfälischen Zeitung*: »Die Welt wird nicht besser, indem man Menschen tötet, sondern dadurch, dass man auf seine Feinde zugeht.«[21] Er vertrat damit das urchristliche Prinzip der Feindesliebe, durch das Hass und Gewalt auf beiden Seiten überwunden werden sollen. Der geistliche Leiter dieser großen Synode lag damit auf gleicher Linie mit der ehemaligen Bischöfin und Ratsvorsitzenden der EKD Margot Käßmann. Die hatte schon in ihrer vielbeachteten Weihnachtsansprache 2009 den Weg des Dialogs mit den Taliban gefordert und bekräftigte diese Haltung auch auf dem Evangelischen Kirchentag 2011 in Dresden: Es sei viel »besser, mit den Taliban zu beten, als sie zu bombardieren«.[22] Es liegt sehr nahe, ihre Überzeugung auch auf den Mann zu übertragen, der über viele Jahre mit den Taliban kooperierte. Die Kritik des evangelischen Militärbischofs Martin Dutzmann wurde noch deutlicher. Er sah in der Tötung bin Ladens eine über Umwege durchgeführte Todesstrafe, also Hinrichtung.[23]

In der katholischen Kirche gab es indes unterschiedliche Bewertungen. Der katholische Militärbischof Franz-Josef Overbeck hätte es wie viele andere lieber gesehen, »wenn sich bin Laden vor einem Gericht seiner Verantwortung gestellt hätte«.[24] Darin stimmte ihm auch der Kölner Erzbischof Joachim Kardinal Meisner zu, stellte aber zudem die Frage, was man tun soll, wenn eine Verhaftung eben nicht möglich sei: »Muss ich die

Menschheit vor so einem Unmenschen bewahren, der nur Tod, Hass und Verderben bringt?« Diese rhetorische Frage des Kardinals war sicherlich deckungsgleich mit dem Problembewusstsein vieler Realpolitiker, die über Alternativen nachdenken müssen, wenn der von den meisten gewünschte Weg der Verhaftung eines gefährlichen Terroristen versperrt ist. Die Formulierung »Unmensch« allerdings kann zum einen kaum einer christlichen Schrift entsprungen sein, noch hilft sie in Fragen von Recht und Moral in Bezug auf eine gezielte Tötung weiter. Die Schwierigkeit liegt ja genau darin, dass es sich bei Osama bin Laden selbstverständlich auch um einen ganz normalen Menschen handelte.

Die Kommentare der Presse, der Feuilletonisten und einiger ehemaliger Funktionsträger waren nicht nur ablehnend, sondern teils mit harscher Kritik an der amerikanischen Sicherheitspolitik an sich versehen. Die Operation in Pakistan war für viele nur ein weiteres Indiz für die amerikanische Rücksichtslosigkeit in der Außenpolitik, die beinahe schon traditionell von Deutschlands Denkelite kritisiert wird.

Altkanzler Helmut Schmidt äußerte seine »zwiespältigen Gefühle« zur Tötung bin Ladens bei Reinhold Beckmann in der ARD und kritisierte vor allem, dass die Kommandoaktion »auf dem Boden des souveränen Staates Pakistan« stattgefunden hatte und damit eine Verletzung der territorialen Integrität dieses Landes darstellte. Der ehemalige Präsident des Bundeskriminalamts Jörg Ziercke wünschte sich wie viele Kritiker vor ihm, »dass man ihn verhaftet und vor Gericht gestellt hätte«. »In Deutschland«, so Ziercke, »wäre eine solche Aktion undenkbar. Eine Tötung ohne das Vorliegen besonderer Umstände wäre mit unserer Rechtsordnung unvereinbar gewesen.« Auch wenn der ehemalige BKA-Chef im Fall des Führers der größten Terrorvereinigung der Welt keine besonderen Umstände sah, gab er doch einen Hinweis auf die Existenz möglicher Ausnahmen vom Tötungsverbot, die auch in der Bundesrepublik Deutschland existieren.

Der Chefredakteur des Westdeutschen Rundfunks Jörg Schönenborn fragte sich in einem Kommentar in den *Tagesthemen* desselben Abends, »was das für ein Land sei, das eine Hinrichtung derart bejubelt«. Fremd sei Amerika ihm geworden, weil es sich nur noch aus dem Tod anderer definiere. »Klar«, fügte er zwar hinzu, »Osama bin Laden war verantwortlich für Tausende Tote«, sah darin aber keine ausreichende Legitimation, um ein Team der Navy Seals zu schicken, die ihn töteten. Die *Süddeutsche Zeitung* lehnte die Kommandoaktion ebenfalls ab und stellte die Frage, ob bin Laden vor seinem Tod noch genug Zeit hatte, die Worte »la ilaha illa allah«, »es gibt keinen Gott außer Gott«, zu sprechen, damit sein Eintritt ins Paradies sichergestellt war.[25] In der Radiosendung *Politikum* des Westdeutschen Rundfunks schüttelte der Moderator über die »Volksfeststimmung auf Washingtons Straßen« den Kopf: Es sei schließlich »heute kein Heilmittel gegen Aids gefunden worden, keines gegen Krebs und kein Rezept für den Weltfrieden«; die »Euphorie galt dem Tod eines 54-jährigen Familienvaters«.[26]

Die Liste der teils scharfen Kritiken gegen die Tötung Osama bin Ladens ließe sich noch lange weiterführen. Sie teilen sich aber alle die gleichen Vorwürfe: Zum einen sei gegen geltendes Völkerrecht verstoßen worden, zum anderen sei die Tötung eines Menschen an sich nicht hinnehmbar, egal wo sie stattfindet. Die Worte der Kanzlerin wurden in diesem Zusammenhang unisono abgelehnt.

Dass Presse und Intelligenz eines Landes die Taten und Wortwahl von Regierungen kritisieren, ist ein üblicher Vorgang. Im Fall der Tötung Osama bin Ladens fielen aber die Vehemenz und große Einstimmigkeit auf, mit der die USA für diese Operation angegriffen wurden. Das letzte Mal war ein solches Echo beim Einmarsch der Koalitionstruppen im Irak zu vernehmen, vor allem nachdem sich herausstellte, dass die »Bedrohung durch Massenvernichtungswaffen« erfunden war. Damals standen die deutschen Kritiker mit dieser Haltung keinesfalls allein in der Welt: Die eigene Regierung unter Bundeskanzler Gerhard Schröder lehnte den Krieg energisch ab, und zahlreiche andere Nationen taten es ihm gleich. Im Falle von Osama bin Ladens Tötung aber stand Deutschland mit seiner heftigen Kritik ziemlich einsam da. Nur die Regierungen Kubas, Venezuelas und Ecuadors verurteilten die Tötung bin Ladens. Nicht einmal das iranische Regime kritisierte die Tötung des al-Qaida-Chefs, sondern verwies vor allem auf die nun fehlende Grundlage des Afghanistaneinsatzes der NATO – eine Begründung, die sich auch die deutsche Linkspartei und der Kreuzberger Bundestagsabgeordnete Christian Ströbele zu eigen machten. Auch in anderen europäischen Ländern kam es bei weitem nicht zu dieser Massierung an Kritik durch Presse und intellektuelle Elite. Die deutsche Haltung in dieser Causa war etwas Einzigartiges.

Dass die deutschen Kritiker mit ihrer Haltung zur Tötung des al-Qaida-Chefs international allein standen, ist nichts Ehrenrühriges, im Gegenteil: Die Mehrheitsmeinung ist nicht immer zwangsläufig die richtige. Auch vor Applaus von der falschen Seite sollte man sich niemals fürchten: Kuba und Venezuela hatten ihre Gründe, die USA für ihre Operation zu verurteilen – es müssen aber nicht die gleichen gewesen sein, die Deutschlands Meinungsmacher antrieb. Und in der Tat wiesen die meisten kritischen Kommentare und Artikel durchaus auf wichtige Punkte, die nicht einfach ignoriert werden können, wenn es um die Frage der gezielten Tötung Osama bin Ladens und anderer Terroristen geht. Denn ob es sich bei der Zielperson um einen unbekannten Terroristen in mittlerer Funktion oder den al-Qaida-Chef persönlich handelt, ist unbedeutend. Die rechtlichen Regeln, so es sie denn gibt, gelten für jedermann und auch die moralischen Grundsätze. Es gibt keine »Nur-Osama-Legitimation«.

Helmut Schmidt hat zweifelsfrei recht, wenn er feststellt, dass die pakistanische Souveränität verletzt wurde – es sei denn, Washington hatte mit der Regierung in Islamabad ein Geheimabkommen geschlossen. Wenn nicht, wurde das Völkerrecht in diesem Punkt verletzt, das die territoriale Integrität als ein wesentliches Prinzip der internationalen Politik schützt. Es ist weiterhin auch denkbar, dass der alte bin Laden nicht mehr das operative »Geschäft« der al-Qaida führte, sondern »nur« noch ein Symbol war. Dann wäre von ihm also keine unmittelbare

Gefahr durch Anschlagsvorbereitungen ausgegangen, weil andere diese Aufgabe schon lange übernommen hatten. Das wiederum würde die Begründung für seine Tötung in Frage stellen. Wo liegen die Grenzen bei solchen Operationen? Osama bin Laden zu jagen und zu töten mag man auch in Deutschland still begrüßen. Die veröffentlichte Meinung ist nicht zwingend deckungsgleich mit der in der Bevölkerung. Das Bauchgefühl sagt einem irgendwie, dass es nicht den Falschen getroffen hat, und dennoch weiß man, dass es so einfach nicht ist. Die gezielte Tötung einer Person kann nicht auf einem subjektiven Gehtschon-in-Ordnung-Prinzip basieren. Denn was ist mit seinen Nachfolgern und Stellvertretern? Geht es auch schon in Ordnung, Leute wie Awlaki und Al-Libi gezielt zu töten und später deren Nachfolger? Ab wann wird es wirklich unheimlich: wenn mexikanische Drogenbosse gezielt getötet werden, wenn es irgendwann auch Waffenschieber und andere Kriminelle erwischt oder wenn es nicht in den Bergen Pakistans, sondern in einem Urlaubshotel in Dubai passiert? Was ist, wenn auch andere Staaten auf die Idee kommen, ihre Gegner zu suchen und zu töten? Einige machen dies ja schon. Soll es also respektiert werden, wenn beispielsweise Russland unliebsame Exilanten in London vergiftet? Warum wir und nicht die? Das ist noch so eine Frage, die sich schwer beantworten lässt, wenn man sich der globalen Egalität aller Staaten verpflichtet sieht. Schließlich gibt es noch das fünfte Gebot der Bibel, und das ist völlig eindeutig: Du sollst nicht töten! Kein »außer« relativiert diesen Satz.

Wenn also Obamas Tötung wirklich sein musste, will zumindest der Ausdruck »Freude« nicht recht passen. Obama selbst hatte dieses Wort auch nicht gewählt, obwohl er vielleicht mehr Grund dazu gehabt hätte als die deutsche Kanzlerin. Aber es geht am Ende nicht darum, was Angela Merkel sagte, sondern um die Frage, ob es erlaubt sein darf, einen Terroristen gezielt zu töten. Merkels »Freude« ist ein Nebenschauplatz, denn sie hat kein Kommando nach Pakistan geschickt.

Bei einigen der geäußerten Kritikpunkte zum Vorgehen der USA bleiben allerdings auch entgegengerichtete Fragen unbeantwortet oder stellen sich gänzlich neu. Es vertrage sich nicht mit einem Rechtsstaat, einen Menschen ohne Gerichtsverfahren hinzurichten, sagten viele der deutschen Kritiker. Diese Ansicht war unter anderem auch auf der Homepage der SPD publiziert.[27] Per definitionem war es aber keine Hinrichtung, da sich bin Laden nicht im Gewahrsam der USA befand. Und selbst wenn man seine Tötung als Hinrichtung werten möchte: Würde ein Gerichtsbeschluss tatsächlich Rechtsstaatlichkeit garantieren? Nach deutschen Maßstäben keinesfalls, weil die Bundesrepublik die Todesstrafe abgeschafft hat. Der Parameter einer Hinrichtung trifft auf die Tötung bin Ladens eben nicht zu. Was aber war es dann?

Die Verletzung des pakistanischen Hoheitsgebiets ist nicht zu bestreiten. Würde die Verletzung fremden Territoriums in den internationalen Beziehungen zur gängigen Praxis werden, würde dies bald im Chaos enden. Aber welchen Stellenwert kann die territoriale Integrität eines Staates noch haben, wenn er gefährliche Terroristen beherbergt oder nicht in der Lage ist, sie zu verhaften? Ist die staatliche Hoheit dann die letzte Antwort? Wenn dem so wäre, müssten wir dann nicht auch in anderen Fällen auf Interventionsmaßnahmen verzichten, wenn etwa Despoten erklären, dass das Zusammenschießen von Demonstranten eine »innere Angelegenheit« sei?

Letztlich lassen die Kritikpunkte an der Tötung Osama bin Ladens, so berechtigt sie im Einzelnen auch sein mögen, speziell für die Deutschen eine Frage unbeantwortet: die des gesamten Afghanistaneinsatzes. Seit 2002 kämpfen Soldaten der Bundeswehr, Polizisten und Entwicklungshelfer gegen den Extremismus in diesem Land, jeder auf seine Weise. Über dreitausend Soldaten der internationalen Schutztruppe haben seitdem ihr Leben verloren, über zehntausend afghanische Zivilisten sind gestorben, und viele Mitarbeiter von zivilen Organisationen haben ihren Willen zur Hilfe mit dem Leben bezahlt. Der ganze Einsatz aber wurde erst durch den Mann verursacht, der am 2. Mai 2011 in Pakistan getötet wurde. Er hatte seine Terrororganisation am Hindukusch eingerichtet und von dort der freien Welt den Krieg erklärt. Ist es tatsächlich richtig, dass Tausende Menschen im Krieg in Afghanistan getötet werden, der eindeutig durch eine Resolution der UNO legitimiert ist, aber der Verursacher des Ganzen davon ausgenommen ist, weil er sich in einem Haus auf der anderen Seite der Grenze versteckt?

Die Deutschen und die Gewalt

Die öffentlichen Reaktionen auf die Tötung des al-Qaida-Chefs in Deutschland fügen sich in eine lange Tradition zwischen militärpolitischer Skepsis und Pazifismus. In der Bundesrepublik herrscht seit der Wiederbewaffnungsdebatte in den fünfziger Jahren ein tiefes Unbehagen, wenn politische Ziele mit Waffengewalt durchgesetzt werden sollen, egal zu welchem Zweck. Die ursprünglichen Gründe liegen in der totalen Niederlage des Zweiten Weltkriegs, der von Deutschland angezettelt wurde. Nazibarbarei und die tief sitzenden Scham darüber diskreditierten jedes militärische Handeln nachhaltig. »Nie wieder Krieg!« lautete folglich die neue Parole der Bundesbürger. Im Laufe der Jahrzehnte des Ost-West-Konflikts ergänzte sich diese Haltung durch die bittere Aussicht, dass jede militärische Auseinandersetzung mit dem Warschauer Pakt mit der atomaren Verwüstung des eigenen Landes geendet hätte. Krieg war tatsächlich keine gute Lösung.

Der Verweis auf die eigene Historie wird auch heute noch bemüht, um militärische Zurückhaltung bei multinationalen Interventionseinsätzen anzumahnen. Vor den Einsätzen in Libyen und Mali war dies zuletzt der Fall. Selbst wenn militärische Koalitionen und Bündnisse, in denen Deutschland seit fast sechzig Jahren Mitglied ist, überfallene Staaten befreien, drohende Genozide verhindern oder eine Rebellenarmee unterstützen wollen, formiert sich hierzulande ein breiter öffentlicher Widerstand. Dass die Politik versagt hat, wenn Waffen zum Einsatz kommen, ist eine feste Überzeugung in weiten Teilen der Gesellschaft.

Die allgemeine Ablehnung militärischer Gewalt nimmt noch

mehr zu, wenn es um die Tötung von Terroristen geht, weil diese Praxis besonders perfide und hinterhältig wirkt. Mit der gezielten Ausschaltung von Einzelpersonen rückt das Töten an sich wieder näher in den gesellschaftlichen Fokus – viel näher als bei militärischen Großinterventionen wie in Afghanistan. Auch wenn die Entscheidungen, welche Person getötet werden soll, in Kreisen gefällt werden, zu denen nur sehr wenige Menschen Zugang haben, und die Operationen weit weg von Europa stattfinden, sind gezielte Tötungen doch eine sehr persönliche Form der Gewalt: Man kennt die Protagonisten meist namentlich. Wenn Heere in den Krieg ziehen, sind es in der Regel unbekannte Menschen, die die Organisation der militärischen Gewalt und des Tötens übernehmen. Es ist ein anonymer Apparat, bestehend aus unzähligen Stäben und Hauptquartieren, in denen die Entscheidungen für einen Angriff auf ein bestimmtes Gebiet oder auf gegnerische Kräfte beschlossen werden. Die Politik hat in der Regel nur das übergeordnete Ziel vorgegeben und dieses in wohlklingende Floskeln verpackt: befrieden, stabilisieren, schützen. Den Mann, der den Feuerbefehl geben muss, um ein solches Ziel zu erreichen, kennt man nicht. Das schützt die Gesellschaft zu einem gewissen Grad davor, sich mit solchen Entscheidungen auseinanderzusetzen.

Beim Drohnenkrieg der Amerikaner ist das anders: Nicht nur das Opfer wird eventuell abends mit Bild und Kurzvita im Fernsehen gezeigt, auch der Entschluss zur Tötung bekommt plötzlich ein Gesicht. Der Mann, der die Entscheidung über Leben und Tod eines anderen Mannes fällt, ist den Menschen weltweit bis ins letzte Detail bekannt. Welche Badehose er auf Hawaii trägt, was sein Lieblingsessen ist und wie er seine Frau herzt, die im Garten des Weißen Hauses einen Gemüsegarten pflegt. Wir kennen Barack Obama. Er ist ein sympathischer Mensch, der morgens in sein Büro geht und die »lautlosen Killer« aufsteigen lässt. Es ist verständlich, dass dies viele verstört.

Das gilt ganz besonders für die Art zu töten: Der Gegner ist so gut wie chancenlos. Er stirbt nicht mit der Waffe in der Hand an der Front. Er wird in seinem Heimatdorf ohne Vorwarnung in

Stücke gesprengt, ohne sich verteidigen zu können – auf der Fahrt im Auto, bei der Arbeit auf dem Feld, im Bett liegend. Auch Osama bin Laden hatte diesen Anschein der Wehrlosigkeit, als die Seals sein Zimmer betraten. Ein alter Mann, der zu müde war für die Höhlen Ostafghanistans und jetzt mit Frau und Kindern im Sperrmüll eines Hauses lebte und in alten Videoerinnerungen schwelgte. Im Grunde ein Rentner – bis die Männer mit den Hubschraubern kamen und ihn erschossen. Wenn man sich die Details einer gezielten Tötung bildlich vorstellt – wie die Rakete aus dem Nichts gen Erde saust und einen in dieser Sekunde Arglosen tötet –, ist es nachvollziehbar, warum viele diese Praxis ablehnen. Erschwerend kommt hinzu: Bei der gezielten Tötung von Einzelpersonen fehlt der weichzeichnende Effekt eines »Friedenseinsatzes«.

Wie bei allen anderen militärischen Unternehmungen geht es um Fragen von Leben und Tod, die zur Verhandlung stehen. Ein leichtfertiges Einverständnis wäre aufgrund der vielen offenen Punkte unmoralisch und falsch. Beginnen wir also mit der Suche nach Antworten.

Fair Play Drohnenkrieg?

Im Jahr 1797 sprach ein damals zweiunddreißigjähriger Ingenieur vor der französischen Revolutionsregierung, dem Direktorium, vor. Frankreich lag seit fünf Jahren im Krieg mit den anderen europäischen Mächten und hatte mit neuer Taktik und Diplomatie bereits große Erfolge errungen. Der junge Amerikaner mit dem Namen Robert Fulton hatte vier Jahre an einem System gearbeitet, das eines der letzten militärischen Probleme des neuen Frankreichs lösen sollte: Mit seinem Plan für ein Unterseeboot wollte Fulton die überlegene britische Seemacht angreifen und in die Knie zwingen. Großbritannien war am Ende des ersten Koalitionskrieges die einzig verbliebene Macht, die Frankreich noch Paroli bieten konnte, doch die fünfköpfige Regierung lehnte sein Projekt einstimmig ab: Eine Kriegsführung unter Wasser käme unter gar keinen Umständen in Frage, da sie viel zu heimtückisch und unehrenhaft sei, um sie im Namen des Staates ausüben zu lassen.[28]

Die Zurückweisung wog schwer. Vier Jahre Konstruktionsarbeit auf eigene Rechnung schienen vergebens gewesen zu sein, aber Fulton gab nicht auf, und drei Jahre später – Napoleon hatte sich mittlerweile an die Macht geputscht – brach die Nautilus zu ihrer ersten Tauchfahrt auf. Ein weiteres Jahr später demonstrierte Fulton sogar eine weitere Erfindung: An einer langen Leine zog das kupferne U-Boot eine Sprengladung hinter sich her und versenkte ein bereitgestelltes Segelschiff im Hafenbecken von Le Havre. Fulton gab dieser Konstruktion den Namen Torpedo – ein neues Waffensystem war geboren. Doch trotz dieses fulminanten Erfolgs lehnte die französische Regierung die weitere Förderung ab.

Frustriert wechselte Fulton die Seiten und präsentierte der britischen Admiralität eine verbesserte Nautilus. Jetzt gab es Haftminen statt eines Schlepptorpedos, doch am Ende wollte auch die Marine ihrer Majestät nichts mit dieser Waffe zu tun haben. Es sollten weitere sechzig Jahre vergehen, bis ein U-Boot im amerikanischen Bürgerkrieg zum ersten Mal ein feindliches Schiff versenkte. Noch bis in den Ersten Weltkrieg hinein haftete dem U-Boot das Stigma einer Waffe der »Schwachen und Minderen«an,[29] und auf den Haager Friedenskonferenzen, die kurz vor Beginn dieser Urkatastrophe stattfanden, wurde sogar ein Verbot dieser Waffe diskutiert.[30]

Die Entwicklung des U-Boots von der »heimtückischen Waffe« zum unverzichtbaren System vieler nationaler Verteidigungsstrategien ist kein Einzelfall. Schon im Jahre 1139 ließ Papst Innozenz II. die Armbrust verbieten. »Zu unritterlich«, hieß es in der Begründung des Konzils. In Japan wurden die Einführung von Feuerwaffen über zweihundert Jahre, bis tief ins 19. Jahrhundert hinein, untersagt. Die herrschende Kriegerkaste der Shogune konservierte damit das Katana, jenes berühmte Langschwert, und damit gleichzeitig ihre Macht. Begründet wurde diese Entscheidung ebenfalls mit der Ritterlichkeit.

Der Appell an die Kriegerehre führte letztlich nicht ein einziges Mal zum Verzicht auf ein bestimmtes Waffensystem, auch wenn die Ächtung einer bestimmten Waffe nicht immer nur aus kriegstaktischem Kalkül geschah. Die Erhaltung der Ehre auf dem Schlachtfeld war nicht immer ein Lippenbekenntnis, wurde im Angesicht einer drohenden Niederlage aber noch von jedem zur Disposition gestellt, wenn er sich durch eine neue Technik die Wendung versprach. Nebenbei bemerkt war es stets sehr auffällig, dass vor allem immer jene nach Ritterlichkeit riefen, die durch das Neue am meisten zu verlieren hatten. Papst Innozenz könnte mehr den ihn unterstützenden Adel im Blick gehabt haben als die Gleichheit auf dem Schlachtfeld. Es waren schließlich die teuren Rüstungen der Noblen, die dem Armbrustbolzen nicht mehr standhielten. Sich mit der Armbrust in den nächsten Kreuzzug zu stürzen, blieb aber ausdrücklich erlaubt: Der Bann der Armbrust galt nicht für den Krieg gegen die Muslime. Auch die Konferenzanträge in Den Haag zur Ächtung des Unterseekampfes wurden ausschließlich von Großbritannien eingebracht, der weltweit dominierenden Seemacht jener Tage; durchsetzen konnte sich das Kolonialreich nicht.

Ein neues Waffensystem hat Kriege viel häufiger entschieden als das taktische Geschick der Heerführer. Den Fortschritt zu diffamieren lohnte sich vor allem immer für den, dem er nicht zur Verfügung stand. Verschwunden sind die Rufe nach einem ritterlichen Kampf mit ehrenvollen Waffen bis heute nicht. Statt von »Ritterlichkeit« spricht man jetzt von »Fairness«, oder eben umgekehrt von »Heimtücke«, »Hinterhältigkeit« und »Unfairness«. Gemeint ist prinzipiell dasselbe. Kleben Aufständische in Afghanistan ein paar alte Artilleriegranaten zusammen und sprengen ein gepanzertes Fahrzeug der ISAF-Schutztruppe in die Luft, wird zu Hause von einem »feigen Anschlag« gesprochen. Überhaupt sind die Sprengfallen der Taliban durchweg als »heimtückische Waffe« klassifiziert. Man sieht sie und ihren Bediener nicht, und es gibt keinen effektiven Schutz gegen sie. Sind Sprengfallen also deswegen heimtückisch, weil sie funktionieren?

Die Entwicklung der Waffentechnik hatte im Grunde immer nur ein einziges Ziel: den Feind auszuschalten und dabei das eigene Risiko so gering wie möglich zu halten. Um das zu erreichen, orientierte sich die Rüstung immer an den Faktoren Abstand, Präzision, Schnelligkeit, Tarnung und Aufklärung. Die Preußen schlugen die Österreicher bei Königgrätz 1866, weil ihre Gewehre dreimal schneller feuerten und die Schützen zum Nachladen nicht mehr aufstehen mussten. War das Repetiergewehr also eine heimtückische Waffe? Die Sieger erlitten ihrerseits hohe Verluste, als sie vier Jahre später gegen französische Linien bei Gravelotte anrannten. Frankreichs Infanterie war mit dem neuen Chassepot-Gewehr ausgerüstet: Dieses feuerte weiter und präziser. Außerdem verfügten die Franzosen über ein neuartiges Waffensystem, welches vermutlich wegen des preußisch-deutschen Sieges noch Jahrzehnte ignoriert werden sollte, bevor es im Ersten Weltkrieg den Gegner divisionsweise niedermähte: das Maschinengewehr. Ein hinterhältiger Einsatz, weil die Preußen es 1870 noch nicht hatten? Niemand erhob damals diesen Vorwurf.

Die bewaffneten Drohnen fügen sich nahtlos in die Geschichte der »unritterlichen« Waffen ein. Der *Spiegel* spricht fast ausschließlich von »lautlosen Killern«, wenn er über die amerikanischen Einsätze in Pakistan, dem Jemen und Somalia berichtet;[31] regionale Zeitungen kopieren diese Terminologie selbstverständlich.[32] Einmal abgesehen davon, dass der 900 PS starke Turboprop-Motor einer Reaper-Drohne alles andere als geräuschlos ist, soll die angebliche Lautlosigkeit in Verbindung mit dem Wort »Killer« natürlich die Perfidie des Systems deutlich machen. Als besonderer Ausdruck dieser »Hinterhältigkeit« gilt die Tatsache, dass sich die Piloten der unbemannten Flieger weit weg der Schauplätze, im sicheren Amerika, befinden. Der Gegner hat demnach keine Chance, seinerseits den Angreifer zu töten. Die Möglichkeit zur Flucht wird ihm darüber hinaus durch die »Lautlosigkeit« genommen, die aber viel mehr durch die Schnelligkeit, die Aufklärungsmöglichkeiten und die Präzision vereitelt wird.

Die beiden Vorwürfe muten gerade in heutiger Zeit seltsam an. Ist die fehlende Lautstärke eine unfaire Eigenschaft von Waffen? Soll der Feind vor dem Angriff durch einen lauteren Motor gewarnt werden? Um es gleich vorwegzunehmen: Das taktische Element des »show of force«, einer Warnung, die zum Beispiel durch einen ohrenbetäubenden Tiefflug eines Kampfjets bei einer Menschenmenge garantiert wird, ist nicht als Zeichen der Ritterlichkeit vor dem Angriff gedacht. Es geht dabei vielmehr um einen Warnschuss, um tödliche Gewalt zu vermeiden, also nicht um Fairness. Eine geringe Geräuschentwicklung ist immer schon eine wichtige Eigenschaft im Kriege gewesen, ob bei Waffen oder den Soldaten selbst. Die Spähwagen der Aufklärer, die Brennstoffzellen der neuen deutschen U-Boote, oder der Unteroffizier, der seinen Soldaten beibringt, wie man klapperndes Kochgeschirr im Rucksack zum Schweigen bringt. Im Jargon des Militärs spricht man von Geräuschtarnung – eine von vielen Arten, sich der Aufklärung durch den Gegner zu entziehen.

Auch das Risiko des Angreifers hat sich durch den Einsatz von Drohnen nicht beziehungsweise nur marginal verändert – jedenfalls im Vergleich zu bestimmten Waffensystemen, die bereits seit Mitte der achtziger Jahre eingesetzt werden und nie diesem Vorwurf ausgesetzt waren. Bill Clinton ließ 1993 die Zentrale des irakischen Geheimdienstes mit Marschflugkörpern vom Typ Tomahawk in Schutt und Asche legen. Die fliegenden Bomben wurden von Kriegsschiffen im Persischen Golf abgefeuert, per Satellit gelenkt und hielten damit die eigenen Soldaten ebenfalls komplett aus der Schusslinie des Gegners. Jedes Raketensystem der Welt hat im Prinzip diese Eigenschaft. 1998 setzte Clinton die Cruise Missiles noch einmal gegen Ziele in Afghanistan und im Sudan ein. Über die Angriffsziele und die tatsächlichen Absichten des zweiundvierzigsten Präsidenten der USA wurde damals viel debattiert, nicht jedoch über den Grad der Fairness dieses Militärschlags, der von Langstreckenbombern des Typs B 52 durchgeführt wurde. Deren Abschuss ist nämlich bei der heutigen Art ihres Einsatzes so gut wie unmöglich. B-52-Bomber fliegen in Höhen, in denen keine herkömmliche

Luftabwehr mehr wirken kann. Die letzten Stratofortresses gingen im Vietnamkrieg verlustig.

Selbst im direkten Vergleich der Drohnen mit herkömmlichen Kampfflugzeugen fällt der vollständige Wegfall des Risikos für die Soldaten so gut wie nicht ins Gewicht. Piloten eines modernen Jets der westlichen Luftstreitkräfte sind in den meisten Einsatzgebieten der heutigen Zeit durch die Waffen ihrer Gegner nicht zu erreichen. Nur mit der Hilfe eines halbwegs modernen Luftabwehrsystems lässt sich in seltenen Fällen ein Flieger vom Himmel holen. In Afghanistan beispielsweise gelang das Aufständischen in elf Jahren Krieg nicht ein einziges Mal; Handfeuerwaffen und Raketenwerfer reichen dafür nicht. Ob die Bomben und Raketen also von einer unbemannten Drohne oder einem Jet mit zweieinhalbfacher Schallgeschwindigkeit abgeworfen werden, macht in Bezug auf die Chancengleichheit zwischen den Gegnern keinen spürbaren Unterschied aus.

Hinter dem Vorwurf der »Hinterhältigkeit« steckt unausgesprochen der Gedanke eines ritterlichen Kampfes: Zwei Soldaten begegnen sich auf dem Schlachtfeld, die gleichen Waffen in der Hand und nur Geschick und Glück entscheiden über Sieg oder Niederlage. Diese jahrhundertealte Vorstellung vom Krieg war immer schon Illusion. Es ist ein fast ausschließlich literarisch verklärtes Bild des Kampfes, das in Deutschland heute nirgends mehr verbreitet wird.

Warum wird diese Ritterlichkeit nun ausgerechnet im Drohnenkrieg eingefordert? Die Unfairness eines Waffensystems gibt es nicht. Denn warum sollten Soldaten ein höheres Risiko tragen, wenn sie ihren Auftrag erfüllen? Wird dadurch eine Legitimation zum Töten erteilt? Wird der Einsatz automatisch richtiger, wenn der Gegner die Chance bekommt, sich zu verteidigen? Wenn die Entscheidung richtig und legitim ist, dann ist es völlig unerheblich, mit welchen Waffen eine Person vom Leben zum Tode befördert wird. Ohne unnötige Qualen soll sie sterben, doch das berührt einen ganz anderen Aspekt der Gewaltanwendung. Die Drohne an sich ist wie jede andere Waffe auch lediglich das Instrument, um eine (politische oder militärische) Entscheidung umzusetzen. Sie kann daher qua Definition weder heimtückisch noch unfair sein. Personen, die sie einsetzen, können mit ihr falsch oder verboten handeln, doch das muss auf anderen Ebenen geklärt werden – zunächst einmal auf völkerrechtlicher.

Völkerrecht und Gewalt

Der Vorwurf, dass ein Einsatz von Gewalt gegen das Völkerrecht verstößt, wiegt schwer. Das spricht für diesen internationalen Rechtskatalog, weil seine Bedeutung in weiten Teilen der Welt immer noch ernst genommen wird. In Deutschland sind Anschuldigungen dieser Art relativ häufig zu hören: Der Kosovo-Einsatz, der Afghanistankrieg und selbstverständlich auch der Einmarsch in den Irak wurden aus bestimmten Ecken der Bundesrepublik immer wieder als völkerrechtswidrig bezeichnet – teils zu Recht, teils aus politischem Kalkül. Auch einzelne militärische Handlungen, etwa der Luftschlag gegen Taliban-Kämpfer und zwei entführte Tanklaster in Kundus 2009, wurden in der Öffentlichkeit mit manchmal heftigen Reaktionen als Verstoß gegen das Völkerrecht bezeichnet. In diesem speziellen Fall wurden die beteiligten Offiziere von einem Gericht von allen Anschuldigungen freigesprochen, was manche Kritiker des Einsatzes nicht davon abhielt, weiter von einem Verbrechen zu sprechen. Der inflationäre Gebrauch der Bezichtigung »Völkerrechtsbruch« hat sicherlich zu einer abgeschwächten Wirkung in der öffentlichen Wahrnehmung geführt. Im Kern ist eine Konfrontation mit einem solchen Vorwurf jedoch immer noch eine ernstzunehmende Sache. Man argumentiert vielleicht dagegen, aber ignoriert es nicht einfach.

Die Praxis der gezielten Tötungen wird besonders häufig mit dem Verweis auf das Völkerrecht missbilligt. Die in Deutschland geäußerte Kritik zum Einsatz gegen Osama bin Laden enthielt fast in jeder Stellungnahme den Verweis auf einen Bruch des Völkerrechts – neben dem auf das christliche Tötungsverbot.

Nicht alles jedoch, was im Zusammenhang mit gezielten Tötungen und dem Einsatz von Kampfdrohnen steht, ist zwangsläufig ein Verstoß gegen völkerrechtliche Bestimmungen. Denn das, was man als Völkerrecht oder internationales Recht bezeichnet, ist zum einen nicht immer eindeutig definiert, zum anderen gibt es eine Vielzahl von Bestimmungen, die zum Beispiel die Bundesrepublik Deutschland anerkannt hat, andere Staaten aber nicht. Aus deutscher Sicht läge im Fall einer Handlung gegen ein solches Abkommen dann zwar ein Verstoß vor, was aber nicht für jene Staaten gilt, die den entsprechenden Vertrag nicht ratifiziert haben. Diese Feststellung ist wichtig: Die deutsche Sicht entspricht nicht immer der der restlichen Welt!

Andere Bestimmungen des Völkerrechts stehen wiederum seit Jahrzehnten in international anerkannten Abkommen, haben sich aber längst überholt. Die Niederschlagung eines Aufstands im Inland beispielsweise, ein verbrieftes Recht der Staaten laut Charta der Vereinten Nationen, würde heute niemand mehr als innere Angelegenheit eines Landes akzeptieren. Staatschefs wie Assad berufen sich immer noch darauf. Die UNO und mit ihr der Großteil der Staatenwelt jedoch sieht mit der »responsibility to protect«, der »Verantwortung zu beschützen«, die Legitimation, zur Not einzugreifen. Das wiederum steht so nicht in der Charta.

Das Völkerrecht als solches ist kein starrer Rechtskatalog. Es gibt Gepflogenheiten, die nirgends schriftlich fixiert sind, aber als Völkergewohnheitsrecht dennoch Gültigkeit besitzen. Dieses wiederum ist in ständiger Anpassung an die sich ändernden Verhältnisse in den internationalen Beziehungen und an wechselnde ethische Werte der Welt. Völkergewohnheitsrecht entsteht durch staatliches Handeln. Friedensmissionen zum Schutz von verfolgten Minderheiten in einem Staat sind ein sichtbares Ergebnis dieses Wandels nach dem Kalten Krieg. Die Praxis des gezielten Tötens wird durch die Vereinigten Staaten ebenfalls auf den Weg zum Völkergewohnheitsrecht gebracht. Noch aber ist es nicht so weit.

Die heutigen Kriege werden meist als »bewaffnete Konflikte« bezeichnet, weil sie nicht mehr den klassischen zwischenstaatlichen Charakter haben. Gemeint ist im Prinzip dasselbe, aber das Wort »Konflikt« deckt eine größere Spannweite von bewaffneten Auseinandersetzungen ab, die auch schon unterhalb der Schwelle von aktiver Waffengewalt beginnt. Das klassische Völkerrecht bezieht sich eigentlich nur auf sogenannte »internationale bewaffnete Konflikte«, also die klar zu bestimmenden Kriege zwischen Staaten, wird aber in Ermangelung eigener Abkommen auch auf nichtinternationale bewaffnete Konflikte angewendet. Der Afghanistaneinsatz ist ein Paradebeispiel eines nichtinternationalen bewaffneten Konflikts. Der Krieg gegen den Irak 2003 startete als internationaler bewaffneter Konflikt, änderte sich aber nach dem Zusammenbruch der regulären irakischen Streitkräfte wiederum in einen nichtinternationalen. Gerade diese beiden Beispiele sind der beste Beleg, auch weiterhin von Krieg zu sprechen, um nicht eine politisch motivierte Schönfärberei zu kopieren.

Was im heutigen bewaffneten Konflikt, also im Krieg, erlaubt ist und was nicht, wurde schon vor dem Ersten Weltkrieg vereinbart und bildet bis heute den Kern des *Jus in bello*, des Rechts im Krieg. Nach ihm orientieren sich die Staaten bis heute. Folglich wird auch der Einsatz von Drohnen zu gezielten Tötungen in diesem Kontext gesehen, auch wenn an dem Ort, wo sie eingesetzt werden, nicht immer Krieg herrscht. Auf der zweiten Haager Friedenskonferenz im Jahr 1907 ging es keinesfalls darum, den Staaten das Recht zum Waffengang zu nehmen; man schuf vielmehr eine umfassende Ordnung über die »Gesetze und Gebräuche des Landkriegs«, die bis heute gültig sind und um einige Punkte erweitert wurden. Der Krieg sollte nicht im rechtlosen Raum stattfinden, verbieten wollte man ihn aber nicht. Das *Jus in bello* gibt also Regeln vor, die beachtet werden müssen, wenn es zum Krieg gekommen ist. Wann aber Krieg geführt werden darf, ist darin nicht geregelt. Das *Jus ad bellum*, das Recht zum Krieg, kommt zuvor zur Anwendung.

Die Legitimation der großen völkerrechtlichen Abkommen und Verträge, von Den Haag bis zur UN-Charta von San Francisco, ist völlig unstrittig, weil sie von fast allen Staaten der Welt unterzeichnet wurden. Verhandelt wurden sie allerdings nur von wenigen. Es wird im Zusammenhang mit den moralischen

Überlegungen zu gezielten Tötungen noch über Werte zu sprechen sein und deren Legitimationsproblem. Es sind nämlich immer die eigenen, die richtig erscheinen. Der versuchte Demokratieexport an den Hindukusch ist beispielsweise dadurch in Misskredit geraten. Der Versuch gilt heute nicht nur als blauäugig, sondern auch als vermessen, weil Werte wie Gleichberechtigung und Säkularismus aus dem Westen stammen und nicht jedem Kulturkreis übergestülpt werden sollen.»Wertekolonialismus« ist die dazu passende Wortschöpfung.

Beim Völkerrecht sollte man sich diesbezüglich aber ebenfalls keinen Illusionen hingeben. Es ist ebenfalls ein Recht, dessen Geist der Westen geformt hat. Die Haager Landkriegsordnung beispielsweise, die sozusagen in weiser Voraussicht vor dem Ersten Weltkrieg verfasst wurde, ist solch ein Produkt von wenigen: neunundvierzig Staatsoberhäupter setzen am Ende der Konferenz ihre Unterschrift unter diese wegweisenden Verträge. Darunter auch Ihre Majestäten, der Kaiser der Osmanen, der aller Reußen und der des Deutschen Reichs.[1] Alle drei Reiche gingen schon kurze Zeit später unter. Kein einziger Staat aus Afrika und Asien saß mit am Verhandlungstisch, mit Ausnahme der Vertreter von Siam, Persien und China. Fast die Hälfte der damals versammelten Länder wechselte in den folgenden Jahrzehnten ihre Staatsform, nicht wenige veränderten drastisch ihr Staatsgebiet.

Den Krieg in ein Korsett von bestimmten Minimalregeln zu zwingen ist richtig und gut. Die manchmal zu hörende Kritik aus der Dritten Welt, dass das Völkerrecht ein Recht der weißen Europäer und Amerikaner ist, kann man aber nicht von der Hand weisen. Auch die UN-Charta wurde von der Mehrheit der Staaten erst unterschrieben, als sie bereits verfasst war. Daran mitgearbeitet haben wiederum nur Vertreter aus einundfünfzig Ländern – ein Teil davon schon unter sowjetischer Knute. Die Legitimation des Völkerrechts steht dennoch außer Frage. Es ist aber wichtig, sich bewusst zu machen, dass es sich dabei um einen Rechtskatalog handelt, dessen Werte und Normen einer bestimmten rechtsphilosophischen Auffassung entsprungen sind, und unter Verhältnissen entstand, die Historie sind.

Die großen völkerrechtlichen Vereinbarungen sind bereits über sechzig Jahre alt. Die Zeit, zu der sie unterzeichnet wurden, war geprägt durch die Katastrophe des Zweiten Weltkriegs, und so erarbeiteten die zivilisierten Nationen eine Charta und vier Konventionen, um den dritten Weltenbrand zu verhindern. Deutschland war damals nicht dabei und wurde ebenso wie Japan eigens mit einer »Feindstaatenklausel« bedacht. Die Barbarei, die von Deutschlands Führung befohlen, von seinen Eliten unterstützt, seinem Volk hingenommen und seinen Truppen ausgeführt wurde, war der Auslöser, die Charta der Vereinten Nationen zu erschaffen. »Nie wieder Krieg!« war die Intention, aber die gründenden Vertragspartner konnten damals zwischen einer Vision und der Realität der Staatenwelt unterscheiden.

Um die rechtliche Zulässigkeit von gezielten Tötungen im Kontext des Völkerrechts zu untersuchen, beginnen wir dort, wo das Töten an sich noch immer rechtens ist – im Krieg.

Rechtliche Zulässigkeit gezielter Tötungen

Eines der größten Missverständnisse in der öffentlichen Wahrnehmung des Völkerrechts ist das grundsätzliche Gewaltverbot der UN-Charta, das für ein absolutes gehalten wird. In Artikel 2, Ziffer 4, heißt es: »Alle Mitglieder unterlassen in ihren internationalen Beziehungen jede gegen die territoriale Unversehrtheit oder die politische Unabhängigkeit eines Staates gerichtete oder sonst mit den Zielen der Vereinten Nationen unvereinbare Androhung oder Anwendung von Gewalt.« Selbst dieser Artikel im Gründungsvertrag der UNO, der oft zitiert wird, um jede Form der militärischen Gewalt mit dem normativen Gewicht des Völkerrechts zu verurteilen, weist darauf hin, dass der Grundsatz Ausnahmen zulässt – wenn sie mit den Zielen der Charta in Einklang stehen. Das Recht zum Krieg (*Jus ad bellum*) ist also nach wie vor existent. Strittig ist nur, wer dieses Recht hat und zu welchem Zweck er davon Gebrauch machen darf.

Um den Einsatz von genereller Waffengewalt und damit auch gezielte Tötungen juristisch zu bewerten, soll an dieser Stelle zunächst einmal nur das Recht im Krieg (*Jus in bello*) untersucht werden. Der amerikanische Moralphilosoph Michael Walzer tritt für eine grundsätzliche Trennung von *Jus ad bellum* und *Jus in bello* ein. Am Beispiel des Krieges der deutschen Wehrmacht kann die Begründung dafür gut erklärt werden: Das Unrecht, mit dem er entfesselt wurde, ist nicht zu bestreiten. Dieses grundlegende Unrecht entband die Soldaten aber nicht von der Pflicht, den Krieg in Einklang mit der Haager Landkriegsordnung zu führen. Wer sich als Soldat nicht daran hielt, konnte nach Kriegsende vor ein Gericht gestellt werden – nicht wegen des verbrecherischen Krieges an sich, sondern nur wegen einzelner Taten in diesem. Der Verstoß gegen das *Jus ad bellum* wiederum mussten andere verantworten: Soweit auch hohe Generäle der Wehrmacht verurteilt wurden, geschah dies wegen ihrer Rolle zur Vorbereitung des Angriffskrieges, nicht wegen ihrer Truppenführung. Im Allgemeinen besitzen Soldaten in einem Krieg das Recht zu töten – zunächst einmal unabhängig davon, ob der Krieg legitim ist oder nicht. Umgekehrt wurden und werden selbstverständlich auch Soldaten verurteilt, die das *Recht zum Krieg* haben und innerhalb dessen gegen das *Recht im Krieg* verstoßen.

Zu den Zielen der Vereinten Nationen gehören unter anderem der Weltfrieden und die internationale Sicherheit. Es gehören aber auch die Verhinderung von Genozid, Vertreibung und die Wahrung der Menschenrechte dazu. Krieg bleibt damit wohl oder übel Mittel der Politik. Das Gebot der Gewaltfreiheit im Völkerrecht ist dennoch das, was es ist: der Grundsatz. Dies ist nicht hoch genug einzuschätzen.

Noch bis zum Ersten Weltkrieg sahen es Staaten – und wahrlich nicht nur Monarchien – als ihr selbstverständliches Recht an, ihre politischen Interessen jederzeit mit Waffengewalt durchzusetzen. Zu diesen Interessen konnte sowohl die Eroberung einer angrenzenden Provinz des Nachbarstaats gehören als auch die »Erschließung« neuer Handelsräume oder Rohstoffvorkommen durch militärische Streifzüge in Übersee. Selbst die Beleidigung der nationalen Ehre wie 1870 durch die Emser Depesche Otto von Bismarcks war unter den Staaten als Kriegsgrund akzeptiert. Wie sonst hätte der Reichskanzler mit der gewollten Kriegserklärung Frankreichs auf diese gezielte Provokation kalkulieren können? Die Katastrophe des Ersten Weltkriegs führte den Staaten vor Augen, wohin dieser »gewohnheitsmäßige« Gebrauch militärischer Gewalt führen kann. Ein Umdenken setzte ein. Heute ist es schlichtweg unvorstellbar, dass ein Staat Gewalt einsetzt, um beispielsweise Territorium zu erobern. Nicht einmal ein offensichtlich attackierter Staat darf nach dem Sieg über den Aggressor sein eigenes Gebiet arrondieren, wie es früher üblich war. Kriegsbeute nannte man das oder etwas eleganter: Reparation. Weil man heute aber richtigerweise zwischen einer kriminellen Staatsführung und der Bevölkerung unterscheidet, ist diese Form der Entschädigung aus der internationalen Politik verschwunden. Der Letzte, dem man das durchgehen ließ, war Stalin: Er verschob die Grenze seines Sowjetreichs um zweihundert Kilometer nach Westen. Das grundsätzliche Gewaltverbot im Völkerrecht ist heute fest etabliert und muss nicht besprochen werden. Es sind die Ausnahmen von der Regel, an denen sich die Geister scheiden.

Gezielte Tötungen als institutionalisierte Praxis der Kriegsführung sind so neu, dass sie im Völkerrecht nicht explizit behandelt werden. Es gibt kein Abkommen über das »Targeted Killing« von Feinden, wie es im Englischen heißt, das Orientierung böte. Es bleibt also nur die Überprüfung der Zulässigkeit anhand der bestehenden völkerrechtlichen Vereinbarungen. Dazu bietet sich das Ausschlussverfahren an.

Die erste Bedingung, die das Völkerrecht für den Einsatz militärischer Gewalt stellt, also auch für den Einsatz von Drohnen oder Spezialkommandos, bildet den Rahmen, in dem sie angewandt wird. Der Krieg als ein solcher Rahmen erlaubt das Töten von Menschen. Jeder Staat, der an einem bewaffneten Konflikt beteiligt ist, darf mittels Waffengewalt Menschen töten, um seine Kriegsziele zu erreichen. Die Soldaten machen sich dabei nicht strafbar. Es geht also zunächst einmal nur um das *Jus in bello*, nicht darum, ob man überhaupt das Recht hatte, einen Krieg zu führen; das muss auf anderer Ebene geklärt werden.

Na klar, wird man sagen, das ureigene Geschäft im Krieg ist das Bekämpfen des Gegners. Diese simple Feststellung jedoch entzieht bereits einer ganzen Zahl völkerrechtlich begründeter Anschuldigungen wegen des Einsatzes von Drohnen und gezielter Tötungen die Grundlage. Denn es ist in einem bewaffneten Konflikt juristisch völlig unerheblich, ob man mit einer Panzerhaubitze in eine Kompanie wehrpflichtiger Soldaten hineinschießt oder den Kommandeur eines Elitebataillons in seinem Gefechtsstand mit einer unbemannten Drohne tötet. Es ist ebenfalls unerheblich, ob man einen Sturmangriff auf die eigenen Stellungen abwehrt oder selbst zum Angriff auf eine Basis des Gegners bläst. Das Völkerrecht unterscheidet auch nicht zwischen dem namenlosen Soldaten auf der anderen Seite der Front und dem nachrichtendienstlich bekannten Anführer, dessen Position und Bewegungsmuster von der Aufklärung ermittelt wurden. Sie alle sind legitimes Ziel im bewaffneten Konflikt, bis sie aufgeben oder kampfunfähig sind.

Die Irritation entsteht durch die personellen Details einer möglichen Zielperson. Wenn jemand etwa durch seine Vorkriegsfunktion einer breiten Öffentlichkeit bekannt ist, ein Bild und eine persönliche Geschichte hat, erscheint die gezielte Tötung, womöglich noch mit Ankündigung, sehr unmenschlich. Sie mutet wie eine Jagd an unter ungleichen Ausgangsbedingungen. Diese unterstellte Hinterhältigkeit existiert nicht, denn sie wird im bewaffneten Konflikt durch kein juristisches Verbot begründet. Streitkräfte sind im Krieg stets befugt, alle fünf Gefechtsarten durchzuführen: Angriff, Verzögerung, Verteidigung, Überwachung und Jagdkampf.[2] Gerade die Ziele und Einsatzverfahren des Jagdkampfes geben einen erhellenden Einblick in die Möglichkeiten eines völkerrechtlich legitimierten Krieges der Gegenwart. Doch dazu später.

Das völkerrechtliche Verbot der Heimtücke oder Perfidie meint etwas völlig anderes. Es bezieht sich auf Handlungen, die dem Gegner ein Vertrauen vortäuschen, um ihn dann aus dieser Position heraus anzugreifen. Truppenbewegungen unter dem Schutz des Rote-Kreuz-Kennzeichens oder ein Trupp Soldaten, der mit einer Parlamentärflagge Verhandlungsbereitschaft vortäuscht, um dann den Kampf weiterzuführen, fallen unter dieses Verbot. Es wurde 1949 in Artikel 37 des ersten Zusatzprotokolls zu den Genfer Abkommen vereinbart und ist wie viele andere Regeln ein Kind seiner Zeit: Niemand würde heute mehr mit einer Abordnung weißbeflaggter Parlamentäre die Front überschreiten. Doch es gibt auch weniger altmodische Beispiele heimtückischer Kriegsführung, die keine zulässige Kriegslist darstellen, sondern schlicht völkerrechtswidrig sind. Im Afghanistankrieg des Jahres 2012 schleusten die Aufständischen verstärkt ihre eigenen Kämpfer in die afghanischen Streitkräfte ein, die dann aus der Position des »Partners« heraus ihre Ausbilder innerhalb der Stützpunkte erschossen. Das ist verbotene Heimtücke gemäß den Genfer Vereinbarungen; sie wird nur nie unter völkerrechtlichen Aspekten verurteilt. Allein sechsundvierzig Soldaten der Schutztruppe fielen diesen sogenannten Green-on-blue-Vorfällen 2012 zum Opfer. Die ISAF stellte daraufhin das vielbeschworene »Partnering«, die enge Zusammenarbeit und Ausbildung mit den afghanischen Sicherheitskräften, so gut wie ein – einer der letzten Sargnägel für die »Selbstverantwortung« der Afghanen nach dem Abzug.

Im Krieg sind nicht alle Arten von Waffen erlaubt, auch nicht im völkerrechtlich legitimierten. Munition oder Kampfstoffe, die »unterschiedslos« wirken, also sowohl Soldaten als auch Zivilisten verletzen oder töten können, und Waffen, die geeignet sind, überflüssige Verletzungen oder unnötige Leiden zu verursachen, sind geächtet. Chemische und biologische Kampfmittel gehören schon seit 1925 dazu, genauso wie Teilmantelprojektile, die sogenannten Dum-Dum-Geschosse. In den Jahrzehnten nach dem Zweiten Weltkrieg ergänzten die Staaten der Welt die Liste um bestimmte Sorten Minen, deren Splitter etwa aus Glas oder Kunststoff bestehen und so nicht von Röntgenapparaten entdeckt werden können.

Überhaupt sind seit 1997 alle Antipersonenminen verboten, weil gerade die Mine das Paradebeispiel einer »unterschiedslosen« Waffe ist:[3] Minen töten und verstümmeln wesentlich mehr Zivilisten als Soldaten – und dies noch Jahrzehnte nach einem Krieg. Viele der großen Militärmächte sind dem Ottawa-Abkommen zum Verbot von Antipersonenminen jedoch nicht beigetreten, darunter auch die USA. Dass Russland, Syrien und China ebenfalls nicht auf Minen verzichten möchten, wird nur selten thematisiert. Es scheint, als könnte man es von diesen Staaten nicht anders erwarten. Der Nichtbeitritt zum Ottawa-Abkommen wird den Vereinigten Staaten hingegen jedes Mal vorgeworfen, wenn das Thema Minen in den Fokus der Öffentlichkeit rückt. Von fehlender Vorbildfunktion ist dann die Rede. Zur Wahrheit gehört aber auch, dass in den bewaffneten Auseinandersetzungen der letzten Jahrzehnte Minen fast ausschließlich von nichtstaatlichen Kämpfern in der geächteten Weise verlegt und dann eben auch liegengelassen wurden – der überwältigende Teil davon übrigens mit chinesischen oder kyrillischen Schriftzeichen auf den Verpackungen.

Ähnlich der Antipersonenminen-Konvention von Ottawa versucht auch das Übereinkommen über Streumunition von 2010 die Verwendung von sogenannten Cluster-Bomben zu unterbinden. Die Argumentation der Initiatoren ist die gleiche wie bei Minen: Cluster-Bomben wirkten ebenfalls unterschiedslos und die nicht detonierte Submunition stelle auch nach Kriegsende eine immense Gefahr für die Zivilbevölkerung dar. Auch diesem völkerrechtlichen Vertrag haben sich viele der großen Militärnationen nicht angeschlossen.

Aus der Weigerung, ein Abkommen zu schließen, können andere jedoch kaum die Legitimation herleiten, gegen dieses Abkommen permanent zu verstoßen. Denn unter den Bann des Ottawa-Abkommens fallen auch selbstgebastelte Sprengfallen, die nichts anderes als in Heimarbeit hergestellte Minen sind. Heute sind die »versteckten Ladungen« als IED (Improvised Explosive Device) bekannt und die Todesursache Nummer eins für die in Afghanistan eingesetzten NATO-Soldaten: Mehr als

60 Prozent der Verluste der internationalen Schutztruppe gehen auf das Konto dieser verbotenen Waffe, und auch dort unterscheidet sie nicht zwischen den Soldaten der NATO und den Bauern auf ihrem Weg zur Feldarbeit. Die meisten Sprengfallen werden noch im afghanischen Boden liegen, wenn das Bündnis längst abgezogen sein wird.

Die Waffensysteme, die für gezielte Tötungen eingesetzt werden, fallen nicht unter die Kategorie »geächtete Kriegsmittel«. Die Lautlosigkeit einer Drohne oder die Präzision und Schnelligkeit eines Kommandos sind herkömmliche Attribute des Kampfes, um die sich jede Armee der Welt bemüht. Auch ein Scharfschütze bedient eine zulässige Waffe: ein Präzisionsgewehr. Er tarnt sich, wartet still und bekämpft dann den Gegner aus größerer Distanz, als es der normale Infanterist tut. Das ist erlaubt, auch wenn die Zielperson im Vorfeld bestimmt und durch eine höhere Befehlsebene zur Tötung freigegeben wurde. Entscheidend ist nur, ob die Person getötet werden darf. Es stimmt zwar, dass der Gegner, der auf diese Weise bekämpft wird, im Moment der Schussabgabe keine Chance hat, sich zu verteidigen, aber noch einmal zur Erinnerung: Der Krieg ist und war nie ein Duell mit gleichen Ausgangsbedingungen. Das verlangt auch das Kriegsvölkerrecht nicht. Die Methoden und Mittel für gezielte Tötungen im Krieg wirken abgebrüht und brutal, sie sind es aber nicht.

Sogar innerhalb des Militärs gab es lange Zeit eine Distanzierung gegenüber bestimmten Waffengattungen oder Spezialisten innerhalb solcher. Die U-Boot-Männer verdienten sich erst nach einigen Jahren Einsatz im Ersten Weltkrieg den Ruf einer angesehenen Heldentruppe. Vorher waren sie verpönt, weil sie sich »hinterhältig« der Sicht des Gegners entzogen. Auch Scharfschützen hatten lange Zeit keinen guten Ruf, denn ihrer Kampfweise fehlten das Ritterliche und das eigene Risiko. Hinzu kommt die Arglosigkeit des Feindes im Moment, da der Schuss bricht. Die Truppen hatten in vielen Kriegen selbst unter der enormen psychologischen Belastung von Scharfschützen zu leiden, da konnte das Ansehen der eigenen ebenfalls nicht besonders hoch sein.

Das Völkerrecht richtet sich aber nicht nach einer »gefühlten« Unfairness, es will die militärische Gewalt im Krieg beschränken und legitime Ziele von nichtlegitimen trennen. Michael Walzer fasst diese Absicht als »Hauptregel« des *Jus in bello* zusammen. Um dies sicherzustellen, nennt Walzer das waffentechnische Zielen als das wichtigste Mittel im rechtskonformen Kampf.[4] Das *Jus ad bellum*, um das es an dieser Stelle noch gar nicht geht, wird nach Walzer von dieser Grundregel sogar wesentlich getragen, weil die Höhe von zivilen Opfern auch den edelsten Motiven zum Krieg irgendwann die Legitimation entzieht. Aus dieser nüchternen juristischen Perspektive bekommen die Waffen und Einsatzmethoden, die für gezielte Tötungen eingesetzt werden, einen ganz anderen Stellenwert. Denn man kommt nicht daran vorbei festzustellen, dass sie das exakte Gegenteil zu den geächteten unterschiedslosen Waffen sind, die das Völkerrecht verbietet. Sie treffen im Idealfall nur denjenigen, der auch getötet werden darf – jedenfalls ist das die Intention. Dass es diesen Idealfall meistens nicht gibt, ist ebenso wahr, bezieht sich aber auf einen anderen Aspekt des Völkerrechts, nämlich die zivilen Opfer oder »Kollateralschäden«, wie es im Militärjargon heißt: Sie müssen in einem vertretbaren Verhältnis zum militärischen Nutzen stehen.

Festzuhalten bleibt, dass im legitimierten bewaffneten Konflikt das gezielte Töten von Gegnern mit den einschlägigen Waffen erlaubt ist, wenn diese legitime Gegner sind! Wir bleiben an dieser Stelle noch beim *Jus in bello*, betreten aber ab hier schon wesentlich komplizierteren Boden, um die wichtige Frage zu klären: Wer darf in einem bewaffneten Konflikt gezielt getötet werden?

Kombattantenstatus

Die Formulierung klingt ein wenig absurd, wenn man bedenkt, dass ganze Generationen von Männern nichts unversucht ließen, um es *nicht* wahrnehmen zu müssen: das Recht, an Kriegshandlungen teilzunehmen. Dieser Terminus aus dem Völkerrecht könnte missverständlich als »Privileg« verstanden werden, was in Deutschland zuletzt bei Ausbruch des Ersten Weltkriegs der Fall war. Dieses international geregelte Recht aber, das auch für die Hurra-Patrioten des Ersten Weltkriegs schon kurz nach Beginn zum Zwang wurde, führt zum Kern der Frage, wer im Krieg getötet werden darf und wer nicht. Es unterscheidet den Kombattanten vom Nichtkombattanten.

Im Prinzip ist es einfach: Wer im bewaffneten Konflikt das Recht hat zu töten, darf auch getötet werden. Ein logisches und einfaches *quid pro quo*, das jedoch nur in der juristischen Theorie einfach bleibt. Die unterscheidet in den völkerrechtlichen Verträgen zwei Gruppen von Kombattanten. Wer darunter fällt, ist zu »Schädigungshandlungen« berechtigt, die anderen müssen sich aus dem Konflikt heraushalten.

– Gruppe 1: alle Angehörigen der Streitkräfte in der Gesamtheit aller bewaffneten Verbände, Gruppen und Einheiten, also Soldaten. Es gibt keinen Unterschied zwischen dem kämpfenden Infanteristen und dem personalverwaltenden Schreibstubenfeldwebel und keinen zwischen dem Funkspezialisten und dem Jetpiloten. Zu diesen regulären Armeen kommen paramilitärische Einheiten, Milizen und Freiwilligenverbände hinzu, wenn diese in die bewaffneten Streitkräfte eingegliedert sind oder »zu einer am Konflikt beteiligten Partei gehören«.[5] Der deutsche Bundesgrenzschutz etwa hatte diesen Status bis 1994 inne. Wäre es zu einem Krieg gegen den Warschauer Pakt gekommen, hätte auch die Polizei des Bundes das Recht gehabt, daran teilzunehmen, mit allen Konsequenzen. Unter Milizen versteht man wiederum Streitkräfte, die sich vorrangig aus Reservisten zusammensetzen und erst im Bedarfsfall eingezogen werden. Die Schweizer Armee ist das Paradebeispiel einer Milizarmee; die amerikanische Nationalgarde basiert ebenfalls auf diesem Prinzip. Zu den Kombattanten gehören auch Freiwilligenverbände wie die deutschen Freikorps der Zwischenkriegszeit oder die serbischen Tschetniks in den Balkankriegen der neunziger Jahre. Die entscheidenden Merkmale all dieser Kombattantengruppen sind eine einheitliche Führung und ganz besonders die Uniform. Während die Führungsstruktur nicht auf Anhieb erkennbar ist, ist die Uniform das deutlich sichtbare Zeichen zum erlaubten Töten. Da Uniformen heute allerdings kein Alleinstellungsmerkmal mehr besitzen (auch bei vielen regulären Armeen im Einsatz nicht), reicht dem Völkerrecht auch ein deutlich erkennbares Abzeichen, etwa die Flagge auf dem Ärmel oder beispielsweise der schwarze doppelköpfige Adler der »Befreiungsarmee des Kosovo«, der UÇK.

– Gruppe 2: jede andere organisierte Gruppe, die sich gegen eine Besatzungsmacht mit Waffen zur Wehr setzt – auch ohne Uniform. Einzige Voraussetzung ist, dass der Kombattant seine Waffen während des Einsatzes offen trägt und sich an die Regeln im Krieg hält. Das muss er auch auf dem Weg in den Kampf, wenn er zum Beispiel einen Transportkonvoi gegnerischer Streitkräfte überfallen will, und auf dem Weg vom Kampfe weg. Das entscheidende, nach außen sichtbare Merkmal ist hierbei nur noch die Waffe in der Hand, welche die Uniform ersetzt. Ferner wird auch jede Einzelperson zum Kombattanten, die unorganisiert zur Waffe greift und eine eindringende fremde Macht bekämpft. Hierfür wird der alte napoleonische Begriff *levée en masse* verwendet, der bis heute den Kampf eines Bauern mit der Mistgabel verklärt, wenn dieser sich einer fremden Invasionsarmee entgegenstellte. Auch der Einzelkombattant muss seine Waffe offen tragen, damit er zu erkennen ist. Die Geschichte richtet sich nicht nach dem Wenn und Falls, doch wenn dieser »Gelegenheitskämpfer« nie die Schlachtfelder der Erde betreten hätte, wäre den streitenden Nationen eine Menge Leid erspart worden.

Wer also als Kombattant zu betrachten ist und demnach getötet werden darf, wird durch die völkerrechtlichen Verträge klar definiert. Man erkennt ihn entweder an der Uniform, dem deutlich sichtbaren Abzeichen oder der Waffe in der Hand. Das Problem jedoch wird bereits deutlich: Es liegt in der zweiten Gruppe von

Kombattanten, denen, die keine Uniform tragen. Wie erkennt man einen Kriegsteilnehmer, der zivile Kleidung trägt und auch das verpflichtende Erkennungsmerkmal, seine Waffe, nicht offen zeigt? Formaljuristisch verletzt er dann zwar das humanitäre Völkerrecht, nur werden die heutigen Kriege nicht mit dem Ziel einer nachträglichen juristischen Aufarbeitung geführt. Es geht immer noch um das Niederringen des Gegners unter Bewahrung eines Mindestmaßes an Anstand.

Juristen könnten sich in Anbetracht der heutigen Lage in den Kriegsgebieten wohl nach den Zeiten sehnen, als ein Heer grau uniformierter Männer losmarschierte und entlang einer klar gegliederten Front gegen ein Heer Soldaten in blauen Röcken anrannte. In manchen Gesprächen mit Völkerrechtlern meint man diese latente Sehnsucht nach Einfachheit herauszuhören. Das ist nachvollziehbar, weil Klarheit eigene Entscheidungen erleichtert. In den großen zwischenstaatlichen Kriegen war der Status der Unglücklichen beider Seiten noch eindeutig: Sie waren Soldaten, als solche eindeutig zu erkennen, und das Kriegsrecht, wie es damals noch hieß, bot wenig Spielraum. Das Erkennungsmerkmal war die Uniform: Wer sie trug, signalisierte dem Gegner optisch seinen Status als Kombattant und befand sich damit im akzeptierten Wechselspiel des Tötens und Getötetwerdens.

Die Regeln des Krieges, die es schon in vergangenen Jahrhunderten gab, konzentrierten sich auf andere Aspekte des Kampfes, nicht darauf, wer welchen Status innehatte. Es ging etwa um die korrekte Behandlung von Kriegsgefangenen, um Regeln über einen begrenzten Waffenstillstand zwischen den Schützengräben oder den Schutz von besonders gekennzeichneten Gebäuden. Die Trennung zwischen Soldaten und Zivilisten war allerdings schon früher ein Thema: Wer sie nicht säuberlich einhielt, wurde in der Regel standrechtlich erschossen. Mit der Uniform zu tricksen wurde drakonisch bestraft. Aber es war eben einfach, diese Trennlinie zu ziehen, da die Kombattanten sich klar zu erkennen gaben und so die Zivilisten von sich abgrenzten.

Natürlich kann man kaum behaupten, dass in früheren Kriegen das *Jus in bello* immer befolgt wurde. Wo es Gesetze gibt, da gibt es Menschen, die sie übertreten. Im Falle der großen Kriege der letzten Jahrhunderte könnte man sogar durchaus die These aufstellen, dass die Neigung zur Missachtung des Kriegsrechts umso größer wurde, je vitaler die Bedrohung für eine der Konfliktparteien war. Michael Walzer sieht sogar eine Art moralischer Legitimation, das Völkerrecht beiseitezuschieben. In Zeiten des übergeordneten Notstands, des »supreme emergency«, sei eben auch eine Form der Waffengewalt zulässig, die das *Jus in bello* sonst verbiete.[6] Er hat dabei das Beispiel der Bombenangriffe auf deutsche Städte im Blick, doch lässt sich dieser Notstand natürlich auch auf andere Kriegssituationen übertragen. Schon in den napoleonischen Kriegen griffen Nichtuniformierte zur Waffe, wenn die eigene Armee der Invasion nicht mehr standhalten konnte – eigentlich verboten, doch wenn das Land vor dem Untergang steht, ist fast jedes Mittel recht. Im Unterschied zu heutigen Konfrontationen aber war die Guerilla allenfalls ein Nebenaspekt des Krieges und nicht die alles bestimmende Charakterisierung. Die klaren Fronten mit Uniformierten auf beiden Seiten waren für die Männer in den Schützengräben die Hölle, für die Juristen aber ein sicheres Feld mit klar abgesteckten Grenzen. Die Gegenwart ist wesentlich komplizierter.

Uniformen und eine klare Zuordnung sind heute zur Ausnahme geworden, und das Völkerrecht hat dazu sogar beigetragen. Die Vereinbarungen über den Status von Menschen in einem bewaffneten Konflikt werden in der dritten Genfer Konvention und den Zusatzprotokollen I und II geregelt, die das Völkerrecht vor allem unter dem Eindruck der Entkolonialisierung und der daraus entstandenen innerstaatlichen Konflikte in den siebziger Jahren weiterentwickelt haben. Ebendiese Zusatzprotokolle versuchten, mit dem Wandel des Krieges Schritt zu halten und die veränderten Umstände juristisch zu erfassen. Das ist freilich eine positive Intention und auch heute eine beständige Herausforderung an das Völkerrecht. So wurde also der Kombattantenstatus auf Personengruppen erweitert, die keiner geordneten Truppe angehörten und deshalb keine Uniform tragen konnten oder wollten. Die Vertragsschließenden dieser Zeit hatten den klassischen Befreiungskampf gegen Kolonialmächte im Blick, Krieger der Mau-Mau etwa, die sich in Kenia gegen die Briten erhoben.

Im Gegensatz zu den Genfer Konventionen von 1949, von allen hundertdreiundneunzig Staaten der Welt unterzeichnet und ratifiziert, wurden die Zusatzprotokolle von 1977 aber nur von hundertachtundsechzig beziehungsweise hundertvierundsechzig Staaten anerkannt. Für einige Regierungen, unter ihnen auch die der USA und Israels, bestehen bis heute Bedenken hinsichtlich der Lockerung des Uniformierungsgebots. Und diese sind nicht von der Hand zu weisen. Der Grund für die Nichtunterzeichnung liegt nämlich genau in dieser Ausdehnung des Kombattantenstatus auf vormals irreguläre Kräfte, also genau darin, was in den heutigen Konflikten viele Probleme bereitet. Es trifft einfach nicht den Kern, wenn man die Nichtunterzeichnung solcher völkerrechtlichen Vereinbarungen als bloße Interessenvertretung der eigenen Kampfkraft abtut. Den Kriegsschauplatz für fast jeden rechtlich zu öffnen, bringt zudem gewaltige Nachteile mit sich, vor allem für die Zivilbevölkerung. Die Zusatzprotokolle wollten den Befreiungsorganisationen das Recht zum Kampf geben und akzeptierten dafür, dass deren Kämpfer sich der Uniformierung verweigerten oder aus anderen Gründen keine Erkennungsmerkmale trugen. Der Uniformzwang im Kriege wurde durch das Völkerrecht aufgelöst – eine folgenschwere Entscheidung, die sich heute zum schwer lösbaren Problem entwickelt hat.

Die völkerrechtlichen Bestimmungen der dritten Genfer Konvention und der Zusatzprotokolle schließen bereits unterschiedliche Personengruppen in den Kombattantenstatus ein. Der Blick auf verschiedene Kriegsschauplätze der letzten Dekaden wird im Anschluss greifbar machen, wer in den Kriegen von heute, jedenfalls aus rechtlicher Sicht, getötet werden darf. Die Gruppen der ersten Kategorie, Militär und nachgeordnete Verbände, sind relativ klar definiert und lassen sich vor allem äußerlich leicht erkennen; um sie geht es dabei nicht. Bei bestimmten Sorten von Freiwilligenverbänden könnte es zwar auf den unübersichtlichen Schlachtfeldern der Gegenwart schwer werden, sie eindeutig als legitime Ziele zu identifizieren. Wenn es sich jedoch tatsächlich um einen »organisierten Verband« handelt, wird auch der Soldat am Abzug seiner Waffe erkennen, dass es sich aufgrund der Ausrüstung, des Vorgehens und rudimentärer Uniformteile um rechtmäßige Kämpfer und damit Ziele handelt. Andernfalls wären sie nicht in der Lage, als Gruppe oder größere Formation zu operieren, und würden folglich nicht in diese Kategorie fallen. Denn eines darf auf gar keinen Fall vergessen werden: Letztlich muss der einfache Soldat am Maschinengewehr die Entscheidung treffen, ob er Kombattanten oder Zivilisten anvisiert. Für eine höchstrichterliche Entscheidung hat er keine Zeit.

Die Probleme tauchen bei den Kombattanten der zweiten Gruppe auf, den Nichterkennbaren. Das Völkerrecht gibt sich dabei einer folgenschweren Illusion hin, denn es legt die Verantwortung für die Erkennbarkeit eines Kombattanten in die Hände desselbigen. Es sagt also allen Kämpfern außerhalb geordneter Verbände: Wenn ihr das Recht zum Kämpfen wollt, könnt ihr es haben; dafür müsst ihr eure Waffen offen tragen und ebenfalls das humanitäre Völkerrecht respektieren. Die zweite Bedingung, die Einhaltung der Kampfregeln, sei einmal dahingestellt, denn sie stellt kein sichtbares Zeichen dar. Ein Kämpfer, der keine Gefangenen exekutiert, sieht genauso aus wie einer, der es tut. Damit bleibt die Waffe das einzige Unterscheidungsmerkmal zu den geschützten Nichtkombattanten – die Kalaschnikow wird zum Uniformersatz. Artikel 44 des ersten Zusatzprotokolls akzeptiert damit nicht nur die mangelnde Organisation einer Kriegertruppe, sondern explizit auch das »Untertauchen« solcher Kombattanten, wenn diese nicht unmittelbar an Kampfhandlungen teilnehmen. »Hit and run« oder auf Deutsch »Nadelstichtaktik« ist völkerrechtlich legitim.

Dabei wird aber gern übersehen, dass es sich bei dieser Art des Kampfes nicht um Teilzeitkombattanten handelt. Der Kombattantenstatus besteht auch während der Kampfpause im Untergrund, so wie bei allen anderen legitimierten Kämpfern auch. Der uniformierte Soldat einer regulären Armee darf auch angegriffen werden, wenn er abends in einem Feldlager mit seinen

Kameraden ein Video ansieht. Er kann aufgrund der Entfernung nicht zum Abendessen nach Hause und frühmorgens wieder an die Front. Beim Kämpfer ohne Uniform geht das in der Regel, weil er am Kriegsschauplatz lebt: Am Abendbrottisch darf er demnach getötet werden. Ist diese Sorte Kämpfer, nennen wir ihn Freischärler, dann untergetaucht, greift allerdings nicht mehr die Verpflichtung, seine Waffe offen zu tragen. Er kann sie in einem Erdloch vergraben und erst zum nächsten Angriff wieder ausbuddeln. Er bleibt Kombattant, ist aber nicht mehr eindeutig zu identifizieren und darf wegen der geforderten Eindeutigkeit nicht bekämpft werden. Sein Schutz in der untergetauchten Phase besteht also darin, dass der gegnerische Soldat, der ihn angreifen soll, nicht erkennt, ob er ein legitimes Ziel vor sich hat – jedenfalls nicht äußerlich. Die Zusatzprotokolle anerkennen damit die Realität auf den Kriegsschauplätzen der Erde.

Der negative Aspekt liegt jedoch in der Art des akzeptierten »Untertauchens«. Der Freischärler hat nämlich nur einen einzigen Platz, an dem er dies tun kann: die Zivilbevölkerung. Das Völkerrecht legitimiert damit eine Verzahnung von Kombattanten und Zivilisten, die es sonst in allen anderen Vereinbarungen zu vermeiden versucht oder gar zum Hauptanliegen hat. Die Theorie sieht vor, dass ein Partisan oder Widerstandskämpfer zu Hause schläft und isst, dort wegen der mangelnden Identifikation nicht angegriffen werden kann; erst wenn er sich auf den Weg zum Angriff macht und zu seinem Kombattantenmerkmal, dem Gewehr, greift, darf er wieder bekämpft werden. Die USA und Israel haben neben anderen Staaten das gesamte Zusatzprotokoll wegen dieses Paragrafen bis heute nicht unterzeichnet. Der Geltungsbereich dieser Vereinbarung kann deshalb auch nicht ohne weiteres auf diese Länder ausgedehnt werden. Wer nicht unterzeichnet, muss sich auch nicht daran halten – ein juristischer Grundsatz. Aber das wäre ein zu simples Prinzip.

Die Ausweitung des Kombattantenstatus war gut gemeint. Man wollte damit zum Zeitpunkt, da in einigen Kolonien Afrikas um Unabhängigkeit gekämpft wurde, der Guerillataktik gegen die Kolonialtruppen Rechnung tragen. Portugal führte beispielsweise noch bis in die siebziger Jahre einen blutigen Krieg in Angola, Mosambik und Guinea-Bissau. Die verschiedenen Befreiungsorganisationen wurden zwar aus dem kommunistischen Block und vielen bereits unabhängigen afrikanischen Staaten unterstützt, aber dennoch blieb ihnen nur der »kleine Krieg«, um die portugiesische Armee zu bekämpfen. Diese und ähnliche Konstellationen hatten die Vertragspartner im Blick, als sie die Ausweitung des Kombattantenstatus – ohnehin mit rund zehnjähriger Verspätung – in den Zusatzprotokollen aufschrieben. Das Völkerrecht schlitterte damit in eine Bewertung von Gut und Böse hinein, die es sonst zu vermeiden suchte: auf der einen Seite die Unterdrückten, die für die Freiheit kämpfen und nur die Möglichkeit der Nadelstiche haben, auf der anderen Seite ein koloniales Regime, das die Zeit der Entlassung in die Unabhängigkeit verpasst hat und nun brutal an seinem einstigen Reich festhält. Diese Wertigkeit, hier richtig und da falsch, hat heute jedoch die Seiten gewechselt, wie schon so oft in der Geschichte der Menschheit. In weiten Teilen Europas möchte man sich nicht auf eine solche Zuweisung festlegen, weil man fest davon ausgeht, dass die Wertesysteme der Erde keine Rangordnung haben, oder aber man glaubt, das Richtige stets an seiner Seite zu haben, wie man im Falle der USA zugeben muss.

In beiden Fällen aber ist die Problematik des Erkennens eines Kombattanten geblieben, und das muss auch laut Völkerrecht akzeptiert werden. Als Unbeteiligter ist dieses Problem leicht auszuhalten. Im Zweifel wird eben nicht bekämpft, und die regulären Soldaten müssen sich zurücknehmen, getreu dem Motto: »Morgen ist auch noch ein Tag.« Wenn eine Regierung den Wählern aber den Erfolg einer militärischen Unternehmung versprochen hat und statt guter Botschaften über eine wachsende Zivilgesellschaft in einem fernen Land immer mehr Särge junger Männer nach Hause kommen, wird es komplizierter. Irgendwann wird nämlich die Zeit knapp, vor allem vor Wahlen. Wer seine Armee nicht kämpfen lassen will, kann sie nur nach Hause holen, sonst muss er sich dem Dilemma der Kombattanten ohne Uniform stellen und auch Fehler akzeptieren.

Schon die Tatsache, dass man die Unterscheidungspflicht, im Minimalfall eine offen getragene Waffe, in die Verantwortung der Kriegsteilnehmer legt, kann in der Praxis nicht funktionieren. Unterlegene Gegner können in den heutigen Konflikten keinen tollkühnen Überraschungsangriff wagen, der das Blatt wendet. Das draufgängerische Genie eines Preußenkönigs in der Schlacht bei Leuthen oder das eines Robert E. Lee im Krieg gegen die Unionstruppen im amerikanischen Bürgerkrieg reicht nicht mehr, um Schwäche auszugleichen. Der Grad der Unterlegenheit ist einfach zu groß, als dass man »gegen alle Regeln der Kunst die beinahe dreimal stärkere Armee des Prinzen Karl angreifen« könnte und dann auch noch siegte.[7] Die »Herzhaftigkeit der Truppen« darf nach wie vor nicht unterschätzt werden, einen modernen bewaffneten Konflikt entscheidet sie aber nicht mehr.

Dem Schwächeren bleibt heute objektiv nur das Mittel des Untertauchens, um überhaupt dauerhaft operieren zu können. Insofern sorgt die völkerrechtliche Erlaubnis für eine Art Niveauangleichung zwischen Hightech-Truppe und Sandalen-Guerilla. Der waffentechnische Vorsprung der großen Militärnationen ist aber heute so dominierend, dass das Untertauchen außerhalb der Kampfhandlungen für die unterlegene Konfliktpartei nicht reicht. Die Guerillas der Gegenwart operieren entweder immer verdeckt, oder sie sind chancenlos, ihrerseits militärische Erfolge zu erzielen.

Nach dem humanitären Völkerrecht müssten natürlich auch die Aufständischen in Afghanistan ihre Handfeuerwaffen offen tragen, wenn sie sich auf eine Patrouille der ISAF zubewegen und diese angreifen wollen. Täten sie dies tatsächlich, würden sich ihre Erfolgsaussichten aber drastisch reduzieren, da die technische Rundumsicherung der westlichen Truppen sie frühzeitig aufklären würde. Im Gefecht mit Einheiten der Bundeswehr sind feindliche Kämpfer deshalb dazu übergegangen, sogar während des Kampfes ihre Waffe zu verstecken. Es entwickelte sich quasi zu einem taktischen Element, dass die Taliban ihre Sturmgewehre in einem Gebäude, aus dem heraus sie auf die deutschen Soldaten feuerten, liegenließen, dann ohne dieses Unterscheidungsmerkmal in ein anderes Gebäude wechselten und dort mit einer zuvor deponierten Zweitwaffe weiterschossen. Auf dem Weg dahin waren sie nicht als Kombattanten zu erkennen. Wahlweise wurde der Stellungswechsel auch unter dem Schutz einer kleinen Gruppe von Frauen und Kindern vollzogen – beides Verstöße gegen das humanitäre Völkerrecht.

In Artikel 44 des Zusatzprotokolls scheint zudem die Vorstellung verankert zu sein, dass es sich bei den Waffen immer um Gewehre, Maschinengewehre oder Panzerfäuste handeln müsste. Wie aber trägt ein Aufständischer seine Waffe offen, der eine Sprengfalle in den Boden einlässt? Hat er die Kabel dann in der einen und den Kanister mit dem Diesel-Dünger-Gemisch in der anderen Hand? Selbst wenn er dies täte, könnte ein Soldat der ISAF ihn nicht einfach töten. Ein gelber Kanister ist an sich keine Waffe – in Afghanistan vielleicht doch? Erwartet das Völkerrecht auch, dass der Selbstmordbomber seine Sprengstoffweste über dem Gewand trägt, um zu zeigen, dass er Kombattant ist? Oder kommt es darauf nicht mehr an, weil der Körper als Waffe ohnehin völkerrechtswidrig ist? Die Beispiele sind freilich absurd, sie sollen aber verdeutlichen, dass die völkerrechtlichen Bestimmungen zur Trennung zwischen Kämpfern und Zivilisten, selbst wenn sie eingehalten werden würden, in der Realität nicht mehr umsetzbar sind.

Auch die Konsequenzen für Freischärler, die das humanitäre Völkerrecht nicht achten, laufen ins Leere. Der mögliche Verlust der Kriegsgefangenenrechte, der sowieso erst durch ein Gericht angeordnet werden könnte, setzt einen weitestgehend entideologisierten Kampf voraus. Den gibt es aber nicht mehr. Der Freischärler muss die persönliche Kapitulation als mögliche Option akzeptieren. Wer in jedem Fall bis zum Tod kämpft, interessiert sich nicht für weltliche Gerichte, die er sowieso nie anerkannt hat. Die Gefangenschaft ist im Selbstverständnis vieler dieser Kämpfer keine Option. Der Glaube an das Paradies ersetzt die Aussicht auf eine gute Behandlung als Kriegsgefangener. Bei den westlichen Soldaten spielt die Aufgabe im aussichtslosen Gefecht allerdings auch keine Rolle mehr, jedoch aus anderen Gründen:

Sie würden keiner Kriegsgefangenschaft entgegensehen, sondern einer Exekution vor laufender Kamera.

Die Bestimmungen des Völkerrechts zu den Kombattanten ohne Uniform offenbaren nicht nur in der praktischen Umsetzung ihre Schwächen, sie setzen bereits unter ganz schlechten Voraussetzungen an: Sie gestatten einer Bevölkerung ausschließlich den Kampf gegen eindringende Invasionsstreitkräfte. Nur unter dieser Maßgabe ist der Griff zur Waffe für Personen außerhalb von Armeen, Milizen und paramilitärischen Einheiten überhaupt gestattet. Das gänzlich nichtjuristische Problem dabei ist, dass immer die anderen eine Besatzungsmacht sind, nie die eigenen Truppen.

Die Sowjets in Afghanistan waren in den achtziger Jahren eine Besatzungsmacht, nicht die NATO heute, sagt die NATO. Die ist selbstverständlich auf Einladung der Zentralregierung in Kabul dort, und natürlich existiert diese auch. Das »Unterstützungsgesuch« der kommunistischen Regierung Afghanistans, das die Russen 1979 ins Land »einlud«, wurde damals nicht als Einladung akzeptiert. Sowjetische Fallschirmjäger und Spezialkräfte hatten nämlich kurz zuvor erst den afghanischen Präsidenten Hafizullah Amin liquidiert, um eine »zuverlässigere« Regierung unter Babrak Karmal zu installieren. Selbstverständlich gibt es Unterschiede zwischen den »Einladungen« von 1979 und 2001. Es existiert aber auch ein Gruppenfoto, das den heutigen Präsidenten Hamid Karzai mit amerikanischen Special Forces zeigt. Es erinnert daran, dass es zu Beginn des heutigen Kriegsabschnitts ebenfalls Soldaten waren, die den korrupten Paschtunen ins Amt geleiteten – und zwar wörtlich. Schon werden die Unterschiede etwas kleiner.

In den neunziger Jahren hat die NATO auf dem Balkan Völkermorde verhindert, jedenfalls am Ende dieses Erbfolgekrieges. Sie war aber keine Besatzungsmacht – weder in Bosnien noch im Kosovo. Diesen Status hatten nur die serbisch-jugoslawischen Einheiten inne, die sich folgerichtig in das serbische Kernland zurückziehen mussten. Auch der Somaliaeinsatz Anfang der neunziger Jahre war offiziell keine Besatzung. Und nicht einmal mehr die Koalitionstruppen im Irak waren es, nachdem der Sicherheitsrat der UNO 2004 mit Resolution 1546 die Übergabe der Regierungsverantwortung an die irakische Übergangsregierung beschlossen hatte; da aber nahm der Krieg erst richtig Fahrt auf. In all diesen bewaffneten Konflikten gab es also keine »fremde Besatzungsmacht«, wie sie in der Vorstellung der völkerrechtlichen Verträge noch existiert. Demnach gab es auch nicht das Recht, sich gegen diese zu Wehr zu setzen. Wer kommt, um Schulen zu bauen und Brunnen zu bohren, ist eben kein Besatzer, darauf wird besonders in Europa größten Wert gelegt. Was aber, wenn bestimmte Kräfte in einem brunnen- und schulbedürftigen Land das anders sehen? Einer von beiden muss dann falschliegen. Juristisch kann man dann der Auffassung sein, dass die freien Kämpfer in all diesen Kriegen keinen Kombattantenstatus hatten und folglich nicht die Legitimation zum Kämpfen. Es hat sie nicht daran gehindert, so viel ist klar.

Man kann diese völkerrechtliche Einäugigkeit auch an anderen Beispielen erkennen, welche die »fremde Besatzung« zum ausschließlich historischen Phänomen machen. So dürfen auch Nichtkombattanten, die sich widerrechtlich an Kampfhandlungen beteiligen, bekämpft werden, allerdings nur während der tatsächlichen Phase der Feindseligkeiten. Das wird zum einen schon durch das Recht zur Selbstverteidigung gedeckt, greift durch den Begriff »Feindseligkeiten« aber definitiv weiter. Zu Feindseligkeiten in einem bewaffneten Konflikt zählt schließlich nicht nur die Bedienung eines Gewehrs; Sprengfallen legen, Hinterhalte koordinieren oder Sabotageakte sind ebenfalls eindeutige Akte der kriegerischen Gewalt. Das Schädigungsrecht könnte nach dieser Definition also auch gegen Nichtkombattanten viel weiter reichen als nur für den Moment, da eine Person das Feuer eröffnet. Die Planung, Unterstützung und der Rückzug nach den Feindseligkeiten zählen dazu. Das Völkerrecht gibt dazu allerdings keinen weiteren Anhalt. Die Grenzen werden ab hier sehr unscharf.

Die internationalen Vereinbarungen, welche die Trennung von Kombattanten und Nichtkombattanten regeln, sind ansonsten ziemlich eindeutig – jedenfalls bis zu jener antiken Vorstellung eines wehrhaften Aufstands durch ein überfallenes Volk. Und der Eindruck, den man trotz der etwas komplizierten Abstufungen und Unterteilungen der vielen Kombattantengruppen gewinnt, täuscht überhaupt nicht: Das Völkerrecht zeigt sich durchaus großzügig mit der Anwendung von tödlicher Gewalt. Wer es konsequent anwendet, muss keineswegs mit »gefesselten Händen« kämpfen, sondern hat einen weiten militärischen Spielraum. In einem bewaffneten Konflikt darf jede Person getötet werden, die einer organisierten kämpfenden Gruppe angehört oder »sich unmittelbar an Feindseligkeiten beteiligt«.[8] Mit anderen Worten: Wer zur Waffe greift, wird zum legitimen Ziel. Gezieltes Töten, im Sinne des Suchens, Aufspürens und Angreifens, ist im bewaffneten Konflikt damit ebenfalls zulässig, mit einer einzigen Ausnahme. Diese Ausnahme ist der unorganisierte und nur gelegentlich kämpfende Widerständler – der vielzitierte Bauer am Tag und Kämpfer in der Nacht:[9] Er genießt Immunität, wenn er vom Kampfe Pause macht und sein Feld bestellt.

Ist die Frage des Tötens im bewaffneten Konflikt damit juristisch beantwortet? Noch nicht ganz. Es fehlt noch die Unterteilung in internationale und nichtinternationale Konflikte sowie die alles entscheidende Voraussetzung zu legitimiertem Töten, die sich zwar juristisch gibt, aber in Wirklichkeit nichts mit dem Völkerrecht zu tun hat. Doch schauen wir zunächst in zwei oder drei bewaffnete Konflikte der Gegenwart. An verschiedenen Beispielen kann man deutlich machen, wer getötet werden darf und wer nicht und vor welchen Schwierigkeiten diejenigen stehen, die das innerhalb weniger Sekunden entscheiden müssen. Das humanitäre Völkerrecht könnte dabei für so manchen zur Enttäuschung werden.

Von den Paragraphen auf
das Schlachtfeld

Im Februar 2011 verlässt eine Gruppe Soldaten des 2. Bataillons
des 1. Regiments der 1. Division des United States Marine Corps
seinen kleinen Außenposten im Süden der afghanischen Provinz
Helmand.[10] Die Männer leben seit vier Monaten unter extrem
kargen Bedingungen, weitere drei liegen noch vor ihnen. Die
Hauptkämpfe des Vorjahres in der blutigsten Provinz des Landes blieben ihnen erspart, das fiel anderen Regimentern zu. Ihr
Auftrag besteht nun im Absichern des Erkämpften. Das klingt
einfacher, als es ist, wie man mittlerweile auch in Deutschland
weiß. Über neunzig Sprengfallen haben die Männer bereits gefunden, fünf kleinere Feuergefechte bestanden und dabei nur
einen Mann verloren. Die elf Männer schlüpfen durch die Luke
des verzogenen Metalltors ihrer kleinen Basis, laden ihre Gewehre fertig und beginnen mit der täglichen Patrouille. Ihr Stützpunkt mit dem Namen Patrol Base May liegt am Rande einer
größeren Ortschaft. Er misst fünfzig Meter im Quadrat und
wirkt wie ein Fort mitten im Indianerland. In der unmittelbaren
Umgebung gilt die Bevölkerung als freundlich gesinnt, die Straßen und Wege sind frei von Sprengfallen – ziemlich wahrscheinlich jedenfalls. Afghanen und Amerikaner grüßen sich verhalten,
und für die Kinder springt immer eine Tafel Schokolade heraus,
wenn die GIs vorbeikommen.

Nach dreißig Minuten Marsch steht die Gruppe auf freiem
Feld, und die Situation verändert sich komplett: Die Schrittge-
schwindigkeit wird nun drastisch gedrosselt, da der erste Mann
in der Reihe den Weg peinlich genau nach Sprengfallen absu-
chen muss. Auf den kleinen Lehmdämmen, die die Äcker unterteilen und das Wasser auf ihnen halten, geht es behutsam auf das
nächste Dorf zu, wo die Bewohner weniger wohlwollend einge-
schätzt werden. Die Trittspur, die durch den Sweeper gesichert
wird, ist maximal einen Meter breit. Was links und rechts im
Boden lauert, reißt Beine ab. Sergeant Kenneth May, der Na-
mensgeber des kleinen Außenpostens, hatte am 11. Mai 2010 in

Unachtsamkeit eine Ecke dieser Trittspur abgekürzt, nicht weit von dem Ort entfernt, an dem sich jetzt die Gruppe befindet. Der Sechsundzwanzigjährige machte zwei falsche Schritte im Bogen statt vier richtige im Winkel; kurze Zeit später verblutete er im Rettungshubschrauber.

Der Minendetektor schlägt an diesem matschigen Februartag schon das zehnte oder fünfzehnte Mal an, Durchschnitt auf einer Strecke von eineinhalb Kilometern. Keiner zählt mit, weil auch kleiner rostiger Metallschrott in der Erde überprüft werden muss. Metall ist in Afghanistan zwar ein begehrtes Sammlergut, wenn man aber kleine Stücke davon wie Blumenzwiebeln im Boden versenkt, übersteigt der taktische Wert bei weitem die paar Cents, die der Schrotthändler zahlt. In früheren Kriegen waren Flüsse, Kanäle oder auch hochliegende Abschnitte einer Autobahn Hemmnisse für Truppenbewegungen. Im Morast des grünen Streifens entlang des Helmand-Flusses sind es zerschnittene Teile von Cola-Dosen. Jedes Mal, wenn der Sweeper die Hand hebt, knien die Soldaten ab, beobachten die Umgebung und warten, bis der Mann an der Spitze mit seinem Messer die verdächtige Stelle vorsichtig aufgegraben hat. Wenn er nichts findet, geht es weiter.

Einen halben Kilometer vor dem angepeilten Dorf entdeckt einer der Soldaten plötzlich einen Halbwüchsigen mit einem Mobiltelefon am Ohr, der über die Mauer eines kleinen Gehöfts schaut. Jetzt wird die Stimmung nervös. Zwei Marines richten die Zielfernrohre ihrer Gewehre auf den jungen Mann und versuchen zu erkennen, ob es das ist, was sie befürchten. Eine halbe Minute später ist ein Motorrad zu hören, das das Dorf zur hinteren Seite verlässt. Es fährt einen weiten Halbbogen nach links, taucht hinter einer Baumreihe auf und hält dort an. Die zwei Fahrer bleiben sitzen und beobachten die Soldaten aus sicherer Entfernung. Ob sie bewaffnet sind, ist nicht zu erkennen. Unter den langen Gewändern kann alles Mögliche verborgen sein. Sie stehen jetzt an einer Stelle, welche die Marines vor circa fünfzehn Minuten passiert haben. Dann fällt ein einzelner Schuss, woher genau, ist unklar. Alle gehen runter. Die Richtung, aus der der

Knall kam, ist nur ungefähr zu ermitteln, die Entfernung auch. Besonders nah war es nicht, aber irgendetwas kommt jetzt in Gang. Die Männer auf dem Motorrad beobachten weiter, der Junge mit dem Handy ist verschwunden. Ein zweiter Schuss fällt. Die Soldaten müssen eine Deckung aufsuchen, aber der Weg, auf dem sie gekommen sind, ist zu lang und zu offen, außerdem stehen die beiden Verdächtigen dort. Direkt nach rechts ab befindet sich in hundertfünfzig Metern Entfernung ein tieferer Graben mit einer Baumreihe dahinter. Der Platz ist ideal, schnell zu erreichen und bietet volle Deckung. Aber genau das ist das Problem: Der schützende Wall wurde von anderen ausgewählt, nicht von den Soldaten, das wird gleich klar. Der Gruppenführer, ein zweiundzwanzigjähriger Corporal, führt seine Männer trotzdem genau zu jener nahen Baumreihe, weil es in diesem Moment die einzig sinnvolle Entscheidung ist.

Was die elf Männer in den nächsten Sekunden vor der Katastrophe bewahren wird, ist das Unterdrücken ihrer Instinkte. Die Gefahr liegt in der Luft: die entfernten Schüsse, der Junge am Telefon, die wartenden Motorradfahrer. Für Infanteristen, die in Afghanistan Dienst tun, ist das die Komposition vor einem feindlichen Überfall. Bei Gefahr wollen Menschen eigentlich Schutz suchen, wegrennen, sich schnell zur Verteidigung einrichten. Das geht hier aber nicht, denn der Weg bis zum Graben muss trotzdem abgesucht werden. Die etwas schnelleren Schritte bis dahin werden jetzt mit weniger Gründlichkeit erkauft, also mit höherem Risiko. Direkt in der Böschung, hinter der die Gruppe Schutz finden will, schlägt der Minensucher an – exakt an der Stelle, wo die Bäume eine etwas breitere Lücke lassen, so dass ein Soldat mit Rucksack und ausladender Schutzausrüstung hindurchpasst. Zum Untersuchen ist jetzt keine Zeit, die Soldaten müssen einen anderen Durchgang suchen. Zwanzig Meter weiter springen sie schließlich über den Graben und verteilen sich auf der anderen Seite des Walls.

Normalerweise steuern solche Geschichten jetzt auf ihren spektakulären Höhepunkt zu: ein Gefecht mit Verwundeten oder Toten, Zivilisten, die in die Schusslinie geraten, oder ein falsch koordinierter Luftschlag. Auch Fernsehreportagen brauchen solche Bilder, sonst wäre keine Redaktion der Welt mehr interessiert. Und natürlich gibt es sie auch: die Hinterhalte, die Gefechte und die Katastrophen, die sich aus solch einer Situation im Handumdrehen entwickeln. In diesem Fall aber passiert all dies nicht. Weitere fünfzehn Minuten später taucht über dem Schauplatz ein amerikanischer Kampfhubschrauber auf, der die Situation entspannt. Die Motorradfahrer verschwinden, und aus einigen Hofeingängen des Dorfes tauchen ein paar neugierige Kinder auf. Unter dem Schutz des Helikopters untersucht der Soldat mit dem Minendetektor noch einmal die Stelle am Wall und findet tatsächlich eine Sprengfalle, die für sie bestimmt war. Zwei Stunden später wird ein Entschärfungskommando da sein, das die versteckte Ladung mit einer kleinen Portion Plastiksprengstoff in die Luft jagt. Danach geht es zurück ins Camp.

Das scheinbar Unspektakuläre ist das Normale im Afghanistankrieg und verlangt eine große Besonnenheit von den Soldaten. Es geschieht hundertfach in einer Woche im ganzen Land und wird kaum zur Kenntnis genommen, obwohl es genau jene Unüberschaubarkeit dieser neuen Kriege so treffend charakterisiert. Warum es an diesem Tag nicht zum Gefecht kam, kann verschiedene Gründe haben. Der wahrscheinlichste: Der Widerstand in der Helmand-Provinz wurde bis 2010 so massiv bekämpft, dass die Aufständischen danach nur noch aus der Defensive heraus operieren konnten, besiegt waren sie natürlich nicht. Defensive bedeutete: Sprengfallen vergraben, offene Kämpfe vermeiden und den internationalen Truppen durch diese Taktik stetige Verluste zufügen, bis sie 2014 das Land verlassen haben würden.

Genau das hatten die Aufständischen an diesem Tag versucht: Die beiden Schüsse sollten die Soldaten in eine bestimmte Richtung treiben, nicht treffen. Die Stelle dafür war so gewählt, dass unerfahrene oder gerade erst angekommene Soldaten geradewegs auf die versteckte Ladung in der schützenden Böschung gelaufen wären. Der Junge mit dem Telefon hatte wahrscheinlich das Signal für die Schüsse durchgegeben, die Motorradfahrer sollten zumindest optisch den Weg zurück versperren. Alles andere war eine Frage der Wahrscheinlichkeit, die die Gruppe Marines in diesem Fall zu ihren Gunsten entscheiden konnte. Beweisen lässt sich all das nicht. Das ist die Krux an solchen Erfolgen: Sie gehen einfach unter. Läuft es anders, sehen alle hin.

Wie aber ist so eine Situation nun völkerrechtlich zu bewerten? Für den, der nicht jeden Tag knöcheltief durch den afghanischen Schlamm waten muss, ist es sehr einfach, weil die Fakten auf dem Tisch liegen. Weder der Junge mit dem Mobiltelefon noch die zwei Männer auf dem Motorrad durften bekämpft werden, weil es keine eindeutigen Erkennungsmerkmale gab, die sie als Angehörige einer organisierten Guerilla, also beispielsweise den Taliban, zuordnen ließen. Es ging auch keine eindeutige Bedrohung von ihnen aus, so dass sie auch nicht als »Widerstand leistende Zivilisten« betrachtet werden konnten, die in »unmittelbaren Feindseligkeiten« getötet werden dürfen. Entscheidend hierbei ist jedoch: Sowohl der Junge mit dem Handy als auch die Männer auf dem Motorrad hätten durchaus Kombattantenstatus haben können, die Marines konnten sie nur nicht als solche identifizieren. Der Corporal und seine Männer hatten somit richtig gehandelt, und letztendlich war auch nichts passiert. Vielleicht hatten die Motorradfahrer einfach nur Angst vor den Amerikanern, weil die nach weitverbreiteter Ansicht manchmal ziemlich ruppig zu Werke gingen. Der junge Mann mit dem Handy hatte vielleicht nur mit seinem Cousin in Kabul geplaudert, um zu besprechen, wann er endlich aus der Ödnis in die Hauptstadt kommen kann. Und die Schüsse konnten nicht eindeutig mit den sichtbaren Personen in Verbindung gebracht werden. Doch die Soldaten dürfen keinen Jungen am Telefon erschießen, weil eine andere Person in der Nähe zwei Schüsse abgibt. Sehr vieles deutet auf einen versuchten Hinterhalt hin, aber das Völkerrecht verlangt nun einmal Gewissheit.

Um jedem Missverständnis an dieser Stelle vorzubeugen: Das ist kein Plädoyer für präventives Schießen auf Personen, die im Kampfgebiet telefonieren oder auf Motorrädern flüchten. Eine exzessive Bekämpfung von Partisanen hat militärisch noch nie

Erfolg gehabt und führte immer in die moralische Unterlegenheit. Die Soldaten, die jeden Tag auf Kampfpatrouille gehen, wissen aber genau, wen sie vor sich haben. Sie kennen die »Spotter« mit den Telefonen, die überall an den Straßen stehen und ihre Position durchgeben. Nicht ohne Grund sind es auch meistens Jugendliche, die für diese Meldedienste eingesetzt werden. Die Taliban und andere, die sie dafür benutzen, wissen, dass die Hemmschwelle der westlichen Truppen ohnehin sehr hoch ist. Kinder lösen eigentlich einen Schutzreflex aus, kein Gefühl der Bedrohung, jedenfalls wenn man normal konditioniert wurde. Die Situation an diesem Tag in Helmand war ohnehin glasklar: Die Soldaten handelten operativ richtig, weil erschossene Zivilisten die Bevölkerung stets in die Arme der Aufständischen treiben. Es ist in einem Guerillakrieg allemal effektiver, einen möglichen feindlichen Kämpfer entkommen zu lassen, als unbeteiligte Opfer zu verursachen. Diese Lektion gilt nach vielen Jahrzehnten Krieg in dieser Art als gelernt.

Die Gruppe *Marines* handelte auch gemäß ihren Befehlen richtig, die sie dazu anhielten, den direkten Kampf nicht unbedingt zu suchen und ihr eigenes Risiko damit zu verringern. Präsident Barack Obama hatte trotz aller Kritik seiner Generäle bereits den Abzugstermin auf 2014 festgelegt, und so sank umgehend auch die Bereitschaft zum Risiko. Die Kommandeure begannen ihre Truppen langsam aus den »heißen« Zonen herauszuhalten, was politisch dann als »Übergabe an die afghanischen Behörden« getarnt wurde. Vor allem aber verhielten sich die Soldaten im Sinne des humanitären Völkerrechts absolut mustergültig: Es war ein klassischer Fall von fehlender Eindeutigkeit, also durfte nicht geschossen werden. So klar kann man das natürlich nur ohne Stiefel im Schlamm und in der Nachbetrachtung beurteilen. Der Gruppenführer muss allerdings vor Ort und in der Situation zu einer schnellen Entscheidung kommen. Das wird bei diesem unspektakulären Beispiel und vielen tausend weiteren leicht übersehen. Die lehmigen Felder in Afghanistan sind nämlich die Orte, auf denen das *Jus in bello* umgesetzt werden muss, nicht der Konferenzraum eines Ministeriums, nicht der einer Kommandobehörde und auch nicht der Hörsaal einer Universität.

Ein telefonierender Halbwüchsiger als höchstes Alarmsignal klingt eigentlich absurd. In Deutschland gehört dieses Bild zum Alltag: Bei uns telefonieren Jugendliche, um sich zu verabreden oder um stundenlang mit der besten Freundin zu quatschen. In Afghanistan oder im Irak ist es möglich, dass sie damit eine selbstgebaute Bombe auslösen – auch als Jugendliche. In Deutschland kann es passieren, dass man in einen Hundehaufen tritt, wenn man aus dem Auto steigt und einen Grünstreifen überquert. In den heutigen Kriegsgebieten kann dies ein Bein oder gar das Leben kosten. Der Tod lauert im Harmlosen, im scheinbar Friedlichen. Der Kampf hat sich fast vollständig in ein ziviles Gewand gehüllt, und das Völkerrecht bildet diese Realität nur ungenügend ab: zivile Technik, ziviles Umfeld und zivile Kleidung. Mobiltelefone sind zu Zündern geworden, mindestens aber gängige militärische Führungsmittel, um Angriffe zu koordinieren. Motorräder und Pick-ups transportieren Kämpfer und Selbstmordbomber zum Ziel, und der Toyota Corolla, eigentlich nur ein unauffälliges Allerweltsauto, ist in Afghanistan und im Irak zum Synonym für »rollende Bomben« geworden. Nichts und niemand sind erkennbar – nicht als Waffe und nicht als Kombattant. In diesem Szenario müssen Soldaten das wichtigste Element des *Jus in bello* umsetzen: Sie müssen unterscheiden.

Aber wie sollen sie das tun? Uniformen existieren nicht mehr, aber auch jedes andere Kombattantenmerkmal ist verschwunden. Die Taliban trugen als Zeichen der Zugehörigkeit einen schwarzen Turban. Das schrieb jedenfalls die Presse immer wieder. Könnte man dies als eine Art Erkennungszeichen für Kombattanten definieren? Wohl kaum. Als die Fanatiker in Afghanistan noch die Länge der Bärte kontrollierten und Radiobesitzer auspeitschten, war das vielleicht so. Doch auch damals galt das natürlich nicht für alle, aber heute tragen Taliban die schwarze Kopfbedeckung nur noch, wenn sie einen Reporter von Al Jazeera treffen, um ihre lokale Macht zu demonstrieren. Der schwarze Turban war auch nie ein exklusives Erkennungsmerkmal der Steinzeitislamisten. Ältere Männer gewisser Clans haben ihn auch getragen, ohne zu den Taliban zu gehören. Es wäre daher völlig unvorstellbar, dass ein Soldat der internationalen Schutztruppe das Feuer auf einen Mann eröffnet, der nur ein schwarzes Tuch um den Kopf trägt. Oder besser gesagt, dass er es tut und dies danach als akzeptable Begründung angibt.

Während des irakischen Aufstands gegen die multinationale Koalition herrschte exakt dasselbe Problem. Auch ein eindeutig paramilitärischer Verband, wie die schiitische Mahdi-Armee des Predigers Muqtada Al-Sadr, war äußerlich nicht zu erkennen, bis sie das Feuer eröffneten. Sie trugen dieselben karierten Kurzarmhemden wie viele irakische Männer und operierten inmitten der Zivilbevölkerung. Wie die Taliban besaßen auch die Krieger der Mahdi-Armee Kombattantenstatus: Sie waren organisiert und relativ hierarchisch geführt, nur eindeutig zu erkennen waren sie nicht. Bei Großoffensiven der US-Armee wurden daher manches Mal alle irakischen Männer in einem gewissen Alter unter Generalverdacht gestellt. Die Militärführung versuchte dieser Ohnmacht dadurch zu begegnen, dass sie lieber ein paar Unbeteiligte zu viel internieren ließ, als feindliche Kämpfer laufenzulassen. Diese Strategie endete fast in einer Katastrophe, bis General David Petraeus das Kommando übernahm und sie änderte – allerdings nur oberflächlich, wie sich später immer mehr herausstellte.

Deutschen Soldaten werden vor dem Einsatz in Afghanistan gewisse »Erkennungsmerkmale« erklärt. Es sprach sich unter den Kulturtrainern, welche die Vorbereitungsseminare gaben, offenbar herum, dass Selbstmordattentäter stets am ganzen Körper rasiert wären, bevor sie sich in die Luft sprengen. Wie kann ein solcher Hinweis in Afghanistan helfen? Die Rasur als Zeichen eines Kombattanten? Solche Tipps sind der Versuch, dem Gefühl der Ohnmacht etwas entgegenzubringen. Helfen können sie nicht.

Der Teil des Völkerrechts, der sich mit dieser Frage der Unterscheidbarkeit beschäftigt, ist im Grunde nicht viel mehr als Papier, weil er in der Praxis nicht anwendbar ist. Das gilt auch für die Nachbesserungen, die in den siebziger Jahren in den Zusatz-protokollen vorgenommen wurden. Die normative Kraft dieser Regelungen ist ohne Zweifel wertvoll, weil es die, die es interessiert, zur Behutsamkeit mahnt. Aber die konkreten Beschlüsse zu Uniformierung, Erkennbarkeit und dem offenen Tragen der Waffen funktionieren heute nicht mehr im Feld. Da das Völkerrecht aber weit mehr ist als eine Orientierungshilfe für anständiges Verhalten im Konflikt, muss es sich wie alle anderen Gesetze auch an der Realität orientieren – umgekehrt wird es wohl kaum funktionieren. Die Versuche, diese sich verändernde Realität in den internationalen Abkommen abzubilden, zeigt immerhin, dass dies erforderlich und grundsätzlich möglich ist. Doch bisher kamen diese Anpassungen immer zu spät.

So sind die offen getragenen Waffen, die dafür gedacht waren, einer weit unterlegenen Guerillatruppe das Recht zum Widerstand zu gewähren, zu Ausnahmefällen auf den Kriegsschauplätzen dieser Welt geworden. Einmal davon abgesehen, dass die Guerillas sich nicht daran halten, ihre Waffen offen zu tragen, wurde die Bedeutung der klassischen Schusswaffe zunehmend marginalisiert. Nur relativ wenig Soldaten in Afghanistan und im Irak starben bei Angriffen mit Gewehren, Maschinengewehren oder Panzerfäusten. Todesursache Nummer eins sind heute Sprengfallen in jeder erdenklichen Form. Wenn Aufständische mit einer versteckten Sprengladung im Boden ihre Gegner angreifen, brauchen sie dazu kein Gewehr. Die Ladung im Boden ist die Munition und das Handy der Auslöser. Ist derjenige, der es in der Tasche trägt und damit die Sprengung auslöst, nun auch Kombattant? Im Völkerrecht findet man dazu nichts Genaues. Es bleibt also nichts anderes übrig, als zu interpretieren und zu vergleichen.

Wenn ein organisierter Kämpfer sein AK-47-Sturmgewehr greift, das Haus verlässt und sich auf den Weg zu einem Angriff macht, dann ist er nach Artikel 44 des Zusatzprotokolls I von 1977 eindeutig ein Kombattant und darf getötet werden. Wenn er dauerhaft einer organisierten Truppe angehört, darf er auch abseits der »Front«, also beispielsweise beim Abendessen getötet werden, weil sein Status keine Pause macht. Wenn sich nun ein ebenso organisierter Kämpfer mit seinem Mobiltelefon auf den Weg macht, um eine Sprengladung unter einem Truppenfahrzeug seines Gegners zu zünden, ist er ebenfalls Kombattant und darf getötet werden. Und wenn er dies innerhalb einer organisierten Truppe regelmäßig tut, gilt für ihn ebenfalls ein permanentes »Schädigungsrecht«, das erst erlischt, wenn er sich aus dem Kampf zurückzieht. Ein solcher Vergleich scheint logisch, offenbart aber das gleiche Problem wie das Völkerrecht in Bezug auf die Unterscheidbarkeit: Er ist in der Praxis nicht umsetzbar.

Es gibt ein weiteres Problem bei dieser Nichterkennbarkeit von Kombattanten. Auch andere Armeen können sich auf die Eigeninterpretation im Kampf berufen. Die Truppen Baschar al-Assads in Syrien sind ebenfalls nicht in der Lage, die Aufständischen eindeutig als Kombattanten im Sinne des Völkerrechts zu identifizieren. Nach den gängigen westlichen Erklärungsmustern stehen diese zwar auf der »guten« Seite, weil sie sich gegen ein brutales Unterdrückungsregime zur Wehr setzen, die Kriegsregeln beachten sie in Hinblick auf das Unterscheidungsgebot aber nicht. Die syrischen Rebellen ziehen den Kampf in die Wohngebiete der großen Städte und bekämpfen die gegnerische Armee nach Guerilla-Art. Etwas anderes bleibt ihnen gar nicht übrig, nur rechtfertigt auch bei ihnen der Zweck nicht alle Mittel. Ein Jahr zuvor handelten die Rebellen in Libyen genauso: Als wilder Haufen in Jeans und mit stylischen Basecaps eröffneten sie den Befreiungskampf gegen Diktator Muammar al-Gaddafi. Eindeutige Unterscheidungsmerkmale gab es auch hier nicht. Die Turnschuh-Guerilla wurde so manches Mal für die französischen und britischen Kampfjets zum Problem, weil sie nicht immer wussten, wen sie da am Boden unterstützen und wen bombardieren sollten. Für Armeen wie die vom Schlage eines Gaddafis oder Assads ist die fehlende Eindeutigkeit der Kombattanten natürlich nicht allzu dramatisch. Sie schießen ohnehin auf alles, was sie beseitigt haben wollen. Ob Kämpfer, Unterstützer, Familien oder zugehörige Clans: Alles ist bei ihnen Ziel. Assads und Gaddafis Kampfjets griffen Wohnviertel an, und ihre Panzer feuerten in jedes Haus, das ihnen verdächtig vorkam.

Die Unübersichtlichkeit der Schlachtfelder verlangt demnach nur von jenen Soldaten enorme Fähigkeiten ab, die sich dem humanitären Völkerrecht verpflichtet sehen. Das ist richtig so und muss bewahrt werden. Man sollte nur nicht die Tatsache aus den Augen verlieren, dass die Infanterie nicht von Völkerrechtlern befehligt wird, sondern von jungen Soldaten. Der amerikanische Corporal, der die richtige Entscheidung traf, war zweiundzwanzig Jahre alt, seine Männer waren fast alle jünger als er. Auf dem Schlachtfeld müssen nicht selten Achtzehnjährige darüber entscheiden, ob sie töten dürfen oder nicht. Viel älter sind die deutschen Soldaten, die ihre Gruppen und Züge ins Gefecht in Nordafghanistan führen, übrigens auch nicht: Das Durchschnittsalter der Mannschaftssoldaten liegt bei zweiundzwanzig Jahren.

Das klingt sehr jung, und das ist es auch. Auch hier dominiert das Faktische die Wunschvorstellungen mancher Kritiker. Es wird wohl kaum gelingen, ältere und lebenserfahrenere Menschen zu verpflichten, sich diesen Herausforderungen zu stellen. Umso mehr gibt es eine große Verantwortung gegenüber den jungen freiwilligen Soldaten, ihnen ein Regelwerk an die Hand zu geben, das für sie umsetzbar ist. Ein solches Regelwerk darf auf keinen Fall die eigene Entscheidung ersetzen, es muss sie aber wesentlich besser unterstützen, als es das Völkerrecht in diesem Punkt tut. Wenn also das humanitäre Völkerrecht im Krieg funktionieren soll, muss es genau mit diesen jungen Männern kompatibel sein. Ansonsten gefährdet es zunehmend seine gesamte Autorität.

Die Passagen in den völkerrechtlichen Abkommen zur Trennung von Kombattanten und Nichtkombattanten sind nicht mehr auf der Höhe der Zeit, vielleicht waren sie es sogar noch nie. Das ist zunächst einmal eine Tatsache, die man zur Kenntnis nehmen muss. Die Folgen, die daraus entstehen, sind aber nicht nur für das Völkerrecht an sich schwerwiegend, auch für truppenentsendende demokratische Regierungen ist die mangelnde Unterscheidbarkeit zum enormen Problem geworden, weil der Schutz der Unbeteiligten in einem Konflikt heute zur höchsten Priorität erklärt wird. Besonders in Europa, besonders in Deutschland werden Soldaten nur in den Kampf geschickt, um Unschuldige zu schützen. Geraten ebenjene Unschuldigen in die Schusslinie, wird schnell die ganze Begründung für den Einsatz fragwürdig. Zu viel Falsches im Richtigen zerstört am Ende die edelste Legitimation.

Der Ausdruck »chirurgisch« wird im Zusammenhang mit Kriegsführung immer kritisiert und als zynisch bezeichnet. In Wahrheit ist es aber nicht der Ausdruck, der die Kritiker stört, sondern das Versagen dieser chirurgischen Präzision im Krieg. Das humanitäre Völkerrecht im bewaffneten Konflikt verlangt genau diese Präzision, ebenso funktionieren alle internationalen Vereinbarungen zur Trennung zwischen Kombattanten und Nichtkombattanten nur durch Präzision. Und mehr noch als das internationale Recht verlangen heute die »postheroischen« Gesellschaften in Europa diese Präzision – freilich ohne das so zu formulieren. Sie wollen am liebsten überhaupt keinen Krieg, das ist klar, doch leider ist eben das nicht immer möglich. Wenn dann doch wieder Truppen geschickt werden, um Politik zu machen, bietet das Fehlen von Präzision im Kampf Anlass für Kritik und Proteste; diese richten sich dann gegen die Regierungen, die den Einsatz verantworten. Je länger der Krieg dauert, desto geringer wird die Bereitschaft, zivile Opfer zu akzeptieren. Die Soldaten, die heute in Kriegen kämpfen, tragen damit eine Verantwortung auf ihren Schultern, die es in dieser Form noch nie zuvor gab. Sie können letztlich durch falsche Entscheidungen Regierungen in Bedrängnis bringen. Der Entschluss des deutschen Oberst Klein, die Taliban-Kämpfer und die Tanklaster bei Kundus zu bombardieren, hat einen Minister, einen Staatssekretär und den Generalinspekteur das Amt gekostet. Doch das Wesen der heutigen Kriege und die Realitätsferne des Völkerrechts machen es quasi unmöglich, tödliche Fehlentscheidungen zu vermeiden.

Der Corporal aus dem kleinen Stützpunkt in Südafghanistan hat sich an diesem Tag dafür entschieden, den Jungen mit dem

Handy nicht anzugreifen. Vielleicht wäre es völkerrechtlich sogar zulässig gewesen, weil dieser Kombattant war. Der Amerikaner konnte es aber nicht wissen. Hätte er in der Situation jedoch anders reagiert und hätte sich später herausgestellt, dass er tatsächlich nur einen Jugendlichen beim Telefonieren getötet hätte, wäre es wahrscheinlich zu einer Untersuchung und einer Anklage gekommen. Jetzt reicht vielleicht eine einzige Fehlentscheidung noch nicht aus, um in den USA eine Protestwelle gegen den gesamten Krieg auszulösen. Mehren sich aber solche Vorfälle oder kommt es zu größeren Fehlentscheidungen mit vielen zivilen Opfern, gerät auch in den USA die Regierung unter Druck. Fehlentscheidungen im Kampf gegen einen nicht erkennbaren Gegner werden so zum innenpolitischen Problem.

Viel deutlicher als in den USA ist diese direkte Verbindung zwischen den Truppen im Einsatz und einer Regierung, die Krieg führt, in Deutschland zu sehen. Deutsche Soldaten müssen im Norden Afghanistans die gleichen Entscheidungen treffen wie ihre NATO-Kameraden in anderen Teilen des Landes. Sie haben ein Schädigungsrecht gegen feindliche Kämpfer und dürfen davon offensiv Gebrauch machen. Völkerrechtlich gibt es keinen Unterschied zwischen dem Süden des afghanischen Kriegsschauplatzes und dem Norden. Die deutsche Politik wollte dies nur jahrelang glauben machen, und die Presse akzeptierte dies brav. Schon einige Soldaten der Bundeswehr mussten sich für ihre Entscheidung später vor einem deutschen Gericht verantworten. Das ist grundsätzlich nicht falsch, weil niemand ein Interesse daran haben kann, dass das Militär vollständige Immunität genießt. Man muss bei der juristischen Bewertung von Fehlern im Einsatz nur wie bei jedem anderen Prozess die Rahmenbedingungen berücksichtigen. Die Rahmenbedingungen heißen in diesem Fall: Krieg.

Die Struktur der Aufständischen im Einsatzgebiet Afghanistan klassifiziert die Kämpfer eindeutig als »organisierten bewaffneten Verband«. Sie operieren koordiniert, werden in den meisten Fällen von höheren Stellen aus Pakistan geführt und von dort mit Wissen und Nachschub versorgt. Es gibt sogar direkte Personalentscheidungen von höheren Ebenen aus, die den Mechanismen des Westens recht ähnlich sind. Immer wieder wurden beispielsweise lokale Taliban-Kommandeure ihres Postens in den Provinzen Nordafghanistans enthoben und durch andere Personen ersetzt, weil die übergeordnete Führung mit ihren Leistungen unzufrieden war. Man kann natürlich kein Personalamt im klassischen Sinn erwarten, und es gibt auch keine Gehaltsstruktur oder Beförderungszeiten. Aber der Grad der Organisation reicht völlig aus, um den Mitgliedern solcher lokalen Gruppen den Kombattantenstatus zu geben – und zwar nicht nur während der unmittelbaren Feindseligkeiten. Artikel 44 des ersten Zusatzprotokolls ist also auf die Aufständischen in Afghanistan voll anwendbar. Die Bundeswehr hat damit das Recht, diese Kombattanten zu töten, auch gezielt.

Dass das Kommando Spezialkräfte keine gezielten Tötungen von Taliban-Führern im Einsatzgebiet durchführt, hat nichts mit dem Völkerrecht zu tun. Es basiert auf einem rein nationalen Entschluss der Regierung. In der tatsächlichen Durchführung ist diese Restriktion natürlich Augenwischerei. In dem Moment, da ein Trupp Elitesoldaten ein Haus stürmt, um ein sogenanntes »High-Value-Target« festzunehmen, kann sich die Zugriffsoperation mit dem Ziel einer Festnahme im Handumdrehen zum Gefecht entwickeln. Es passiert exakt dasselbe wie bei der Operation gegen Osama bin Laden: Das Ergebnis ist der Tod der Zielperson. Der Unterschied dabei ist nur, dass die deutschen Soldaten ein höheres Risiko eingegangen sind.

Die große Verantwortung, die bei Einsätzen wie dem in Afghanistan auf den Schultern der Soldaten lastet, wird beim Einsatz von Drohnen zu gezielten Tötungen auf eine andere Ebene verlagert. Die Steuerung der Technik und die Befehlsstruktur werden zwar immer noch von militärischem Personal gestellt, die Rahmenbedingungen sind jedoch anders. Die gezielte Tötung eines Gegners wird nicht unter den extremen Bedingungen eines Kampfeinsatzes innerhalb von Sekunden entschieden, sondern abseits von Schlafmangel, Hunger, schwerem Gepäck und Bedrohung. Zudem rückt die Entscheidung ab einem gewissen

Grad in die Sphäre politischer Verantwortung: Der Befehl für eine Operation gegen ein hohes Mitglied einer Rebellenarmee oder einer terroristischen Vereinigung wird nicht mehr von Soldaten gegeben, sondern von politischen Amtsträgern, in der Regel vom Regierungschef eines Staates.

Diese Verschiebung der Verantwortlichkeit hat durchaus ihre Tücken, bringt aber den Vorteil mit sich, dass die Entscheidung nicht in einer anonymen Kommandoeinrichtung fällt, sondern durch Personen getroffen wird, die sich dem eigenen Volk verantworten müssen. Wenn Staatchefs wie Barack Obama die Praxis der gezielten Tötungen etablieren und erklärte Feinde töten lassen, kann es bei Fehlentscheidungen keine Schuldzuweisung nach unten geben: Er selbst trägt die Verantwortung. Die Entscheidungsprozesse sind zwar nicht transparent, aber dass die USA gezielte Tötungen innerhalb und außerhalb bewaffneter Konflikte durchführen, ist bekannt. Über Wahlen hat die Gesellschaft so immerhin die Möglichkeit, indirekt darüber mitzubestimmen. Die völkerrechtliche Zulässigkeit ist damit in vielen Fällen zwar noch nicht geklärt, die juristische Prüfung wird aber wenigstens nicht mehr von jungen Menschen in Uniform getroffen, sondern von hochqualifizierten Beraterstäben und der politischen Führung.

Aufklärung ersetzt die Uniform

Die Unzulänglichkeit des Völkerrechts bei der Identifizierung von Kombattanten wird sich nicht ändern lassen. Denn die Mechanismen bei internationalen Abkommen, erst recht bei Abkommen zur Kriegsführung, sind stark von nationalen Interessen geprägt, so dass in hundert Jahren nicht mit einer Klärung zu rechnen ist. Selbst wenn es zu einem neuen Zusatzprotokoll kommen sollte, das die veränderte Realität auf dem Schlachtfeld erfasst, wäre das immer noch keine Garantie dafür, dass sich alle Konfliktparteien daran halten – sie halten sich ja schon heute an keine Regel, die ihnen nicht zum Vorteil gereicht. Und die Interventionsarmeen des Westens, die in Guerillakriege entsandt werden, haben nicht die Zeit, auf Änderungen im Völkerrecht zu warten oder darauf, dass ihre Gegner sich zum offenen Kampf bekennen: Sie müssen zum Schutz ihrer Soldaten militärisch handlungsfähig sein und vor allem ihren Auftrag erfüllen, den ihnen die Politik mit auf den Weg gegeben hat. Dazu ist die Identifikation des Gegners eine Grundvoraussetzung.

Die Trennung von Kombattanten und Nichtkombattanten ist völkerrechtlich klar geregelt und lässt genug Spielraum, um den Feind zu bekämpfen und damit die gesetzten politischen Ziele zu erreichen. Das Problem der fehlenden Uniform kann also nur durch das Wissen ersetzt werden, wer Gegner ist und wer nicht. Der Guerillakrieger nutzt letztlich nur einen Drehtüreffekt: Er wechselt sein Äußeres, bleibt aber Kombattant im Sinne des Völkerrechts – und damit legitimes Ziel von Angriffen. Die Voraussetzungen, die das *Jus in bello* für den Schutz von Zivilisten verlangt, treffen auf ihn nicht zu; darüber herrscht Einigkeit. Vielmehr versucht der Freischärler sich diesen Schutz durch die Vorspiegelung falscher Tatsachen zu erschleichen. Die Schuld an der Problematik trägt also er. Man könnte sogar behaupten, dass er gerade durch diese Heimtücke den Anspruch auf Schutz als Unbeteiligter verliert, aber dies entspräche nicht unserem moralischen Anspruch bei militärischen Interventionen.

Was Soldaten zum Kampf gegen solche Gegner unbedingt brauchen, ist die Sicherheit, wen sie vor sich haben. Denn dann können sie von ihrem Schädigungsrecht Gebrauch machen. Das Problem der Guerillakriege, die Unübersichtlichkeit des Schlachtfelds, kann heute nur durch militärische Aufklärung ersetzt werden; ihr kommt heute eine Schlüsselrolle zu. Nur sie kann die systemischen Fehler in den völkerrechtlichen Abkommen zur Trennung von Kombattanten und Zivilisten ausgleichen, ohne gleichzeitig das Völkerrecht zu brechen.

Die Aufklärungstruppe bezeichnete sich seit ihren Anfängen stets als »Augen des Heeres«. Sie suchte den Feind, damit andere Einheiten ihn bekämpfen konnten. Berittene leichte Reiter schwärmten in hoher Eigenverantwortung den Truppen des

Gegners entgegen und meldeten deren Standorte, Stärke und Bewegungen an die Hauptstreitkräfte. Damals mussten sie den Gegner nur finden, nicht als solchen identifizieren, denn er trug ja Uniform. Im Zweiten Weltkrieg drangen mutige Offiziere wie die Gebrüder Boeselager mit ihren Spähwagen bis tief hinter die feindlichen Linien vor, bewegten sich oft Tage oder gar Wochen im Rücken des Gegners und funkten ihre Erkenntnisse an die Divisionsstäbe der Wehrmacht. Die Technik war vorangeschritten, aber das Prinzip war noch bis Anfang des 21. Jahrhunderts das gleiche und folgte damit den Regeln eines konventionellen Krieges und somit des Völkerrechts: Militärische Späher wurden über fünfzig Jahre dazu ausgebildet, eine Front zu durchbrechen, um dahinter feindliche Panzer und Artillerie zu lokalisieren. Die Aufgabe, Kombattanten von Zivilisten zu trennen, spielte in diesem Szenario keine Rolle. Die Zivilbevölkerung hatte entweder das Schlachtfeld verlassen, wie es völkerrechtlich geboten war und durch die jeweiligen Streitkräfte sichergestellt werden sollte, oder aber sie war klar zu erkennen. Dem atomaren Schutzschild der USA und dem Glück war es geschuldet, dass die völkerrechtlichen Bestimmungen nie auf ihre Praxistauglichkeit überprüft werden mussten.

Heute besteht die Kernaufgabe der Aufklärung nicht mehr darin, den Gegner aufzuspüren, sondern herauszufinden, wer überhaupt der Gegner ist. Die herkömmlichen Methoden der militärischen Aufklärung sind dennoch keineswegs überflüssig geworden, mussten in den letzten Jahren aber erheblich erweitert werden. Im Kalten Krieg war die militärische Nachrichtengewinnung allenfalls eine Nischenfähigkeit in den deutschen Streitkräften und wurde noch lange nach dem Fall des Eisernen Vorhangs trotz der sich abzeichnenden neuen Herausforderungen äußerst stiefmütterlich behandelt. Spätestens seit dem Afghanistaneinsatz ist sie aber auch in der Bundeswehr zu einer unverzichtbaren Stütze aller Einsatzkontingente geworden.

Die Nachrichtengewinnung leistet das, was der Soldat mit seinen Augen nicht mehr leisten kann: Sie trennt Kombattanten von Nichtkombattanten. Die Mittel, die ihr dazu zur Verfügung stehen, reichen von Satellitenüberwachung über Abhörtechnik bis hin zur Informationsgewinnung durch »menschliche Quellen«. Der Verbund dieser und weiterer Fähigkeiten wird damit zu einer Art »Kleiderkammer des Gegners«: Man macht Personen als Kombattanten sichtbar und zieht ihnen damit symbolisch eine Uniform an.[11]

Die »Zwangseinkleidung« des Feindes bringt freilich das nächste juristische Problem mit sich, da ein solches Verfahren anfällig für Missbrauch und Fehler ist. Bei einer Person, die sich selbst kennzeichnet, sind Fehler zwar nicht ausgeschlossen, aber die Verantwortung für die Konsequenzen liegt bei ebendieser Person selbst oder der Organisation, der sie angehört. Die Aufklärung übernimmt damit eine Aufgabe, die völkerrechtlich eigentlich dem gegnerischen Kämpfer selbst zukommt: nämlich sich als legitimen Konfliktteilnehmer auszuweisen. Da er sich in vielen Fällen jedoch weigert, dies zu tun, bleibt nichts anderes übrig, als diesen Umweg zu seiner Erkennung zu gehen – oder den Kampf einzustellen. Es ist schlicht utopisch, zumindest aber unverantwortlich, Soldaten in einen Guerillakampf zu schicken und die illegale Unsichtbarkeit des Feindes einfach zu akzeptieren.

Einige Seiten zuvor wurde ein organisierter Kämpfer mit Gewehr einem Kämpfer mit Mobiltelefon gegenübergestellt. In beiden Fällen legitimiert das Völkerrecht deren Tötung in einem bewaffneten Konflikt. Doch ein Soldat kann nicht einfach losschießen, da der Gegner dafür eindeutig als Kombattant identifiziert werden muss. Genau hier setzt die militärische Aufklärung an: Sie identifiziert die Person im Visier des Soldaten, schon bevor dieser sie sieht. Dem Soldaten läuft damit nicht irgendein beliebiger Gegner vor seine Waffe, sondern eine bestimmte Person, auf die er gezielt angesetzt wird. Stellt man sich nun einen einzelnen Soldaten vor, etwa einen Scharfschützen, der den Auftrag hat, ebendiese identifizierte Person zu töten, kann dieser im Moment der Schussabgabe nicht beurteilen, ob er tatsächlich einen Kombattanten bekämpft. Diese Verantwortung liegt bei einer höheren Entscheidungsebene, die folglich auch für Fehlentscheidungen haftbar gemacht werden muss. Für die Tötung an sich spielt das aber keine Rolle: Das *Jus in bello* verlangt die eindeutige Bestimmung eines legitimen Ziels. Wer dies in einem militärischen Apparat tut, ist völlig unerheblich.

Die Identifikation eines Gegners beginnt üblicherweise mit Hinweisen, die aus der kooperierenden Bevölkerung heraus an die Aufklärungskräfte einer Truppe gegeben werden. Bleiben wir bei einem fiktiven Beispiel aus Afghanistan, das sich genauso gut in Afrika oder einem anderen Schauplatz abspielen könnte. »Im Dorf al-Shuda'a wohnt ein Mann namens Said Khan, der immer wieder Sprengfallen auslöst und für den örtlichen Kommandanten der Aufständischen arbeitet.« Solch eine Information muss zunächst von den zuständigen Abteilungen und Einheiten verifiziert werden: Andere Informanten werden auf diesen Fall angesetzt, die sich nach einem Bombenzünder in der angegebenen Region umhören sollen. Zusätzlich wird vielleicht der Mobilfunkverkehr in diesem Gebiet abgehört und auf bestimmte Schlüsselbegriffe gefiltert. Wenn der Informant sogar eine bestimmte Handynummer mitliefert, kann die elektronische Aufklärung gezielt horchen. Verdichten sich die Informationen zu einer verlässlichen Nachricht, werden eventuell noch die klassischen optischen Aufklärungsmittel wie Fernspäher, Heeresaufklärer oder unbewaffnete Drohnen eingesetzt: Diese können etwa das Haus der verdächtigen Person überwachen oder sein Bewegungsmuster verfolgen. Satellitenkapazitäten sind selbst bei den Amerikanern begrenzt und werden nur für wirklich hochkarätige Ziele genehmigt, aber möglich ist es natürlich. Ab irgendeinem Punkt, es gibt dafür kein allgemeingültiges Kriterium, gelten die gesammelten Informationen als hinreichend zuverlässig, und aus den verschiedenen Aufklärungsergebnissen entsteht eine Entscheidung – und damit ein neues Ziel auf einer Liste: Der Mann mit dem Mobiltelefon wird zum Kombattanten erklärt, ihm wird somit eine Uniform angezogen.

Völkerrechtlich ist dieses Verfahren zulässig und in der Praxis jeder Einsatzarmee Standard. Ein Gegner, der sich im Kampf nicht offen zeigt, bleibt Kombattant. Der einzige Unterschied ist, dass er für seine Heimtücke vor ein Gericht gestellt werden kann, woraus aber keineswegs die Verpflichtung erfolgt, ihn unbedingt gefangen zu nehmen. Die gerichtliche Ahndung von derartigen Verstößen gegen das humanitäre Völkerrecht ist kein Kriegsziel, sondern findet allenfalls in der Nachbereitung eines Konflikts statt.

Natürlich besteht die Möglichkeit eines Fehlurteils. Dieses ist völkerrechtlich genauso zu bewerten wie ein Fehlurteil über den Status einer Person, das ein Soldat direkt in einer Kampfsituation fällt. Und das ist selbst in einem Krieg, in dem beide Seiten anhand ihrer Uniformen eindeutig zu identifizieren sind, vorstellbar: In einer stockfinsteren Nacht können Soldaten aus Versehen Zivilisten erschießen, weil diese sich im Kampfgebiet bewegen und vielleicht Gegenstände in der Hand halten, welche einen jungen, möglicherweise übermüdeten und manchmal überforderten Soldaten zu einer falschen Entscheidung bewegen. Ein solches Fehlurteil muss in jedem Fall untersucht werden. Ist weder Vorsatz noch Fahrlässigkeit festzustellen, handelt es sich völkerrechtlich um einen klassischen Kollateralschaden, den jeder Krieg zwangsläufig mitbringt. Das klingt kaltschnäuzig, ist aber rechtliche Wirklichkeit.

Der Trend, alles auf höhere Ebenen zu verlagern, ist grundsätzlich nicht gut, weil er zu einer Verantwortungsverschiebung und damit zu einer Lähmung des Entscheidungsprozesses führen kann. Das bewährte Prinzip der Auftragstaktik wird somit ausgehöhlt. Im Fall der Identifizierung von rechtmäßigen Kombattanten hat er aber auch deutliche Vorteile. Die Mittel und Methoden zur Bestimmung eines feindlichen Kämpfers garantieren eine wesentlich höhere Sicherheit, als es der Soldat im Feld leisten kann. Man darf in der Argumentation nur keinesfalls den Fehler begehen, die Unfehlbarkeit der eigenen Aufklärung zu versprechen. Gerade Politiker und Verteidigungsminister sollten dies im eigenen Interesse ehrlich kommunizieren. »Nur feindliche Kämpfer unter den Getöteten« ist vielleicht in einzelnen Fällen Realität, aber niemals im gesamten Krieg, selbst wenn ihn die deutsche Regierung führt. Es gibt lediglich die Möglichkeit, die Fehlerquote zu senken und Kollateralschäden möglichst gering zu halten. Das bleibt übrigens auch so, wenn dieser euphemistische Begriff irgendwann einmal geändert werden sollte.

Macht der Bilder

Feindlichen Kombattanten symbolisch eine Uniform anzuziehen, ist eine passable Möglichkeit, die Schwächen des Völkerrechts im bewaffneten Konflikt ein wenig auszugleichen. Was sich damit jedoch nicht beseitigen lässt, ist ein viel größeres Problem politischer Natur: Ob westliche Staaten heute einen Krieg gewinnen oder eine militärische Intervention zum Erfolg führen können, hängt im Wesentlichen von zwei Faktoren ab – der Zeit und den Bildern. Die Bilder vom Krieg, die rasant schnell im Internet und dann auch im Fernsehen auftauchen, lassen sich kaum mehr einfangen. Allen Versuchen von Pressestellen und Informationsstäben des Militärs zum Trotz suchen sich Fotos und Videos vom Krieg einen Weg an die Öffentlichkeit und zeigen den Kampf und dessen Auswirkungen in seiner ganzen Nicht-Herrlichkeit. Der zweite Faktor, die Zeit, läuft den Bildern immer hinterher. Gelingt es nicht, einen bewaffneten Konflikt in überschaubarer Zeit zum Erfolg zu führen, gewinnt die Macht der Bilder immer größeren Einfluss und drückt auf das Gemüt der heimischen Bevölkerung. Insbesondere vor Wahlen wirkt sich dies auf die Stimmung der Regierenden aus. Eine militärpolitische Spirale kommt in Gang, welche die eigentlichen Kriegsziele flugs beiseitefegt.

Zwei Arten von Bildern können heimisches Desinteresse in Protest verwandeln: Die erste sind Bilder über eigene Soldaten, die in Särgen nach Hause kommen, die zweite sind tote Zivilisten der anderen Seite. Beide werden von demokratischen Regierungen, die ihre Soldaten irgendwo auf der Welt intervenieren lassen, gefürchtet wie das Weihwasser vom Teufel. Dass das so ist, liegt an der mangelnden Ehrlichkeit über die Risiken eines jeden Militäreinsatzes. Mit klar definierten Zielen und einer ungeschönten Erwartungshaltung könnte die Wirkung der Bilder abgemildert werden. Ganz entschärfen lässt sie sich nie, das hat einen nicht zu unterschätzenden Wert. Denn die puren Bilder aus dem Krieg sind heute ein unverzichtbares Korrektiv für eine Entscheidung zum Waffengang.

Bilder von getöteten Zivilisten in einem Krieg lösen in der Öffentlichkeit vieler Staaten Empörung aus, und nicht selten stellen sie die gesamte Legitimation eines Konflikts in Frage, egal unter welchen Voraussetzungen die Konfrontation begann. Über die Plattform WikiLeaks gelangten beispielsweise Aufnahmen von Wärmebildkameras ins Netz und in die Presse, die zeigten, wie amerikanische Kampfhubschrauber mehrere irakische Männer beschossen und töteten. Der Fall sorgte für einen weltweiten Skandal und wurde zu einem Symbol für die angebliche amerikanische Schießwut: Die Personen in der Zieloptik der Hubschrauberkanone standen um einen Kleinbus und sprachen miteinander, während die Helikopterbesatzung Meldung erstattete, auf Anweisungen wartete und sich währenddessen unterhielt. Irgendwann kam der Befehl »Engage!«, und die Besatzung eröffnete das Feuer, bis keiner mehr lebte. Zwei Dinge machten die Aufnahmen für viele unerträglich: Zum einen klang die Konversation der Piloten abgebrüht und gefühlskalt, fast als ob sich die Soldaten aus dem Töten einen Spaß machten. Zum anderen sahen die Opfer des Angriffs allesamt wie Zivilisten aus. Sie trugen keine Uniformen und schienen in ein normales Gespräch vertieft, als sie aus dem Nichts heraus angegriffen wurden. Zum ersten Eindruck ist wenig hinzuzufügen: Die Apache-Piloten waren abgebrüht, als sie den Auslöser drückten und ein Dutzend Menschen vom Leben zum Tode beförderten. Sie führten einen Wortwechsel, der keinerlei Mitgefühl oder Skrupel erkennen ließ und die Gegner, so es sich denn um welche handelte, regelrecht entwertete.

Doch wie ist das, was die Piloten tun, rechtlich zu beurteilen? So schwer es fallen mag, aber die Konversation muss von dem eigentlichen Angriff getrennt werden. Wer die Sprache hört und die Bilder sieht, kann nur erschaudern, aber die Brutalität der Soldatensprache ist kein Indiz, um die Tötung der Personen völkerrechtlich zu verurteilen. Kombattanten im Sinne des Völkerrechts dürfen auch zynisch getötet werden. Das ist eine Frage der eigenen Pietät und kann in einer Armee nur durch verantwortungsvolle Personalauswahl und einen strengen Ehrenkodex sichergestellt werden. Ob aber die Personen tatsächlich angegriffen werden durften, kann aufgrund des Videos nicht beurteilt werden.

Aber welcher politisch Verantwortliche will diese Tatsache kommunizieren, nachdem solche Aufnahmen an die Öffentlichkeit gelangt sind? Überschreiten die Bilder aus einem Krieg eine gewisse Schwelle des Zumutbaren, spielt es am Ende überhaupt keine Rolle mehr, ob das Völkerrecht verletzt wurde oder nicht. Die Maßstäbe der heimischen Innenpolitik sind mittlerweile deutlich strenger als alle internationalen Abkommen zur Kriegsführung. Genau wie es das Militär und die verantwortliche Politik tut, werden Bilder auch von den Gegnern eines bewaffneten Einsatzes verwendet, um ihre politischen Ziele zu verfolgen. Objektiv geht es dabei selten zu, denn auch angesichts solch verstörender Aufnahmen muss man sich die Frage stellen: Wie sollte sich ein Mensch eigentlich verhalten, der dabei ist, andere in Stücke zu schießen? Soll er still sein oder ein Gebet sprechen? Soll er sich erschüttert zeigen, sich nach dem Einsatz still zurückziehen und den Sinn seines Tuns reflektieren? Das mag vielleicht wünschenswert sein, ist aber keinesfalls realistisch. Denn Soldaten im Kampfeinsatz müssen manchmal Dinge tun, die sie ein Leben lang nicht vergessen werden. Eine Verrohung der Sprache ist ein Weg, damit umzugehen.

Anderer Schauplatz, andere Situation: Ein amerikanischer Kriegsveteran sitzt auf einem Podium und berichtet von der Entmenschlichung, die er im Krieg erlebt hat. Ob der Begriff sinnvoll ist, sei einmal dahingestellt, weil das, was er getan hat, sehr menschlich ist. Mag man es wahrhaben oder nicht. Er erzählt vor seinem Publikum haargenau, wie er durch das Visier seines Gewehrs Feinde sah und tötete – und wie er und seine Kameraden danach jubelten und feierten, weil er den ersten bestätigten »Kill-Shot« zuerkannt bekam. Das Publikum reagiert nun völlig anders, obwohl der Mann genau das Gleiche getan hat wie die Helikopterpiloten in dem Video: Er hat getötet und danach gejubelt. Statt Empörung erntet er nun Mitgefühl, denn die Zuhörer beziehen die äußeren Umstände ein und sehen ihn als Opfer des Krieges und nicht als Täter. Die Ursache für diese Differenzierung liegt abermals allein in den Bildern: Auf der einen Seite die nüchterne Perspektive des Wärmebildgeräts und die rüden Sprüche der Piloten, auf der anderen Seite ein traumatisierter Veteran, der vom Krieg genug hat. In beiden Fällen geht es nicht um Recht oder Unrecht, sondern nur um politische Ziele. Ob das Völkerrecht verletzt wurde, spielt keine Rolle.

Bilder mit toten Zivilisten schieben das Völkerrecht letztlich auf die Seite. Gegen diese Kraft der Gefühle auf Sachlichkeit zu bestehen, ist fast unmöglich. Juristen kennen dieses Problem: Wenn Volkes Stimme einmal ein Urteil gefällt hat, bevor überhaupt die Beweisführung abgeschlossen wurde, kann sich derjenige, der auf Gesetze und Paragraphen verweist, auf eine turbulente Zeit gefasst machen. Im Fall des Videomitschnitts aus dem Hubschrauber war es ähnlich: Niemand wusste, ob die Angegriffenen am Boden rechtmäßige Ziele waren oder nicht, ob sie einer Gruppe Aufständischer angehörten oder sich nur zufällig trafen. Diese Frage wurde auch nirgendwo thematisiert. Die Brutalität des Visuellen drückt dem Geschehen einen Stempel auf, und auf diesem steht: »Unrecht!« Es mag tatsächlich pietätlos klingen, Tote eines Krieges in Kategorien einzuteilen und zu fragen, ob sie getötet werden durften oder nicht. Je expliziter die Aufnahmen sind, desto mehr möchte man schweigen. Wenn aber die Frage zu klären ist, wer in einem Krieg getötet werden darf, kann die Frage, ob jemand getötet werden durfte, nicht falsch sein. Die Frage nach der Rechtmäßigkeit von Tötungen im Konflikt ist exakt das Sujet, mit dem sich Gerichte nach Kriegen auseinandersetzen müssen.

In vielen westlichen Gesellschaften spielt es in Anbetracht der Bilder keine Rolle mehr, ob ein Getöteter Bombenleger war oder nur das Essen für die anderen Kämpfer gekocht hat. Wenn er da liegt, blutverschmiert und mit weit aufgerissenen Augen, möchte man, dass es egal ist, was er getan hat. Die Uniform als sichere Identifizierungshilfe für Kriegsteilnehmer bekommt auf Fotos noch eine weitere, fast groteske Funktion: Sie wird zum Differenzierer im Tod. Bilder von getöteten Menschen haben eine ganz andere Wirkung, wenn diese eine Uniform tragen. Aufnahmen von zerschossenen Soldaten lösen ebenfalls Erschütterung, vielleicht sogar Ekel aus, weil der Tod auf dem Schlachtfeld selten eine ästhetische Form findet. Eine pauschale Unrechtsvermutung verursachen solche Bilder jedoch nicht. Ein Stück Stoff im Tarndruckmuster macht den Unterschied. Wer darin stirbt, hat auch noch im Unterbewusstsein einer gewaltabstinenten Gesellschaft seine Bestimmung gefunden. Er ist eben gefallen, wie es Soldaten nun einmal tun. Ein inneres Bild bleibt so geordnet.

Das Völkerrecht segnet den Tod von Soldaten ab. Das Recht deckt sich in diesem Fall mit der rechtlichen Empfindung, weil der Soldatenberuf zweifelsfrei das Risiko des Sterbens im Kampf mit sich bringt. Aber ist das eigentlich noch zeitgemäß? Wenn man seinen Blick einmal von der juristischen Ebene auf eine persönliche wendet, könnte man sich die Frage stellen, warum die Legitimation des Tötens im Völkerrecht ausschließlich bei Soldaten beziehungsweise Kombattanten greift. Der Tod eines jungen Gefreiten wird nicht hinterfragt, aber der eines Terrorplaners in Zivil schon? Der eine nimmt am Krieg teil, weil er verpflichtet wird oder weil er sich aus Mangel an Perspektiven, innerer Überzeugung oder sonstigen Gründen freiwillig meldet. Der andere hat mitunter einen Krieg provoziert und tut alles dafür, ihn am Laufen zu halten. Wo bleibt dabei die Frage nach der persönlichen Schuld? Im Kapitel über die Moral des Tötens wird dazu noch Stellung genommen.

Der Angriff des Kampfhubschraubers auf die irakischen Männer wurde in Reaktion auf die WikiLeaks-Veröffentlichungen vom Pentagon als Fehler bezeichnet, aber disziplinarisch nicht geahndet. Nach allem, was das Video zeigt, ist der Angriff tatsächlich als Fehler zu werten, nicht nur weil unter den Verletzten sich zwei Kinder und ein Reporter der Nachrichtenagentur Reuters befanden. Als Beweis reicht das allerdings ebenso wenig aus wie ein einzelner Videomitschnitt. Am Ende mag der Angriff im Sinne des Völkerrechts sogar vollkommen rechtmäßig erfolgt sein, läuft aber unseren moralischen Prinzipien zuwider.

Genau darin liegt die Schwäche der Aufklärung: Sie mag noch so effektiv und zuverlässig Kombattanten von Zivilisten trennen, doch wird das Ergebnis in Form von Bildern öffentlich, siegt fast immer der Zweifel. Wenn die Aufklärung der Amerikaner die Iraker als Kombattanten identifiziert hatte, war der Angriff legitimiert. Selbst eindeutig zivile Opfer wie die beiden Kinder, die in einem Kleinbus saßen und nicht zu sehen waren, können vom Völkerrecht akzeptiert werden, wenn der militärische Vorteil überwiegt.[12] Das Verhältnis dabei zu finden, bleibt im Ermessen der Soldaten. Doch was das internationale Recht möglicherweise legitimiert, ist politisch schon lange nicht mehr zu verantworten. Die Aufklärung und die Nachrichtengewinnung können daher nur zu einem überschaubaren Teil die »Uniformierung« des Gegners übernehmen. Ein ganzer Stab gewissenhafter Mitarbeiter kann nun einmal nicht ersetzen, was eine einzige Uniform vermag.

Der große Spielraum des Völkerrechts

Im Dezember 2001 war ein erster großer Erfolg im Krieg gegen den internationalen Terror zum Greifen nah. Er hätte das Potential gehabt, den Lauf der Geschichte zu ändern. In den acht Wochen vor dieser verpassten Chance war es einer US-geführten Koalition aus wenigen westlichen Staaten und der afghanischen Nordallianz innerhalb weniger Wochen gelungen, das »Islamische Emirat Afghanistan« hinwegzufegen. Die Taliban, die fast das ganze Land über mehr als fünf Jahre regiert und der Terrororganisation al-Qaida Unterschlupf und Unterstützung gegeben hatten, waren militärisch zerschlagen und auf der Flucht in sichere Verstecke oder in ihre Heimatdörfer. Die USA und ihre

Partner hatten damit ein erstes Etappenziel erreicht; jetzt machten sie sich daran, den eigentlichen Kriegsgegner zu suchen.

Im Süden der ostafghanischen Grenzstadt Jalalabad kam es also Ende 2001 zum Showdown. In der Bergfestung Tora Bora hatten sich mehrere Hundert al-Qaida-Kämpfer verschanzt und zur Verteidigung eingerichtet, unter ihnen vermutlich auch ihr Anführer Osama bin Laden und sein Stellvertreter Aiman al-Zawahiri. Ein kleines Team aus CIA-Agenten und Special Forces infiltrierte am 5. Dezember das Gebiet am Fuße der Berge und bereitete den Angriff auf das Stellungssystem nahe der pakistanischen Grenze vor. Das amerikanische Verteidigungsministerium verkannte die Gelegenheit und versagte den Geheimdienstlern die angeforderte Unterstützung durch starke Infanteriekräfte. Allein mit ein paar hundert unzuverlässigen Kämpfern eines örtlichen Warlords begann das Kommando Jawbreaker die Festung mit einem massiven Bombardement aus der Luft zu belegen: Eine Woche lang luden die Flieger der US Air Force ihre Fracht über dem Höhlen- und Bunkersystem von Tora Bora ab, um den Terrorführer und seine Entourage »aus seiner Höhle auszuräuchern«.[13] Als schließlich doch noch ein paar Dutzend weitere Spezialkräfte eintrafen, darunter auch deutsche Soldaten des Kommandos Spezialkräfte (KSK), war es bereits zu spät: Den al-Qaida-Kämpfern war es gelungen, einen Waffenstillstand mit den afghanischen Kriegern zu vereinbaren, der ihnen die benötigte Zeit verschaffte, ins sichere Pakistan zu entkommen. Am Ende der Kämpfe waren etwa zweihundert mutmaßliche Terroristen tot, und eine nicht bekannte Anzahl Gefangener wurde nach Guantánamo gebracht – bin Laden aber war entkommen.

Ob der saudische Terroristenführer wirklich vor Ort war, konnte nie eindeutig bewiesen werden, aber Indizien und Zeugenaussagen beider Seiten sprechen sehr dafür.[14] Das Bombardement von Tora Bora war der Auftakt einer ganzen Reihe von Versuchen, den al-Qaida-Chef und seine Führungsgehilfen zu töten. Der verantwortliche Offizier der Delta Force und mehrere CIA-Mitarbeiter, die die Luftschläge gegen die Höhlen koordinierten, übten einige Jahre später deutliche Kritik am Pentagon.

Wäre es im Dezember 2001 nach ihnen gegangen, hätte entweder ein US-Ranger-Bataillon den Fluchtweg nach Pakistan abgeriegelt oder die Luftwaffe hätte die Pässe mit Hunderten Antipersonenminen sperren müssen. Die übergeordnete militärische Führung lehnte beides jedoch ohne Begründung ab. Um sicherzugehen, dass Osama bin Laden damals nicht doch von einer der Fliegerbomben getötet wurde, öffneten Spezialisten des US-Militärs im Januar 2002 alle Gräber der nahegelegenen Friedhöfe und entnahmen die Fingerabdrücke der Toten. Solche morbiden Details kamen erst wesentlich später an die Öffentlichkeit; die Jagd auf den Topterroristen an sich und die Vorgehensweise dabei waren aber damals schon bekannt und wurden von einer breiten Mehrheit – auch in Deutschland – vollkommen akzeptiert.

Die Suche nach den Führungskadern der al-Qaida und nach hochrangigen Taliban, die spätestens seit Beginn des Afghanistanfeldzugs mit im feindlichen Boot saßen, wurde schon kurz nach Tora Bora fortgesetzt. Mit der Operation Anaconda im März 2002, die im nahegelegenen Shahi-Kot-Tal stattfand, sollten ebenfalls gegnerische Topleute ausgeschaltet werden. Auch an dieser Operation beteiligten sich deutsche Kommandos aus Calw. Wie schon in Tora Bora wurden sie aber »nur« für Aufklärungsmissionen eingesetzt, wie die deutsche Regierung auf Nachfragen der Presse stets zugeknöpft bestätigte.[15] In der deutschen Öffentlichkeit wurden die »Search-and-destroy-Missionen« der frühen Afghanistanjahre immer nur unter zwei Aspekten behandelt: Erstens wollte man wissen, ob der Bundestag ausreichend über die deutsche Beteiligung an den Operationen unterrichtet wurde, und zweitens orakelte man über das »Versagen« der Amerikaner, weil sie bin Laden offensichtlich hatten entkommen lassen. Im Unterschied zu späteren Operationen gegen hochrangige Ziele der al-Qaida und der Taliban wurde aber nie der Zweck dieser Missionen hinterfragt: Was da in Tora Bora geschah, war die gezielte Tötung von Terroristen und anderen Feinden – und niemand hatte ein Problem damit.

Die noch rauchenden Trümmer des World Trade Centers hatten auch in Deutschland ihre Spuren hinterlassen. So schnell und selbstverständlich, wie der damalige Bundeskanzler Gerhard Schröder die »uneingeschränkte Solidarität« der Deutschen verkündet hatte, wagte ein Großteil der Solidarisierten es nicht, die Terroristenjagd zu kritisieren. Es fehlte freilich die Erfahrung mit der ganzen Thematik, denn selbst der Ausdruck »gezielte Tötung« war damals weitgehend unbekannt. Hätte die amerikanische Luftwaffe den al-Qaida-Chef bereits 2001 in einer ostafghanischen Berghöhle mit einer Sechs-Tonnen-Bombe erwischt, hätte es mit Sicherheit kaum Kritik am Vorgehen der USA gegeben. Denn die Welt hatte dem Terror nicht nur offiziell den Krieg erklärt – sie fühlte sich auch im Krieg.

Zehn Jahre später, als bin Laden tatsächlich getötet wurde, hatten sich zwei wesentliche Faktoren geändert, welche das Geschehen rechtlich in ein anderes Licht rückten: die Zeit und der Ort des Zugriffs. Die völkerrechtlichen Bestimmungen zu der Frage, wo und wie lange ein bewaffneter Konflikt stattfindet, sind im Zusammenhang mit dem Recht zu töten von elementarer Wichtigkeit. Wie lange also behält eine Person ihren Kombattantenstatus, und wo darf sie getötet werden? Die Genfer Konventionen und alle ergänzenden Zusatzprotokolle sind zur Klärung dieser Fragen fast unbrauchbar, weil sie sich streng an der Vorstellung orientieren, dass ausschließlich Staaten gegeneinander Krieg führen. Das Territorium dieser Staaten gilt daher als rechtliche Bemessungsgrundlage für den Ort eines Konflikts. Je nach Art des Krieges hat dieses Prinzip mal funktioniert und mal nicht.

Im Luftkrieg gegen die damalige Bundesrepublik Serbien 1999 bombardierten Kampfflugzeuge der NATO über zwei Monate militärische und zivile Ziele, um die Regierung Milošević in der Kosovo-Frage zum Einlenken zu bewegen. Völkerrechtlich waren damit jeder serbische Panzer und jede zivile Einrichtung von strategischer Bedeutung als Angriffsziel legitimiert. Bei Brücken und Sendestationen stellt sich nicht die Frage nach dem Ort des Angriffs; bei beweglichen Zielen jedoch waren die Staatsgrenzen Rest-Jugoslawiens der bestimmende Faktor. Eine mobile Flugabwehrstation in Radujevac, einem kleinen Nest an der Donau, durfte die Jets der Koalition ohne Probleme attackieren. Angenommen, die serbischen Soldaten wären mit dem Gefährt auf die andere Seite des Flusses gefahren und hätten ihr System in Gruia, einem ebenso unbekannten Örtchen, postiert, wäre ein Angriff dort eine grobe Verletzung der rumänischen Souveränität gewesen. Beide Orte liegen keine drei Kilometer auseinander, sie sind aber durch eine Staatsgrenze getrennt. Natürlich konnten Soldaten der serbisch-jugoslawischen Armee nicht einfach in das Nachbarland übersetzen und von dort aus weiter operieren – nicht nur, weil Rumänien während des Kriegs seine Grenze verstärkt hatte und Anwärter auf die NATO-Mitgliedschaft war. Selbst wenn sich also die Soldaten Miloševics über die Donau abgesetzt hätten, um unterzutauchen, hätte sich die rumänische Grenzpolizei darum kümmern können. Für die NATO jedenfalls wären sie während des Konflikts kein legitimes Ziel mehr gewesen und darüber hinaus auch militärisch keine Gefahr mehr.

Wenn Staaten funktionieren und Panzer, Haubitzen und anderes Gerät das eigentliche Ziel militärischer Angriffe sind, dann funktioniert auch eine lokale Begrenzung des bewaffneten Konflikts, wie es das Völkerrecht vorsieht. Wie aber kann eine lokale Begrenzung des Krieges funktionieren, wenn auf der anderen Seite keine zuverlässige Grenzpolizei patrouilliert und nicht die Waffensysteme, sondern einzelne Personen zum Ziel militärischer Operationen werden?

Heute dominiert unter Juristen grundsätzlich die Auffassung, dass der örtliche Anwendungsbereich des *Jus in bello* eher weiter denn enger zu fassen ist. Konflikte können durchaus grenzüberschreitend sein, wie es beispielsweise in Afrika die Regel ist. Die Absicht für eine grenzüberschreitende Kriegszone ist jedoch der Schutz von Zivilisten und nicht der Einsatz von Waffengewalt. Damit werden die Rechte und Pflichten des humanitären Völkerrechts voneinander getrennt.

Wenn sich die Flüchtlinge des syrischen Bürgerkriegs auf türkisches Territorium retten, um den Kämpfen zu entgehen, gilt der Schutz, der ihnen als Nichtkombattanten durch das Völkerrecht garantiert wird, auch dort. Die verbindliche Schutzzone von Nichtkombattanten wird in diesem Fall auf die Südtürkei ausgedehnt. Assads Truppen müssten dort genauso Rücksicht üben, wie sie es in der eigentlichen Konfliktzone, in Syrien selbst, tun müssten.

Gilt nun gleichermaßen das Recht der Konfliktparteien, in dieser weiter gefassten Schutzzone Schädigungshandlungen gegen rechtmäßige Kombattanten vorzunehmen? Darf beispielsweise Assads Armee vermutete Rebellen grenzüberschreitend aufspüren und töten, wenn sie auf die dorthin geflüchtete Zivilbevölkerung Rücksicht nehmen? Selbstverständlich nicht. Der ausgedehnte örtliche Anwendungsbereich bezieht sich ausschließlich auf den Schutz von Zivilisten, nicht auf die Kriegshandlungen. Diese Erkenntnis ist bei den genannten Beispielen wohlfeil, da eine Ausweitung der Kämpfe auf das Gebiet der Türkei durch die Kraft des Faktischen verhindert würde. Man darf annehmen, dass syrische Einheiten nicht aus völkerrechtlichen Gründen die Grenze zur Türkei respektierten, sondern eher wegen der kampferprobten türkischen Armee mit mehr als siebenhunderttausend Mann.

Die Frage einer Ausdehnung der Kampfzone auf andere Territorien wird also nur relevant, wenn ein Nachbarstaat nicht in der Lage ist, seine Kernaufgaben wahrzunehmen, oder es aus anderen, vielleicht politischen Gründen nicht tut. Man könnte die türkischen Operationen ihrerseits im Kurdengebiet des Nordiraks als Beispiel anführen. Wenn der Kampf mit den Separatisten als nichtinternationaler Konflikt im Sinne des Völkerrechts gilt und türkische Einheiten immer wieder Angriffe im Nachbarland durchführen, hat sich die Armee dabei stets an das humanitäre Völkerrecht zu halten. Ob der Kampf gegen die kurdische Arbeiterpartei PKK aber überhaupt legitim ist, steht auf einem anderen Blatt.

Das Beispiel aus dem Syrienkrieg mag man als unpassend empfinden, da die tägliche Berichterstattung und die eigene kulturelle Prägung in diesem Fall bereits in richtig und falsch unterteilt haben. Wie können Assads Schergen das Recht haben, ihre Gegner außerhalb Syriens zu bekämpfen, wenn sie es noch nicht einmal innerhalb des eigenen Staatsgebiets haben? Was das humanitäre Völkerrecht betrifft, insbesondere das *Jus in bello*, sollte man aber der Versuchung widerstehen, nach weltanschaulichen Gesichtspunkten zu urteilen. Das internationale Recht gilt für alle gleichermaßen. Wenn also ein anderer Staat seine kriegerischen Handlungen über die örtlichen Grenzen eines bewaffneten Konflikts tragen will, muss er sich auf die Frage vorbereiten, warum dieses Recht nicht auch für das Militär eines brutalen Despoten gilt. Die Antwort »Wir liegen richtig und die anderen nicht« wird dabei nicht reichen – jedenfalls nicht aus völkerrechtlicher Sicht. Man wird anfangen müssen, seinen eigenen Wertvorstellungen zu vertrauen.

Für eine weltweite Jagd auf Topterroristen der al-Qaida und verbandelter Gruppierungen ist die Frage des Ortes von entscheidender Bedeutung. Für die Praxis der gezielten Tötungen dreht es sich fast ausschließlich um sie. Die Operation gegen Osama bin Laden und andere Kämpfer in Tora Bora war deshalb durch das Völkerrecht gedeckt, weil jede militärische Aktion in Afghanistan zu diesem Zeitpunkt durch die Vereinten Nationen legitimiert war. Der Krieg war erlaubt, die Personen in den Höhlen besaßen Kombattantenstatus. Der UNO-Sicherheitsrat hatte bereits am 12. September 2001 das Recht der USA auf Selbstverteidigung gemäß Artikel 51 der Charta einstimmig festgestellt. Resolution 1368 fordert alle Mitglieder der Vereinten Nationen eindringlich auf, die USA bei dieser Selbstverteidigung zu unterstützen, und gab damit implizit die Genehmigung zu militärischen Maßnahmen. In dieser Resolution gab es allerdings keine geographische Festlegung auf den Ort der Selbstverteidigung – das Land am Hindukusch wird mit keinem Wort erwähnt.[16] Die Resolution legte die Autorisierung geographisch nicht fest und schränkte sie somit auch nicht ein: Wo immer der internationale Terrorismus eine Heimstatt findet, kann gekämpft werden – das war jedenfalls noch 2001 das allgemeine Verständnis.

Die Operation »Enduring Freedom« (OEF), die am 7. Oktober 2001 mit Luftangriffen auf terroristische Ausbildungslager in Afghanistan begann und mit gezielten Schlägen wie in Tora

Bora weitergeführt wurde, zieht ihre völkerrechtliche Legitimation aus ebendieser UNO-Resolution, die keinen Einsatzort definiert. Sie wird von der großen Mehrzahl der Staaten akzeptiert. Einige Kritiker in Deutschland begründen mit der fehlenden Ortsangabe jedoch den angeblichen Verstoß gegen das Völkerrecht; die Linkspartei beispielsweise argumentiert seit Jahren so. Die Begründung ist folgende: Resolution 1368 habe Afghanistan nicht als Ort des Konflikts definiert, und deshalb dürfe dort militärisch nicht operiert werden.[17] Afghanistan als Staat sei nicht Verursacher der Terrorangriffe, sondern eine Gruppe Personen, die sich lediglich in Afghanistan aufhielten. Es zeugt schon von einer gewaltigen völkerrechtlichen Selbstsicherheit anzunehmen, dass sich die Staatenwelt und die Vereinten Nationen geirrt haben, im Karl-Liebknecht-Haus aber die Wahrheit entdeckt wurde. Die UNO hatte jedoch den Umstand, dass nicht Afghanistan als Staat den Krieg gegen die USA begann, durchaus berücksichtigt und trotzdem die Autorisierung zum Krieg dort gegeben.

Bliebe man bei dem gedanklichen Konstrukt der linken Parteispitze und anderer Friedenshüter, dürften nirgends militärische Operationen gegen terroristische Gruppen stattfinden, da kein Staat durch den Sicherheitsrat explizit benannt wurde. An dieser Stelle erweitert sich der Kreis der Kritiker in Deutschland deutlich. Den Afghanistaneinsatz trugen die meisten noch mit, die scheinbare Grenzenlosigkeit des Antiterrorkampfes will man aber nicht. Insbesondere seit dem Beginn des Irakkriegs gilt Enduring Freedom als Inbegriff einer amerikanischen Hybris in der Sicherheits- und Verteidigungspolitik, von der sich Europa fernhalten sollte.[18] Die Resolution 1368 wurde vielen erst Jahre später zum Dorn im Auge, weil sich eben immer mehr das Potential der lokalen Ungebundenheit zeigte und dieser Geist jetzt nicht mehr in die Flasche zurückwill. Keine Ortsfestlegung bei Afghanistan heißt eben auch keine für jeden anderen Ort der Welt. Das kann der Sicherheitsrat tatsächlich nicht gemeint haben.

Für die Operation Enduring Freedom in Afghanistan (OEF-A) trifft eine Völkerrechtsverletzung eindeutig nicht zu. Durch das explizite Einverständnis und die aktive Teilnahme an diesem Kampf durch mehr als achtzig Staaten der Welt besitzt die Operation völkerrechtliche Gültigkeit. Wer das bestreitet, betreibt billige Oppositionspolitik oder will eigentlich etwas ganz anderes sagen. Resolution 1368 gibt genau jene örtliche Ungebundenheit, ohne die ein Kampf gegen eine weltweit operierende Terrorgruppe völlig sinnlos wäre, übrigens auch mit nichtmilitärischen Maßnahmen. Al-Qaida war nie eine afghanische Organisation, sie hatte sich nur in Afghanistan festgesetzt wie in anderen Ländern auch, und genau diesem Umstand trug der UNO-Sicherheitsrat 2001 Rechnung. Grundsätzlich wird geltendes internationales Recht nicht nur durch den exakten Wortlaut des höchsten Gremiums der Vereinten Nationen beschlossen, sondern auch durch die Praxis einer Mehrheit der Völkerrechtssubjekte, also der Staaten. Die Operation Enduring Freedom ist durch beides gedeckt. Wer sie in Afghanistan also nicht möchte, muss ethisch argumentieren. Das Völkerrecht dafür zu bemühen, ist schlichtweg falsch.

Die Staatengemeinschaft hat seit dem 12. September 2001 das Recht zum Krieg (*Jus ad bellum*) in Afghanistan und an anderen Orten der Erde, aber natürlich nicht überall. Wer hätte die Grenze ziehen sollen, wenn nicht die UNO? Unter dem Schirm der Operation Enduring Freedom hat es seitdem sieben Teiloperationen rund um den Globus gegeben, die sich alle auf die Resolution des UN-Sicherheitsrats vom Tag nach den Anschlägen auf Amerika beziehen.

Neben dem umfangreichsten Einsatz am Hindukusch macht seit 2002 eine internationale Flotte am Horn von Afrika Jagd auf Piraten, Terroristen und Waffenschmuggler. Eine zweite Seeoperation unter dem Namen »Atlanta« gegen die Piraten hat seit Dezember 2008 die Europäische Union übernommen. Offiziell heißt es, dass die EU militärische Selbständigkeit beweisen wolle, doch Enduring Freedom ist in Europa in Misskredit geraten. Auch Deutschland beendete sukzessive die Teilnahme an dieser Operation oder tauschte dagegen Verantwortung in Missionen mit anderen Namen. Wer darin aber tatsächlich eine

Trennung zwischen Antipiraterie und Antiterrorismus in der arabischen See vermutet, bestätigt nur, dass die innenpolitische Verschleierung gut funktioniert hat. Die Strukturen in diesen Gebieten lassen eine solche Trennung nämlich überhaupt nicht zu. Die Operation Enduring Freedom gegen den Terrorismus am Horn von Afrika läuft also parallel weiter und überlappt sich faktisch mit der Operation Atalanta der EU. Eine scharfe Trennung der beiden Operationen ist nur in der Theorie möglich. Auf dem Wasser und auf dem internationalen Militärstützpunkt Dschibuti, wo sich auch die deutsche Verbindungs- und Unterstützungsgruppe und die Einsatzgruppe Seefernaufklärer befinden, arbeiten die Truppen in der Praxis eng zusammen – genauso wie es bei den Truppen der OEF und der Internationalen Sicherheitsunterstützungstruppe (ISAF) in Afghanistan der Fall war.

Darüber hinaus war Enduring Freedom am Horn von Afrika (OEF-HOA) nie ausschließlich auf maritime Operationen beschränkt. So ist Somalia schon seit 2006 Operationsgebiet im Antiterrorkrieg. Im Kampf gegen die radikal-islamistischen Al-Shabab-Milizen und ein halbes Dutzend anderer organisierter Gruppen setzen die USA Aufklärungssysteme, Spezialkräfte oder Drohnen ein und legitimieren sich wie in Afghanistan durch Resolution 1368 und die große Unterstützung von NATO, EU und freien Koalitionären. 2012 haben die Seestreitkräfte der Operation Atalanta ihr Operationsgebiet auf die Strände Somalias ausgeweitet; die EU verfolgt Piraten nun auch bis zu ihren Unterschlupfen und Lagerplätzen und beweist damit die Ernsthaftigkeit ihres Engagements. Wie will man so aber noch den völkerrechtlichen Unterschied zwischen Atalanta und Enduring Freedom erklären? Die Streitkräfte der EU greifen Piraten am Strand mit Hubschraubern an, um deren Operationsmöglichkeiten zu beschränken, und die Streitkräfte unter OEF greifen islamistische Milizionäre ein paar Kilometer landeinwärts mit Hubschraubern und auch Drohnen an, um deren Möglichkeiten zu behindern? Eine solche Differenzierung wird wohl nur echten Bürokraten gelingen.

Die Hauptlast der Kämpfe gegen die Islamisten in Somalia

tragen bisher ohnehin nicht die Amerikaner, sondern Truppen-kontingente aus Äthiopien und Kenia, deren Soldaten meist von amerikanischen Spezialisten unterstützt werden. Die Combined Joint Task Force HOA, die zentrale Einsatzgruppe für das Horn von Afrika, trainiert, bewaffnet und verstärkt in verschiedenen militärischen Bereichen, aber die beiden afrikanischen Anrainer stellen die Bodentruppen im Land der Warlords. Somalia ist im östlichen Afrika das Haupteinsatzgebiet des Antiterrorkampfes.

Es gibt jedoch noch weitere Länder, in denen militärische Operationen stattfinden. Im Sudan, Dschibuti, Äthiopien, Eritrea, den Seychellen, Kenia, Mauritius, den Komoren, Liberia, Ruanda, Uganda und in Tansania wird die Operation Enduring Freedom in der einen oder anderen Weise umgesetzt. Mal werden wie in Uganda Truppen durch Militärberater geschult, mal stellt ein Staat wie die Seychellen seine Landebahnen für Drohnen zur Verfügung. Die Grenzen für den Kampf gegen den Terrorismus sind in Ostafrika gefallen. Jede einzelne Maßnahme mag verständlich sein, aber in der Summe findet der Krieg gegen den Terrorismus beinahe überall statt und unterhöhlt die eigentliche Absicht der Vereinten Nationen und vieler ihrer Mitglieder.

Ein Marineeinsatz, der sich gegen Piraten und Terroristen im Indischen Ozean richtet, kann nicht an der Zwölf-Meilen-Grenze eines Staates haltmachen. Das Operationsgebiet der Seestreitkräfte unter dem OEF-Mandat erstreckt sich daher über die Küsten von zwölf Staaten: Es reicht im Osten bis nach Pakistan, bezieht weite Teile des Persischen Golfs mit ein, deckt die gesamten Küsten Omans und Jemens ab sowie das Rote Meer bis kurz vor Israels Hafenstadt Eilat und verläuft die afrikanische Küste hinunter bis zur kenianischen Insel Lamu. Von dort wurden zuletzt 2011 zwei französische Touristinnen verschleppt und einer der Ehemänner von den Lösegeldpiraten erschossen. Das Atalanta-Mandatsgebiet ist flächenmäßig übrigens ähnlich ambitioniert: Es erstreckt sich nach Osten zwar nur bis zum Ras al-Hadd, dem östlichsten Punkt des Omans, und reicht im Süden bis an die Küste Mosambiks. Wer Piraten bekämpfen will, muss eben dort hinfahren, wo sie das Meer unsicher machen, und die somalischen Freibeuter und ihre jemenitischen Arbeitskollegen haben einen erstaunlichen Aktionsradius.

Die gleiche Argumentation kann man leicht auf alle Landgebiete Ostafrikas übertragen, die vom Enduring-Freedom-Einsatz erfasst werden. Al-Qaida und ihre Ableger können sich überall dort festsetzen, wo nur schwache staatliche Strukturen existieren und sich örtliche Clans ein paar Dollar dazuverdienen wollen, jedoch nicht überblicken, worauf sie sich einlassen. Fasst man diese zwei Bedingungen zusammen, gibt es fast keinen Staat in Afrika, der sie nicht erfüllt.

In Kenia und Tansania wurden 1998 die amerikanischen Botschaften in die Luft gesprengt, über zweihundertzwanzig Menschen starben und mehrere Tausend wurden verletzt. Der islamistische Terror wurde dort nicht nur vermutet, er war für jedermann zu sehen. Die al-Shabab-Milizen aus Somalia schicken seitdem ihre Leute immer wieder nach Kenia. Für einen großen Wurf reichte es nicht mehr, dafür werden regelmäßig Anschläge mit Handgranaten oder anderen Sprengmitteln verübt; meist trifft es dabei nur die Viertel der Einheimischen. Eine wirkliche terroristische Gefahrenstimmung will durch solche Aktionen im Westen zwar nicht aufkommen, für die kenianische Regierung war im Herbst 2012 der Bogen allerdings überspannt: Sie schickte ihre Armee, um das Übel bei der Wurzel zu packen, und eroberte Teile Somalias von den Islamisten zurück.

War dieser Einmarsch völkerrechtlich gedeckt? Es gibt für die Kenianer weder ein Mandat der UNO, noch beteiligt sich die Armee an der Mission der Afrikanischen Union (AMISOM). Im Westen hat bisher niemand laut nach einer Legitimation gefragt, aber im Sinne der Gleichheit könnten Völkerrechtsschützer diese Frage durchaus stellen. Kenia ist offiziell Koalitionspartner von Enduring Freedom am Horn von Afrika, aber dieser Status beschränkt sich auf die logistische Unterstützung der internationalen Flotten:[19] Von Mombasa aus starten beispielsweise Seefernaufklärer, die internationalen Marinen können Kenias Häfen nutzen, und Überflugrechte werden gewährt. Der Einmarsch in Somalia läuft jedenfalls nicht unter Enduring Freedom, obwohl er es theoretisch tun könnte, da sich über achtzig Staaten an dieser fast globalen Operation beteiligen – warum dann nicht auch Kenia in Somalia? Offensichtlich aber reicht der Regierung in Nairobi ein viel simpleres Prinzip: Die Sicherheit des Landes wird bedroht, und um diese Bedrohung abzustellen, werden Streitkräfte geschickt. Kein Mandat, keine multinationale Operation, keine Zweifel. Es gilt das Verteidigungsrecht, nur dass dieses nach europäischer Auffassung ausschließlich vom Sicherheitsrat der Vereinten Nationen abgesegnet werden darf und die Kenianer sich diese Entscheidung selbst zutrauen.

Gegen wen aber verteidigt sich Kenia? Somalia hat den Krieg nicht eröffnet, jedenfalls nicht als Staat. Seit bald dreißig Jahren existiert dort nichts mehr, was diese Bezeichnung rechtfertigt. Es war einmal mehr eine Gruppe Aggressoren, die sich die Schwäche beziehungsweise Nichtexistenz eines Staates zunutze machte und ihren Kampf aus diesem sicheren Hafen heraus begann – wie Piraten und all die anderen islamistischen Terrorgruppen, die nach diesem Prinzip operieren. Die Kausalkette beginnt sich zu wiederholen, und das Völkerrecht kann auch in diesem Fall keine zufriedenstellenden Antworten geben. Genauso geht es in den anderen afrikanischen Ländern weiter, in denen die Combined Joint Task Force HOA operiert.

Die Operation Enduring Freedom ist tatsächlich das, was Friedensaktivisten und andere immer befürchtet haben: der grenzenlose Krieg. Die Legitimation der UNO für den Antiterrorkampf ist alles und nichts. Sie bietet einen immensen Spielraum für diejenigen, die ihn haben wollen, und nur wenige Zeilen für die Anhänger einer militärischen Zurückhaltung. Die Vereinigten Staaten sehen das *Jus ad bellum* auf ihrer Seite. Wenn dies aber nicht gerechtfertigt ist, wird auch die Trennung vom *Jus in bello* hinfällig, weil die Verantwortung für diese beiden Elemente des humanitären Völkerrechts in denselben Händen liegt. Der Soldat wird nicht für einen ungerechtfertigten Krieg, in dem er tötet, verantwortlich gemacht, sondern die Regierung. Wenn diese aber einen illegitimen Krieg führt und gleichzeitig die direkte Entscheidung für gezielte Tötungen trägt, wäre sie für beides zur Rechenschaft zu ziehen – jedenfalls in der Theorie.

Die Operation am Horn von Afrika deckt bereits eine Vielzahl von Ländern und Regionen ab. Sie ist aber nur eine von sieben Teiloperationen, die seit den Terroranschlägen in den USA unter dem Namen »andauernde Freiheit« begonnen wurden. Im Westen Afrikas schließt sich fast nahtlos die »Operation Enduring Freedom Trans Sahara« (OEF-TS) an. Mit ihr werden die nordwestlichen Länder des unruhigen Kontinents abgedeckt wie zum Beispiel Mali, wo die Bundeswehr Ausbildungskräfte und Transportflieger einsetzt. Die Operationen, die von der Joint Task Force Aztec Silence koordiniert werden, laufen nach dem gleichen Prinzip wie in Ostafrika ab: Das lokale Militär macht Jagd auf Terrorzellen und Rebellengruppen, und die westlichen Staaten unterstützen sie dabei mit Ausrüstung, Know-how und Spezialkräften. Die Feuerunterstützung wird selbstverständlich durch Drohnen bereitgestellt, die ab 2014 auch vom Niger aus starten. Der gesamte nördliche Sahara-Streifen von Mauretanien über Mali, den Niger bis hin zum Tschad wird von westlichen Geheimdiensten bereits seit einigen Jahren als neue Basis des internationalen islamistischen Terrors bewertet. Enduring Freedom ist eine erste Antwort auf diese Bedrohung. Ein viel weiter gehendes Engagement ist absehbar.

Auch auf den Philippinen gibt es seit 2002 einen Ausleger von Enduring Freedom. Im Süden des katholischen Inselstaats kämpfen US-Soldaten und philippinische Armee gegen islamistische Gruppen wie Abu Sayyaf, die den Deutschen erstmals durch das Entführungsdrama um die Göttinger Lehrerfamilie Wallert im Jahr 2000 bekannt wurde. Die OEF-Missionen in Georgien und Kirgisien wurden bereits 2004 beendet. In Georgien trainierten US-Spezialkräfte ihre georgischen Counterparts für den Kampf im Pankisi-Tal, wo sowohl die Regierung in Tiflis als auch Russland einen Unterschlupf für islamistische Kämpfer vermuteten. Kirgisien leistete wiederum in den ersten Jahren des Afghanistaneinsatzes logistische Unterstützung. Eine echte Besonderheit in der Gruppe der OEF-Missionen stellt seit 2008 Enduring Freedom Caribbean and Central America (OEF-CCA) dar. Sie ist die einzige Teiloperation unter dem großen OEF-Dach, die sich nicht gegen islamistische Terrorgruppen richtet. In einer Studie des Forschungsinstituts des amerikanischen Kongresses wird explizit festgestellt, dass al-Qaida und andere islamistische Gruppen keine direkten Verbindungen zur Neuen Welt haben.[20] Das Ziel in Lateinamerika, der Karibik und im Norden Südamerikas sind linksmilitante Gruppen wie die kolumbianische FARC. Ob sich der Antiterrorkampf auch gegen die übermächtigen Drogenkartelle Mittelamerikas richtet, ist nicht bekannt, wäre aber wenig überraschend.

Wer will entscheiden, ob der Antiterrorkrieg nur gegen die al-Qaida in Afghanistan legitimiert war oder es auch in anderen Ländern ist? Die Resolution 1368, auf die sich alles stützt, lässt einen viel zu großen Spielraum. Man kann kaum behaupten, dass auch der Sicherheitsrat am 12. September 2001 unter Schock stand und deswegen die Schleusen für einen globalen und endlosen Krieg geöffnet hat. Selbst Russland und China wagten es damals nicht, ihre übliche Vetopolitik fortzusetzen. Hätten sie es getan, wäre von der UNO nur eine leere Hülle übrig geblieben. Es ist wahr, dass der Text der Resolution 1368 viele der genannten Interventionen zulässt, vielleicht mit Ausnahme der Operationen in Mittel- und Südamerika. In vielen Ländern gibt es terroristische Zellen, die ihre Aggression gegen den Westen richten können.

Es ist allerdings nicht richtig, dass der Sicherheitsrat einen grenzenlosen Krieg legitimiert hat und seitdem nie wieder angerufen werden müsste. Niemand kann eine solche Legitimation der Organisation unterstellen, die in der Präambel ihrer Charta »fest entschlossen ist, künftige Geschlechter vor der Geisel des Krieges zu bewahren«. Nach über zehn Jahren müssten Interventionen neu verhandelt werden, wenn das oberste Weltgremium nicht völlig marginalisiert werden soll. Nicht überall dort, wo es Terroristen gibt, kann das Kriegsrecht gelten.

Krieg auf Einladung

Außerhalb der USA stehen viele der Operation Enduring Freedom mittlerweile kritisch bis ablehnend gegenüber. Mag Resolution 1368 noch so freizügig formuliert sein, so will man sie nicht verstanden wissen, und die Mehrheit der Staatengemeinschaft wird diesen Ansatz auf Dauer nicht akzeptieren. Wenn man also davon ausgeht, dass nicht die ganze Welt potentielles Kriegsgebiet auf Grundlage von Resolution 1368 werden kann, können gezielte Tötungen von Einzelpersonen zwei Grundsätze des Völkerrechts verletzen, die im Kriegszustand eben eingeschränkt werden: die Souveränität anderer Staaten und das Recht auf Leben.

Besonders die Verletzung der territorialen Integrität wurde im Falle von Osama bin Ladens Tötung kritisiert, wahrscheinlich jedoch zu Unrecht. Denn um das Territorium anderer Staaten bei militärischen Operationen nicht zu verletzen, hält das Völkerrecht eine weitere Option bereit, die wiederum direkt zu den Freiheiten des *Jus in bello* führt: die Beteiligung an einem Krieg auf Einladung einer Regierung.

Das Prinzip ist recht einfach und kann beispielsweise auch für die Tötung Anwar al-Awlakis im Jemen in Anspruch genommen werden. Wenn die Auseinandersetzungen zwischen der jemenitischen Regierung und dem al-Qaida-Ableger Arabian Peninsula (AQAP)[21] die Schwelle zum nichtstaatlichen bewaffneten Konflikt überschritten haben, können ausländische, in diesem Fall amerikanische, Streitkräfte mit Genehmigung der dortigen Regierung in die Kämpfe eingreifen. Offiziell leisten die Streitkräfte der USA dem Jemen also Beistandshilfe in ihrem Kampf gegen Aufständische. Wird eine solche Variante der Militärhilfe vereinbart, gelten die Bestimmungen des humanitären Völkerrechts: Tötungen von feindlichen Kämpfern sind dann grundsätzlich autorisiert, wenn keine anderen Restriktionen, beispielsweise die Zahl ziviler Opfer möglichst gering zu halten, verletzt werden.

Die USA und der Jemen arbeiten seit vielen Jahren in militärischen Bereichen zusammen. Insbesondere nach dem Anschlag auf den Zerstörer USS Cole im August 2000 im Hafen von Aden

gestand die Regierung in Sanaa den amerikanischen Sicherheitsbehörden weitreichende Konzessionen zu, um die verantwortlichen Terrorzellen zu bekämpfen. Ob dies freiwillig oder eher auf
Druck Washingtons geschah, ist schwer zu sagen. In diesem Fall
profitierten beide Staaten davon, weil auch die Regierung des
damaligen Präsidenten Ali Abdullah Saleh durch Aufständische
und Terroristen ihre Macht bedroht sah. Insofern spricht vieles
für eine freiwillige Kooperation beider Seiten.

Aber natürlich üben Staaten, welche diese Möglichkeit haben, Druck aus, um ihre politischen Ziele zu erreichen. Möchte
man nicht von »Druck« reden, verwendet man meist das Wort
»Diplomatie«, doch gemeint ist dasselbe. Kritik an dieser Stelle
anzusetzen wäre denkbar, aber naiv, zumal bei anderer Gelegenheit vehement für ebenjenen »diplomatischen Druck« gestritten
wird, anstatt sofort das Militär zu schicken. Es ist ein offenes
Geheimnis, dass Zustimmungen vielerlei Art in den internationalen Beziehungen über finanzielle Anreize oder Kooperationen
auf anderen Gebieten abgetrotzt werden. »Druck« auf eine Regierung folgt dem gleichen Prinzip, nur dass dann gedroht wird,
Anreize und Kooperationen zu entziehen. Übrigens: Auch die
Bundeswehr kämpft in Afghanistan auf »Einladung« der Regierung von Präsident Karzai. Dieser wurde 2001 auf der Konferenz auf dem Bonner Petersberg in sein Amt gehoben und ist bis
heute zu fast 100 Prozent von den finanziellen und militärischen
Mitteln seiner »Gäste« abhängig. Wie unabhängig kann diese
Einladung sein?

Ein nicht von der Hand zu weisender Kritikpunkt ist die Legitimation einer Regierung, die eine Genehmigung zu einer militärischen Intervention in ihrem Land erteilt. Im Fall der jemenitischen Regierung gibt es keine völkerrechtlichen Zweifel: Ihre
Kooperation mit der amerikanischen Regierung zur Aufstandsbekämpfung im eigenen Land ist rechtens, auch wenn es sich um
ein autoritäres Einparteiensystem handelt, das keine echte Opposition oder Pressefreiheit zulässt. Das Völkerrecht verlangt
keine Westminster-Demokratie, um solche Genehmigungen zu
erteilen. Damit ist der Umweg über eine Interventionseinladung

auch in den vielen afrikanischen und asiatischen Staaten juristisch gedeckt, in denen unter dem Namen Enduring Freedom operiert wird. Moralisch einwandfrei ist dies natürlich nicht. Rein juristisch ist der Krieg auf Einladung sogar ein Instrument, um den Sicherheitsrat der UNO völlig zu umgehen: Wenn ein Staat eine interne Rebellion bekämpft, die durch ihre Intensität als nichtinternationaler Konflikt zählt, können andere Staaten immer Unterstützungsleistung geben – ein Bürgerkrieg und eine Einladung zum Mitmachen reichen aus.

Das Heidelberger Institut für Konfliktforschung legt jedes Jahr ein »Konfliktbarometer« vor, in dem die Kriege der Welt nach Intensitätsstufen unterteilt werden. 2011 zählte das Institut zwanzig Kriege der höchsten Kategorie.[22] Alle Länder, in denen amerikanische Drohneneinsätze gegen terroristische Ziele geflogen werden, waren Kriegsgebiete dieser Stufe: Afghanistan, Somalia und der Jemen zählten dazu. Aber auch Pakistan, wo Präsident Obama seine Predators und Reapers zu Hochzeiten fast jeden Tag aufsteigen ließ, wertet das Institut als handfesten Krieg. Ob die amerikanischen Streitkräfte das Recht haben beziehungsweise die Genehmigung Pakistans, dort einzugreifen, ist eine andere Frage. Dass es sich aber um einen nichtinternationalen bewaffneten Konflikt nach völkerrechtlichen Kriterien handelt, ist sicher, da selbst die pakistanische Armee bereits viele Tausend Soldaten im Kampf in den Westprovinzen verloren hat. Sollte es also eine pakistanische Erlaubnis zum Drohneneinsatz gegen Taliban- und al-Qaida-Führer geben, wäre der amerikanische Einsatz auch auf diesem Wege völkerrechtlich gedeckt. Ein geheimes Abkommen, das vordergründig dementiert wird, ist dabei genauso wirksam wie eine offene Kooperation. Eine amerikanische Drohnenbasis, die lange von der CIA auf pakistanischem Boden unterhalten wurde, liefert im Grunde den Beweis für einen »Krieg auf Einladung«.

Ein militärisches Bündnis, auch wenn es nur auf Zeit vereinbart wurde, öffnet die Tür zu fremdem Territorium, um dort militärisch zu operieren. Um jedoch dort Personen gezielt töten zu dürfen, müssen diese tatsächlich am Konflikt in jenem Staat beteilt sein, der um militärischen Beistand bittet. In Westpakistan erfüllen die Führungskader der Taliban, des Haqqani-Netzwerks und anderer Rebellengruppen sicherlich diese Bedingung: Sie kämpfen sowohl gegen die Regierung in Islamabad als auch gegen die NATO-Truppen in Afghanistan. Um aber die Tötung Osama bin Ladens über eine solche Vereinbarung zu rechtfertigen, muss er Konfliktpartei im innerpakistanischen Kampf gewesen sein, sozusagen ein primärer Feind Pakistans. Dafür gibt es weder Belege, noch sprechen die Umstände seines Wirkens und letztlich seines Unterschlupfes in Abbottabad dafür. Die gleiche Frage stellt sich bei der Tötung Anwar al-Awlakis im Jemen: War der Islamist ein primärer Feind der jemenitischen Regierung? Ohne Einsicht in Geheimunterlagen ist diese Frage nicht zu beantworten.

Eine Einladung zum Antiterrorkampf funktioniert völkerrechtlich nur, wenn es sich um eine echte Kooperation zwischen zwei Staaten handelt. Aufständische oder Terroristen müssen Kämpfer in einem nichtinternationalen bewaffneten Konflikt vor Ort sein, nur dann darf auch die unterstützende Militärmacht töten. Haben die Zielpersonen jedoch gar nichts mit dem inneren Konflikt des Landes zu tun und verstecken sich lediglich dort, legitimiert die Genehmigung zum Betreten des Territoriums mit Streitkräften nicht die gezielte Tötung der betreffenden Person. Der Kombattantenstatus einzelner Personen kann zwar durchaus über eine Landesgrenze hinausgehen wie im Fall Afghanistans und Pakistans, einen kontinentübergreifenden oder gar weltweiten Kombattantenstatus gibt es jedoch nicht, auch wenn die USA bis heute so argumentieren. Wenn also Awlaki nicht Teil des jemenitischen Bürgerkriegs war, hat seine Tötung zwar nicht die Souveränität des Jemen verletzt, könnte aber gegen die allgemeinen Menschenrechte verstoßen haben.

Das Recht auf Leben gilt für Nichtkombattanten uneingeschränkt, egal was sie getan haben. Wenn dem so ist, muss Männern wie Awlaki auf anderem Wege das Handwerk gelegt werden. Dem Treiben solcher Menschen einfach zuzusehen, ist jedenfalls keine Option. Darüber besteht sicher Einigkeit.

Zwischen Krieg und Strafverfolgung

Wer war Osama bin Laden? Diese Frage ist nicht in einem Satz zu beantworten. In einigen Jahren werden sich die ersten Historiker dazu äußern und sein Leben und seine Rolle innerhalb der al-Qaida auf vielen Seiten darstellen. Vermutlich wird es dann eine akademisch-mediale Auseinandersetzung geben, gefolgt von anderen Perspektiven in weiteren Veröffentlichungen. Irgendwo dazwischen wird sich eine Fülle von mehr oder weniger wichtigen Erkenntnissen zu einem Gesamtbild fügen, das den Mann, der einmal der meistgesuchte Mensch der Welt war, charakterisiert. Ob einem der Autoren ein »Standardwerk« gelingen wird, ist jetzt nicht abzusehen. Ein solches Prädikat hängt nicht nur vom Können des Schreibenden ab, sondern auch von der geschichtlichen Bedeutung der Figur, um die es geht.

Osama bin Laden wird es wahrscheinlich nicht ganz in die Liga der »ewigen Namen« schaffen. Seinem Lebensentwurf fehlt die Inszenierung des eigenen Untergangs. Die jahrelange Flucht durch Höhlen und Bergdörfer widerspricht zu sehr seinem eigenen Anspruch. Von seinen Anhängern verlangte er, »den Tod mehr zu lieben als das Leben«.[23] Er selbst zog aber ein Matratzenlager auf dem Boden eines kargen Hauses dem Märtyrertod vor – bis er eines Nachts dort von amerikanischen Soldaten getötet wurde. Sein Ende reicht nicht zum Mythos – wahrscheinlich nicht einmal in der islamischen Welt. Vielleicht erklären sich so die eher schwachen Reaktionen seiner Terrorjünger auf seinen Tod. Rache sieht anders aus.

Bis zu seiner Tötung war die Antwort auf die Frage, wer Osama bin Laden war, wesentlich einfacher, denn sie war politisch. In Amerika war er der »most wanted enemy«, der Staatsfeind Nummer eins. Der Begriff war nicht zufällig gewählt, denn das Wort »Feind« assoziiert bereits, wie man mit einem solchen umzugehen gedenkt. Feinde werden bekämpft, zur Not mit allen Mitteln. George W. Bush zählte diese in seiner Rede vor dem Kongress am 20. September 2001 ganz klar auf: Die USA würden »alle Mittel der Diplomatie, alle Mittel der Geheimdienste, alle polizeilichen Instrumente, alle Möglichkeiten der finanziellen Einflussnahme und alle erforderlichen Waffen des Krieges« einsetzen, um das »globale Terrornetzwerk zu zerschlagen«, kündigte er unter dem tosenden Beifall der Abgeordneten an.[24] Der US-Präsident hielt Wort, und sein Nachfolger macht es bis heute genauso, wenngleich mit etwas leiseren Tönen. Das Wort Feind wird im offiziellen Sprachgebrauch vieler Gesellschaften nur in einem einzigen Kontext benutzt: im Krieg. Für die Vereinigten Staaten war schon am Abend des 11. September 2001 klar, dass sie sich bei der Suche nach den Angreifern nicht auf einen internationalen Haftbefehl beschränken würden. Die Antwort auf die schwerste Attacke gegen Zivilisten in der Geschichte der USA konnte nur Krieg sein.

In Deutschland ist der Begriff »Feind« im Zusammenhang mit den Terroristen der al-Qaida nie gefallen. Es gibt keine einzige offizielle Verlautbarung, weder von einer der Regierungen seit 2001 noch von den großen Medien oder aus dem Kreis der sicherheitspolitischen Analysten, in der festgestellt worden wäre, dass Osama bin Laden ein Feind Deutschlands war oder, in einem mehr pathetischen Sinne, ein Feind der Freiheit. Zum einen sehen viele den islamistischen Terrorismus bis heute als amerikanisches Problem an, zum anderen stört der ganze Begriff. Das Wort »Feind« wird in Deutschland allenfalls noch im übertragenen Sinn gebraucht, um dessen eindringliche Wirkung zu nutzen, aber in Zeiten, da selbst das Wort »Konkurrent« durch »Mitbewerber« ersetzt wurde, wirkt »Feind« wie aus der Zeit gefallen. Ein paar deutsche Soldaten, die in Nordafghanistan Dienst taten, sprechen freilich noch von Feinden, weil sie ihnen gegenüberstanden. Diejenigen aber, die den Einsatz verantworten oder medial begleiten, würden dieses Wort nie in den Mund nehmen – Deutschland hat offiziell seit 1990 keine Feinde mehr.

Für die Führungsriege der al-Qaida und anderer islamistischer Terrorgruppen hat sich in der Bundesrepublik indes ein anderes Wort durchgesetzt: »Verbrecher«. Sachlich kann es gegen diese Bezeichnung keine Einwände geben. Wer könnte behaupten, dass es sich bei bin Laden, Awlaki und anderen al-Qaida-Leuten nicht um Verbrecher handelte? Hinter diesem Wort steckt jedoch mehr als nur eine sachlich korrekte Titulierung: Es enthält auch eine Botschaft. Aus demselben Grund, der amerikanische Politiker und Medienleute von Feinden sprechen lässt, bezeichnen ihre deutschen Kollegen islamistische Terroristen als Verbrecher. Das Wort gibt eine Handlungsrichtung vor: »Verbrecher« klingt scharf genug, um sich eindeutig gegen diese Gruppen zu positionieren, es spricht den Betreffenden die Legitimation ihres Handelns ab und steht dabei in direkter Opposition zur amerikanischen Einordnung von global operierenden Terroristen und den juristischen Rahmenbedingungen des Kampfes. Verbrecher werden eben nicht durch das Militär gejagt, sondern durch die Polizei, und einer zivilen Gerichtsbarkeit zugeführt. Setzen sich Verbrecher ins Ausland ab, ist das kein Grund, mit Streitkräften zu intervenieren, denn es stehen diplomatische und geheimdienstliche Mittel zur Verfügung. Der Einsatz von Soldaten zur Verbrecherjagd ist in Deutschland aber nach allgemeinem Verständnis ausgeschlossen. Genau darauf zielt die Verwendung des Worts »Verbrecher« für international operierende Terroristen ab, denn Verbrecher rechtfertigen keine Kriege. Wenn es aber keinen Krieg gibt, gibt es auch keine Kombattanten. Und ohne Kombattanten kann es keine gezielten Tötungen nach humanitärem Völkerrecht geben. Krieg oder Strafverfolgung – das sind die gegensätzlichen Positionen.

Die Mittel des Strafrechts unterscheiden sich fundamental von denen des humanitären Völkerrechts. Im Krieg ist das Töten des Gegners ein legitimes Mittel, um das politische Ziel zu erreichen. Es muss zurückhaltend und verhältnismäßig eingesetzt werden, aber keineswegs nur in Ausnahmefällen. Vor dem Töten des Feindes müssen weder Warnungen ergehen, noch muss nach milderen Mitteln gesucht werden. Es bedarf auch keiner richterlichen Genehmigung, bevor der Schuss bricht. Im Strafrecht hingegen geht es niemals darum, Personen zu töten; Verbrecher sollen verhaftet werden, um sie einem ordentlichen Gericht zuzuführen. Wer international agierende Terroristen also als Straftäter behandeln will und nicht als feindliche Kombattanten, kann folgerichtig nur die Polizei schicken und nicht das Militär. Für Gegner des gezielten Tötens ist genau das die richtige Alternative: festnehmen statt umbringen. Indem die Täter zu Verbrechern erklärt werden, wertet man allerdings auch ihre Taten als Delikte und nicht als einen kriegerischen Angriff. Diese Definition ist möglich, widerspricht jedoch der Auffassung der Vereinten Nationen und ihrer Resolution vom 12. September 2001. Aber deswegen muss sie noch lange nicht falsch sein.

Bis zu diesem Tag wurde Terrorismus rund um den Globus traditionell als Verbrechen gewertet und nicht als Kriegshandlung, allein schon um den Tätern ihre Legitimation zu entziehen. Anschläge richteten sich über Jahrhunderte meist gegen Einzelpersonen und wurden in vielen Fällen auch von Einzeltätern geplant und durchgeführt. Selbst wenn es sich um Gruppen handelte, kamen die Täter meist aus der Mitte der eigenen Gesellschaft, so dass die Kategorie Krieg allein deshalb nicht anwendbar war.

Das einzige Mal, dass ein Staat auf einen Terroranschlag direkt mit Krieg reagierte, war am 28. Juli 1914, doch diente diese Tat lediglich als Vorwand. Genau einen Monat zuvor hatte eine Gruppe serbisch-nationaler Verschwörer aus Bosnien einen Anschlag auf den österreichischen Thronfolger in Sarajevo verübt: Ein Mann namens Gavrilo Princip hatte Erzherzog Franz Ferdinand und seine Frau Sophie in ihrem offenen Wagen erschossen. Bis heute ist nicht klar, ob Princip und seine Unterstützer aus eigenem Antrieb gehandelt hatten oder vom serbischen Geheimdienst unterstützt worden waren.[25] Seit Jahren hatte es zwischen den beiden Staaten Spannungen aufgrund von Gebietsansprüchen gegeben. Die Habsburgermonarchie hatte sich 1908 Bosnien und die Herzegowina einverleibt, was den panslawistischen Expansionsplänen Serbiens im Weg stand. Eine Unterstützung serbisch-nationalistischer Vereinigungen für die Attentäter gilt unter Historikern heute als sicher, auch über die wohlwollende Haltung von serbischen Behörden gibt es keine Zweifel. Heute würde man von einem »safe haven« sprechen, der den Untergrundorganisationen zur Verfügung gestellt wurde. Ob die Regierung von Belgrad aber direkt an den Attentatsplänen beteiligt war, konnte nie bewiesen werden. Die Tat löste die sogenannte Julikrise aus: Zwischen den Hauptstädten des alten Europas liefen die Drähte heiß, um die explosive Lage zu entschärfen und um Allianzen zu schmieden, am Ende aber scheiterten alle Versuche der Deeskalation. Die Regierung in Wien wollte den Krieg schon seit langem, um die Position des Vielvölkerstaats auf dem Balkan zu stärken, und so bot das Attentat willkommenen Anlass, um »Serbien eine Lektion zu erteilen«.[26]

Die Kriegserklärung Wiens an Serbien als Reaktion auf den Anschlag in Sarajevo stand deshalb nur vordergründig in Zusammenhang, denn die österreichischen Behörden hatten so gut wie alle Möglichkeiten, den Anschlag mit den Mitteln des Strafrechts zu behandeln. Und das taten sie bis zum Ausbruch des Krieges auch: Die Justiz sicherte sich vollen Zugriff auf die Verschwörer, die übrigens alle Staatsbürger des eigenen Reichs waren. Sie wurden von ordentlichen Gerichten verurteilt und damit eindeutig als Verbrecher definiert. Darüber hinaus distanzierte sich die serbische Regierung deutlich von einer Beteiligung am Attentat. Belgrad ging sogar größtenteils auf die sehr weitreichenden Forderungen der Österreicher ein. Einer umfassenden zwischenstaatlichen Kooperation, um die Hintermänner des Anschlags und die Unterstützerszene zu verfolgen, stand eigentlich nichts im Weg. Österreich hätte damit sogar grenzüberschreitend bei einer strafrechtlichen Verfolgung des Anschlags bleiben können. Doch die Wiener Hofburg wendete Strafrecht und Kriegsrecht getrennt voneinander an. Die fatale Fehleinschätzung, den Feldzug auf den Balkan begrenzen zu können, führte in die Urkatastrophe des 20. Jahrhunderts. Wenige Wochen nach dem Mord in Sarajevo befanden sich die Völker Europas auf den Schlachtbänken des Ersten Weltkriegs.

Die Ereignisse und Reaktionen um die Ermordung des österreichischen Thronfolgers kommen einem aus jüngerer Vergangenheit erstaunlich bekannt vor: organisierte Gruppen, die eine Großmacht attackieren; ein kleinerer Staat, der das Treiben im Untergrund duldet; ein Ultimatum, das so rigoros ist, dass es nicht erfüllt werden kann; und schließlich der Wille zum Krieg. Historische Vergleiche müssen nicht immer zu richtigen Schlüssen in der Gegenwart führen, aber manchmal helfen sie, den Blickwinkel auf politische Entscheidungen zu erweitern. Dass die Kriegserklärung Österreichs an Serbien eine Fehlentscheidung war, ist spätestens seit 1918 bekannt. Hätte die Wiener Regierung am Vorabend des Ersten Weltkrieges die Folgen ihrer Politik auch nur erahnt, hätte sie es sicherlich bei der Strafverfolgung der Attentäter belassen.

Dennoch war die Ermordung eines Thronfolgers keine Lappalie, auf die man damals mit vornehmer Besonnenheit reagierte; das würden sich auch heutige Staaten nicht erlauben können. Als der amerikanische Botschafter in Libyen Christopher Stevens erschossen wurde, entsandte die US-Regierung eine Kompanie Marineinfanteristen und ein CIA-Team, das die Schuldigen aufspüren und bekämpfen sollte. Das ist natürlich wieder ein amerikanisches Beispiel, aber wenn die blutige Leiche eines deutschen Botschafters in den Abendnachrichten auftauchen würde, getötet von einer Terrorgruppe im Gastland, wäre die Bundesregierung ebenfalls gezwungen, Maßnahmen zu ergreifen, die über eine »gründliche Untersuchung des Vorfalls« hinausgingen. Man würde selbstverständlich zwischen der Gruppe und dem Staat unterscheiden, so wie es auch die USA tun. Sollte sich aber herausstellen, dass eine fremde Regierung ihre Finger mit im Spiel hatte, könnte es die Bundesrepublik nicht einfach auf sich beruhen lassen. Es gäbe deswegen sicherlich keine militärische Großintervention, aber der Bundesnachrichtendienst und das Bundeskriminalamt würden ebenfalls nach den Hintermännern des Anschlags fahnden – auch ohne Genehmigung des Gastlandes. Was aber, wenn die zivilen Ermittlungsbehörden nicht an die Planer eines solchen Angriffs herankämen oder diese aufgrund der Sicherheitslage an ihre Grenzen stießen: Würde Deutschland aufgeben oder ebenfalls Soldaten entsenden? Eine militärische Antwort könnte es sicherlich nur geben, wenn alle zivilen Mittel ausgeschöpft wären. Dann aber müsste sich auch die Bundesrepublik bekennen.

Die Gefahrenabwehr und die strafrechtliche Ahndung sind das eine. Eine entschiedene Machtdemonstration aus außen- oder innenpolitischen Gründen spielt dabei eine andere wichtige Rolle. Dies als bloße Symbolik abzutun, ist falsch, denn zumindest ginge es um Abschreckung möglicher Nachahmer. Anfang des 20. Jahrhunderts wurde noch sehr ausgeprägt in Kategorien der Ehre gedacht. Die des Kaisers in Wien und seines Reichs waren verletzt, einmal abgesehen davon, dass sein Neffe erschossen worden war. Aus heutiger Sicht mag das unverantwortlich erscheinen, besonders in Anbetracht der Tatsache, dass es sich de facto um die Ehre einer kleinen Elite handelte, die aber viele andere mit dem Tod auf dem Schlachtfeld bezahlen mussten. Ersetzt man das Wort »Ehre« aber durch »Machtdemonstration«, klingt der Sachverhalt nicht mehr ganz so antiquiert und wird zu einem notwendigen Schritt der internationalen Politik, den auch heutige Staaten manchmal gehen müssen. Ob sie dabei das Kriegsrecht oder das Strafrecht anwenden, hängt von mehreren Faktoren ab.

Seit 9/11 behandeln die USA alle Terroristen, die dem Netzwerk der al-Qaida zugeordnet werden, als Kombattanten und entscheiden sich damit für die Anwendung des Kriegsrechts statt des Strafrechts. Ob das völkerrechtlich zulässig ist, bleibt umstritten. Dass die Vereinigten Staaten den gefangenen Terrorverdächtigen jedoch die einhergehenden Kombattantenrechte verweigerten und sie nach Guantánamo verbrachten, hat die amerikanische Position enorm geschwächt – wenn Kriegsrecht, dann nur mit Kriegsgefangenenstatus. Ein bestimmender Grund für die Entscheidung, das Kriegsrecht als Rahmen für den Kampf gegen den Terror zu wählen, ist sicherlich die Intensität der mörderischen Attacken auf New York und Washington sowie der feste Wille, alle zur Verfügung stehenden Mittel einzusetzen, um eine Wiederholung dieser Tragödie unter allen Umständen zu verhindern. Kritik an dieser Haltung ist berechtigt. Das nationale Trauma der USA, das anderen Nationen in dieser Form bisher erspart blieb, ist allerdings ebenfalls ein verständlicher Teil dieser Haltung.

Law Enforcement und der finale Rettungsschuss

Der Krieg als Rahmen zur Terroristenbekämpfung kann nicht überall das Mittel der Wahl sein, weil er zu viele Schranken öffnet. Wie aber könnte eine Alternative gegen diese unbestreitbare Gefahr aussehen, die ausschließlich mit den Möglichkeiten des Strafrechts durchgeführt wird? Um einen ersten Überblick über die zur Verfügung stehenden Mittel und rechtlichen Befugnisse zu erlangen, bietet die heimische Gesetzgebung Orientierung. Im Falle Deutschlands wären dies also die innerstaatlichen Rechtskataloge wie das Grundgesetz, das Strafgesetzbuch oder die Polizeigesetze der Länder. Was durch sie gestattet ist, kann grundsätzlich auch zur Strafverfolgung im Ausland eingesetzt werden, und auch bei militärischen Operationen deutscher Soldaten hat die deutsche Rechtsordnung weiterhin Bestand.

Als 2011 während der vielen Kämpfe um Kundus ein weiteres Mal eine deutsche Patrouille angegriffen wurde und ein Schützenpanzer das Feuer erwiderte, wurde aus einer Hauswand ein Stein herausgeschossen und traf eine Afghanin tödlich am Kopf. Wie Dutzende andere Fälle zuvor wurde auch dieser vor einem deutschen Gericht nach den Maßstäben einer zivilen Friedensgesellschaft verhandelt. Da die zivilen Strafgesetze die Grundlage der Aufstandsbekämpfung in Nordafghanistan bilden, macht es keinen Unterschied, ob ein Soldat jemanden während des Kampfes mit Taliban tötet oder durch Unachtsamkeit im Straßenverkehr auf der A1 bei Bremen: Es wird gleichermaßen Anklage wegen fahrlässiger Tötung erhoben, und zwar vom jeweiligen Gericht am Wohnsitz des Soldaten. Das gleiche Prinzip würde natürlich auch bei der strafrechtlichen Terrorbekämpfung gelten, wenn die deutsche Gesetzgebung nicht auf die besonderen Verhältnisse angepasst würde.

Wenn aufgrund mangelnder einheitlicher internationaler Regeln die jeweiligen nationalen Gesetze als Grundlage zur Verbrechensbekämpfung im Ausland dienen, kann es in der Praxis zu erheblichen Differenzen kommen. Der Verweis auf deutsche

Rechtsnormen ist daher relativ ungeeignet, um das Vorgehen anderer Staaten zu kritisieren. Sogenannte »rechtsstaatliche Prinzipien« definieren sich zwar nach einem allgemeinen Standard, weichen in den Details jedoch deutlich voneinander ab. Man sollte nicht den Fehler begehen, das deutsche Rechtsverständnis auf die gesamte Welt zu übertragen, auch wenn man es für das beste aller Zeiten hielte.

Darüber hinaus werden die Maßnahmen, welche die jeweiligen nationalen Gesetze billigen, bei der Strafverfolgung im Ausland erweitert; das gilt auch für die Bundesrepublik. Der Einsatz von Agenten der Nachrichtendienste beispielsweise, aber auch die Unterstützung durch Streitkräfte bei der Strafverfolgung unterliegen im Inland starken Beschränkungen. Im Ausland sind diese Mittel jedoch häufig die einzige Möglichkeit, um überhaupt strafrechtlich operieren zu können.

Für die Summe dieser Mittel hat sich im deutschen Sprachgebrauch bisher kein eindeutiger Begriff etabliert, was auch damit zu tun haben könnte, dass die Bundesrepublik mit dieser Form der Außenpolitik bisher kaum in Berührung gekommen ist. International spricht man von »Law Enforcement«, was man etwas umständlich mit »internationaler Rechtsdurchsetzung« übersetzen könnte. Unter Law Enforcement fallen alle Maßnahmen eines Staates, um zu Hause und im Ausland den Schutz seiner Bevölkerung und deren Güter sicherzustellen und um gegen Straftäter vorzugehen, die sich außerhalb des eigenen Hoheitsgebiets aufhalten. Der englische Begriff fasst ausdrücklich alle strafrechtlichen Maßnahmen im In- und Ausland zusammen. Da die Frage, wie mit Straftätern – ob Terroristen oder anderen – im Inland umzugehen ist, hier nicht behandelt wird, ist es sinnvoll, den Begriff Law Enforcement ausschließlich für die Rechtsdurchsetzung im Ausland zu verwenden. Wer den Einsatz des Militärs zur weltweiten Terroristenjagd also für ein falsches Mittel hält, sollte sich mit dem Thema Law Enforcement als Alternative befassen.

Das Völkerrecht behandelt den gesamten Komplex Law Enforcement nicht. Es gibt einen Verhaltenskodex für den Einsatz von Polizeibeamten der UNO aus dem Jahr 1979. Inhaltlich hat dieser Beschluss jedoch nichts mit den Herausforderungen eines international operierenden Terrorismus zu tun und entfaltet darüber hinaus keine völkerrechtliche Bindung. Für Law Enforcement im heutigen Sinne gilt einmal mehr das Gewohnheitsrecht, und dessen Interpretationsspielraum wird, wie auch beim internationalen Recht im bewaffneten Konflikt, immer wieder für Uneinigkeit zwischen den Nationen sorgen.

Law Enforcement besteht grundsätzlich aus zwei Bereichen, die beim Einsatz von staatlichen Maßnahmen gegen Verbrecher im Ausland unbedingt getrennt voneinander betrachtet werden müssen: erstens der Verfolgung von Straftätern nach einem verübten Verbrechen und zweitens der Gefahrenabwehr durch Personen, die gerade dabei sind, ihr Verbrechen zu begehen. Diese zwei Bereiche bilden auch im Innern den Kernauftrag jedes Rechtsstaats – und der macht im Fall des internationalen Terrorismus nicht an der Landesgrenze halt. Die Trennung der beiden Bereiche bezieht sich vor allem auf die Wahl der Mittel: Ein Verbrecher auf der Flucht im Ausland, der lediglich vor Gericht gestellt werden soll, kann verfolgt und festgenommen werden. Dies macht den Einsatz von Gewalt unumgänglich, da Gewalt schon dann beginnt, wenn jemand gegen seinen Willen verhaftet und ausgeliefert wird. Geht von einer Person jedoch eine Bedrohung für die Sicherheit eigener Staatsbürger oder gar für die eines ganzen Landes aus, erweitert sich der Handlungsspielraum des Law Enforcement erheblich: Bei Gefahr im Verzug ist es übliche Staatenpraxis, auch tödliche Gewalt gegen Personen anzuwenden, die nicht in Zusammenhang mit einem bewaffneten Konflikt stehen, also eigentlich »geschützte Personen« sind. Das kann bis hin zur gezielten Tötung eines Verdächtigen gehen.

Der Unterschied zwischen den Mitteln des Law Enforcement und des Krieges liegt in der Verhältnismäßigkeit und in der Notwendigkeit, das angestrebte Ziel zu erreichen. Im bewaffneten Konflikt steht der Einsatz tödlicher Gewalt eben nicht an letzter Stelle des Spektrums möglicher Mittel gegen gegnerische Personen und Einrichtungen. Beim Law Enforcement tut es exakt das:

Erst wenn alle anderen Möglichkeiten ausgeschöpft wurden, um die Gefahr für das eigene Territorium oder die Staatsbürger auszuschalten, darf – entsprechend den Regeln für polizeiliche Einsätze – tödliche Gewalt eingesetzt werden. Um gegen Terroristen im Ausland vorzugehen, müssen Regierungen zunächst alle möglichen Optionen unterhalb der Schwelle zur Tötung ausschöpfen. Funktionierende Staaten können zur Festsetzung von Gesuchten kooperieren und diese im Rahmen eines Auslieferungsverfahrens der eigenen Justiz zuführen. Eine solche Kooperation kann durchaus durch die Entsendung eigener Sicherheitskräfte unterstützt werden, die entweder beratend zur Seite stehen oder sogar selbst aktiv werden. Dies setzt normalerweise das Einverständnis des jeweiligen Landes voraus.

Ein solches Vorgehen ist zwischen den meisten Staaten Routine und folgt einem verhandelbaren Verhaltenskodex. Die Befreiung der Landshut-Maschine in Mogadischu 1977 ist ein solches Beispiel. Fast immer, wenn deutsche Staatsbürger im Ausland Opfer von Entführungen oder politisch motivierten Gewalttaten werden, entsenden Bundeskriminalamt und Bundesnachrichtendienst ihre Spezialisten, um die dortigen Sicherheitskräfte zu unterstützen. Solche Operationen werden selten an die große Glocke gehängt, und doch sind sie Routine. Sowohl während der Entführung des ehemaligen Staatssekretärs im Auswärtigen Amt Jürgen Chrobog im Jemen 2005 wurde so verfahren wie auch während der Entführung mehrerer deutscher Sahara-Touristen in Algerien im Jahr 2003.

Law Enforcement muss sich dabei nicht zwingend auf Polizeikräfte, Diplomaten und Geheimdienstler beschränken, wie diese beiden Fälle zeigen. Reichen die Mittel der zivilen Beamten nicht aus, um die Lage in den Griff zu bekommen, kann das Militär diese Fähigkeitslücken schließen. Während der Algerien-Operation wurden beispielsweise deutsche Seefernaufklärungsflugzeuge des Typs Brequet Atlantic eingesetzt, um die Geiseln in den Schluchten des Nachbarlandes Mali zu orten, wohin sie verschleppt worden waren. Auch das verschwiegene Kommando Spezialkräfte war damals involviert.

Die Vorgehensweise und die Reihenfolge der Eskalationsstufen beim Law Enforcement lassen sich gut mit dem der Polizei im Inland vergleichen. Der Einsatz der Schusswaffe ist niemals Intention während eines Einsatzes gegen Verbrecher. Sie kommt nur in zwei Fällen zur Anwendung: zur Selbstverteidigung der Beamten und zur Verteidigung von Dritten, der sogenannten Nothilfe. Die Selbstverteidigung ist dabei die am wenigsten umstrittene Form der Gewalt. Wird ein Polizist während der Ausübung seines Dienstes angegriffen, ist er selbstverständlich befugt, den Angreifer mit seiner Waffe unschädlich zu machen. Er hat jedoch, anders als Soldaten in einem Krieg, kein Recht zu töten! Polizisten sind streng dazu angehalten, einen potentiellen Angreifer nur kampfunfähig zu machen. Dies geschieht in der Regel durch gezielte Schüsse in die Beine. Stirbt der Angreifer dabei, wird stets untersucht, ob der Schütze die gebotene Verhältnismäßigkeit missachtet hat.

Die Ausübung des hoheitlichen Dienstes der Polizei beschränkt sich jedoch nicht nur auf Routinekontrollen, bei denen irgendjemand durchdreht und einen Polizisten angreift. Auch der Zugriff auf eine bewaffnete und widerstandsbereite Person in einem Gebäude gehört dazu. In einem solchen Fall ist die Gewalt vorhersehbar, manchmal unumgänglich und die Gefahr, dass der Straftäter beim Einsatz der Polizei getötet wird, groß. Auch in so einem Fall ist tödliche Gewalt erlaubt, da sie lediglich ein unerwünschter Nebeneffekt ist und nicht das eigentliche Ziel. Beim Einsatz gegen Verbrecher im Ausland gilt das Gleiche: Der Zugriff auf eine gesuchte Person im Rahmen des Law Enforcement kann zu deren Tod führen, egal ob von ihr zu diesem Zeitpunkt eine Gefahr ausgeht oder sie nur wegen bereits vergangener Verbrechen festgenommen werden soll. Wurden vorher alle milderen Mittel versucht, gibt es rechtlich nichts zu beanstanden.

Die USA nahmen für den Zugriff auf Osama bin Laden das Kriegsrecht in Anspruch. In diesem Rahmen war seine Tötung legal und wäre es auch mit Hilfe einer Drohne gewesen. Ob die Operation Neptune's Spear jedoch auch unter den Bedingungen des Law Enforcement hätte stattfinden können, hängt von vielen

Wenns ab. Ein Einverständnis oder gar eine Kooperation der pakistanischen Regierung wäre nicht erforderlich gewesen, wenn diese den Erfolg gefährdet hätte, wovon auszugehen ist. Es gab auch keine zwingende Notwendigkeit, Polizeikräfte einzusetzen statt der Navy Seals, denn das Militär darf beim Law Enforcement unterstützend eingreifen. Es gibt keine Regel, nach der zunächst die Polizei versuchen müsste, der gesuchten Person habhaft zu werden, um irgendwann festzustellen, dass sie überfordert ist. Der Osama-Zugriff hätte also auch im Rahmen des Law Enforcement erfolgen können, wenn von ihm zu diesem Zeitpunkt eine aktuelle Bedrohung gegen die Vereinigten Staaten ausgegangen wäre und wenn alle »schonenderen« Mittel zu seiner Ergreifung nicht durchführbar gewesen wären und wenn die Soldaten nicht mit der Absicht ausgerückt wären, ihn zu töten, sondern festzunehmen. Besonders Letzteres wurde in Deutschland mehrheitlich angezweifelt und ein gutes Jahr später auch von einem ehemaligen Mitglied des Seal-Teams bestätigt.

Die Mittel des Law Enforcement gegen Terroristen im Ausland sind wesentlich strenger reglementiert als die des humanitären Völkerrechts. Eine Drohnenpolitik, wie sie die USA seit mehreren Jahren betreiben, lässt sich damit nicht rechtfertigen. Wegen der Häufigkeit und der Art der Durchführung handelt es sich eindeutig um eine institutionalisierte Praxis und nicht um eine Aneinanderreihung von Einzelfällen. Die Bedingungen, die das Law Enforcement vor den Einsatz tödlicher Gewalt stellt, können so niemals erfüllt werden. Gleichwohl lässt das Law Enforcement auch gezielte Tötungen von Einzelpersonen unter bestimmten Bedingungen zu. Bin Laden, Awlaki oder auch der Islamist Bünyamin E., Inhaber eines deutschen Passes und als solcher erstes Drohnenopfer mit deutscher Staatsangehörigkeit, hätten im Rahmen des Law Enforcement gezielt getötet werden dürfen – wenn ebendie aufgezählten Bedingungen gestimmt hätten!

Die deutschen Landespolizeigesetze bieten eine ganz ähnliche Möglichkeit, die als Ultima Ratio das Recht auf Leben auch ohne Kriegsrecht einschränkt: den finalen Rettungsschuss. Er wird in Deutschland in der Regel bei Geiselnahmen angewandt, wenn etwa ein bewaffneter Räuber seine Flucht mit einer Pistole am Kopf einer Geisel decken will. Wie bei allen anderen polizeilichen Maßnahmen ist zuvor eine Abwägung zu treffen, ob der offensichtliche Täter nicht durch andere Maßnahmen unschädlich gemacht werden kann. Kann er es nicht, ist die Polizei befugt, ihn mit einem »Schuss, der mit an Sicherheit grenzender Wahrscheinlichkeit tödlich wirken wird« zu stoppen.[27] Das Ziel ist nicht der Tod des Gangsters, sondern die Rettung der Geisel, die aber nur durch die gezielte Tötung eines Menschen erreicht werden kann. Um eine Person wirklich aus einer »gegenwärtigen Lebensgefahr oder der gegenwärtigen Gefahr einer schwerwiegenden Verletzung der körperlichen Unversehrtheit« zu befreien, gibt es beim finalen Rettungsschuss keine andere Möglichkeit, als das zentrale Nervensystem sofort auszuschalten.[28] Das ist das Tragische an diesem Paragraphen: Ein Scharfschütze der deutschen Polizei ist erst befugt zu schießen, wenn die Situation für eine Geisel so bedrohlich ist, dass ein Projektil im Oberschenkel nicht mehr ausreicht. Der Verbrecher muss im Schuss fallen, damit er möglichst nicht einmal mehr die Chance hat, reflexhaft den Abzug zu ziehen.

Es ist durchaus möglich, das Prinzip des finalen Rettungsschusses auf terroristische Bedrohungen aus dem Ausland zu übertragen. Vorab sei noch einmal deutlich gemacht, dass ein gewaltsames Vorgehen gegen Verbrecher im Ausland nur dann durch eigene Sicherheitskräfte durchgeführt werden darf und auch tödliche Gewalt nur dann notwendig ist, wenn die Sicherheitskräfte vor Ort nicht willens, nicht in der Lage oder nicht existent sind. Die Anzahl solcher Staaten ist nicht gering, aber immer noch so überschaubar, dass ein Law Enforcement unter Einsatz tödlicher Gewalt nur in Ausnahmefällen notwendig wird.

In vielen islamischen Ländern haben sich Gruppen und Untergruppen der al-Qaida und anderer Terrororganisationen festgesetzt. Es gibt sie im Maghreb und in Ägypten, in immer mehr Ländern Schwarzafrikas und natürlich in fast jedem Staat zwischen dem Suezkanal und der Molukkensee. Eine gewaltsame Intervention durch eigene Kräfte würde allerdings nur in den wenigsten Fällen notwendig werden. Man mag von den Regimen dieser Länder halten, was man will: In außen- und sicherheitspolitischen Belangen halten sie sich meistens an die üblichen Verfahren der zwischenstaatlichen Kooperation. Das Bombenattentat auf die Moschee im tunesischen Djerba, bei dem 2002 vierzehn deutsche und zwei französische Touristen ermordet wurden, stellte dies als eines von vielen Beispielen unter Beweis. Die tunesische Regierung ermöglichte deutschen und französischen Ermittlerteams umfangreichen Zugang zu ihrem Staatsgebiet und beteiligte sich selbst an der Verfolgung der Anschlagsplaner. Das Law Enforcement in dieser Causa funktionierte idealtypisch. Beim Terroranschlag von Djerba mussten weder Truppen intervenieren noch tödliche Gewalt eingesetzt werden. Die internationale Strafverfolgung funktionierte, und das ist der Normalfall.

Die Frage einer gezielten Tötung beim Law Enforcement stellt sich also nur, wenn all diese Mechanismen versagen. Und selbst wenn ein Staat, in dem sich gesuchte Verbrecher verstecken, nicht kooperieren will oder kann, gibt es noch weitere Handlungsoptionen unterhalb der Schwelle tödlicher Gewalt. Spezialkräfte der Polizei oder des Militärs können gesuchte Verbrecher gefangen nehmen und gegebenenfalls ohne Auslieferungsabkommen außer Landes schaffen.

Wie das geht, haben israelische Agenten des Mossad schon 1960 eindrucksvoll demonstriert, als sie den ehemaligen Leiter des Judenreferats im Reichssicherheitshauptamt und SS-Obersturmbannführer Adolf Eichmann aus Argentinien entführten. Zwar legte die damalige Regierung des Nazi-Aufnahmelandes Protest bei der UNO ein, und diese stellte in Resolution 138 auch fest, dass »ein Akt wie dieser [...] unvereinbar mit der Erhaltung des Friedens« sei, aber ernsthafte Konsequenzen gab es für Israel nicht.[29] Ganz ähnlich wie nach der Tötung Osama bin Ladens sorgten sich nach dem Mossad-Coup viele vor allem um die argentinische Souveränität und hinterfragten die Zuständigkeit der israelischen Justiz – anders als fünfzig Jahre später aber nicht nur in Deutschland. Der Welt des Jahres 1960 steckte noch die

Barbarei des letzten Krieges in den Knochen, und dem nächsten fühlte man sich schon verdammt nah. Eine internationale Ordnung nach einfachen, aber festen Regeln bot Hoffnung und Orientierung. Dass ein kleiner Staat sein Law Enforcement auch gegen den Willen anderer Mitglieder der Völkerfamilie durchsetzte, war unbekannt und deshalb ungewohnt. Die Tatsache, dass ein Staat wie Argentinien, der unter der Führung der heutigen Musical-Figur Juan Perón Dutzenden bis Hunderten NS-Funktionären und Faschisten aus ganz Europa die Tür geöffnet hatte, ignorierte man lieber. Das entsprach zum einen der Mentalität jener Zeit, und zum Zweiten war die internationale Politik vor allem darauf fixiert, Störungen im System zu vermeiden. Die langfristigen Folgen einer nicht durchgesetzten Strafverfolgung gegen Kriegsverbrecher und Massenmörder ignorierte man, oder man erkannte sie damals noch nicht. Gewohnheitsrecht braucht eben Gewöhnung.

Heute ist ein solches Vorgehen im Rahmen des Law Enforcement nichts Ungewöhnliches mehr. Staaten wird grundsätzlich das Recht zugestanden, unter bestimmten Voraussetzungen die territoriale Integrität anderer Länder zu verletzen. Geiselbefreiungen und Schutz eigener Staatsbürger sind die klassischen Szenarien, die Jagd auf gesuchte Verbrecher gehört aber ebenso dazu. Bei beiden kann es auch zum Waffeneinsatz kommen, allerdings immer nur im Rahmen einer unmittelbaren Verteidigung während der Operation.

Die völkerrechtliche Entwicklung bis dahin verlief schrittweise, aber stetig. Noch 1976, als wiederum ein israelisches Kommando eine entführte Passagiermaschine in Uganda gewaltsam befreite, reichten einige Staaten Beschwerde beim UN-Sicherheitsrat ein und verlangten eine Verurteilung Israels. Anders als sechzehn Jahre zuvor hatte sich das Gremium weiterentwickelt, so dass der Antrag mehrheitlich abgelehnt wurde. Die offensichtliche Absicht des sozialistischen Blockes, aus dem der Antrag kam, scheiterte, und auch die scharfe Verurteilung der Befreiungsaktion durch den damaligen österreichischen UNO-Generalsekretär Kurt Waldheim blieb letztlich wirkungslos.

Dass es heute an der Rechtmäßigkeit solcher Aktionen keinen Zweifel mehr gibt, belegen allein die Aufgabenbeschreibungen vieler Spezialeinheiten von Polizei und Armee. Das deutsche Kommando Spezialkräfte wurde 1994 genau für diesen Bereich des Law Enforcement aufgestellt. Es ist zuständig für das »Retten und Befreien deutscher Staatsbürger und/oder anderer Personen aus Gefangenschaft, Geiselnahme oder terroristischer Bedrohung im Ausland« sowie das »Festsetzen von Zielpersonen im Ausland, auch gegen deren Widerstand.«[30] Auch deutsche Einsatzkräfte sind dabei natürlich nicht auf die Genehmigung irgendeiner Junta oder eines Obristen angewiesen, der sich an die Staatsspitze geputscht hat. Ist die Lage für Deutsche im Ausland ernst, macht es die Bundesrepublik wie alle anderen verantwortungsbewussten Nationen und holt sie nach Hause. Der einzige Unterschied liegt darin, dass man nicht offen dazu stehen möchte.

Prävention und Ultima Ratio

Der Festnahme eines mutmaßlichen Verbrechers wird beim Law Enforcement nicht nur aus humanitären Gründen Vorrang gegeben, sie bietet zudem den politischen Vorteil, dass ein Fehler korrigiert werden kann. Bei der Tötung einer Person ist dies nicht mehr möglich. Der finale Rettungsschuss wird in Deutschland deshalb so eng wie nur irgend möglich an die »gegenwärtige Lebensgefahr« geknüpft. Das Bild eines Verbrechers, der seine Waffe an die Schläfe einer Geisel drückt, ist nicht nur sinnbildlich gemeint. Es ist genau die Situation, auf die ein Scharfschütze eines Sondereinsatzkommandos warten muss, um abdrücken zu dürfen. Bei einem Einsatz gegen einen Terroristen im Ausland ist diese vermeintliche Eindeutigkeit für den tödlichen Schuss nicht möglich: Täter und potentielle Opfer sind Tausende Kilometer voneinander getrennt, und die Gefahr geht meistens nicht einmal direkt von der betreffenden Person aus. Die potentiellen Opfer einer gezielten Tötung fungieren häufig als Planer oder Ideologen und schicken lieber andere zum Morden.

Durch diese fehlende Unmittelbarkeit der Gefahr entsteht ein immenses Legitimationsproblem für eine gezielte Tötung im Rahmen des Law Enforcement. Die zuständigen Behörden können diese im Vorfeld nur durch gründliche und langwierige Ermittlungen unter Nutzung aller technischen und operativen Möglichkeiten entschärfen, beseitigen lässt sie sich aber nicht. Denn die »gegenwärtige Lebensgefahr« für eigene Staatsbürger lässt sich bei terroristischer Bedrohung aus dem Ausland nicht so klar erkennen wie bei einer Geiselnahme in einer deutschen Innenstadt. Am Ende wird es deshalb das Bild mit dem Finger am Abzug, das die »gegenwärtige Gefahr« für die eigenen Staatsbürger anschaulich macht, nie geben. Und selbst die meisten Erkenntnisse, die zu einem solchen Entschluss führen, müssen geheim bleiben, um Ermittler und Ermittlungstechniken zu schützen.

Der Unterschied zwischen einer gezielten Tötung mittels finalem Rettungsschuss im Inland und einer gezielten Tötung im Ausland liegt zudem im Zeitabstand zur möglichen Tat. Beim Geiselgangster geht es um Sekunden, manchmal sogar um weniger. Bei einem Terrorplaner in den jemenitischen Bergen oder anderswo kann es Tage oder Wochen dauern, bis er tatsächlich zuschlägt, meist aber lässt sich der Tatzeitpunkt überhaupt nicht genau bestimmen. Wenn also der finale Rettungsschuss in Form einer gezielten Tötung auf das Law Enforcement übertragen wird, muss man zwangsläufig die Definition der »unmittelbaren Gefahr« zeitlich ausdehnen.

Die Frage, ab wann der präventive Einsatz von Gewalt gerechtfertigt ist, ist nicht nur bei der Strafverfolgung im Inland von immenser Sprengkraft. Sie ist auch die Hauptursache aller heutigen Auseinandersetzungen um Krieg und Frieden. Wann steht ein Angriff des Gegners unmittelbar bevor? Der Feind, der diese Frage durch eine Generalmobilmachung beantwortet, ist verschwunden; an seine Stelle sind lose vernetzte Einzelpersonen getreten, die im zivilen Leben untertauchen und sich meist erst nach der Tat bekennen. Dann aber ist es zu spät für Abwehrmaßnahmen.

Bei Polizeieinsätzen im Inneren ist der präventive Einsatz der Dienstwaffe selbstverständlich verboten – mit eben einer Ausnahme: dem finalen Rettungsschuss. In der offiziellen Darstellung dieses letzten Mittels zur Gefahrenabwehr wird selbstverständlich nicht von »Präventivmaßnahme« gesprochen, sondern von Ultima Ratio. Doch der »Todesschuss« ist beides. Denn auch wenn ein gefährlicher und vielleicht sogar schon einschlägig verurteilter Verbrecher die überfallene Bank mit der Pistole am Kopf seiner Geisel verlässt, gibt es keine Sicherheit, ob er sie wirklich töten will. Dass er bereits als Gewalttäter bekannt ist, gibt den Staatsorganen in keinster Weise das Recht, ihn zu töten. Das wäre Vergeltung, die national und international verboten ist. Nur die Gefahr, die in diesem Moment von ihm ausgeht, rechtfertigt seine Tötung, und selbst diese Gefahr ist trotz aller Dramatik nicht gewiss. Vielleicht würde er es sich im nächsten Moment anders überlegen und sich ergeben? Vielleicht ist nicht einmal seine Waffe geladen, weil er im Falle seines Scheiterns auf mildernde Umstände setzen wollte? Der Scharfschütze, der ihm das Leben nimmt, nimmt diese Ungewissheit auf sich. In einigen Bundesländern kann der finale Rettungsschuss deshalb auch nicht befohlen werden. Er erfolgt ausschließlich aus eigener Entscheidung des Schützen.

Da es keine gültigen internationalen Rechtsvorschriften für eine gezielte Tötung im Rahmen des Law Enforcement gibt, müsste der Maßstab für eine »gegenwärtige Lebensgefahr« aus dem inneren Polizeirecht auf die Situation im Ausland übertragen werden. Es entstünde so etwas wie eine »absehbare schwere Gefahr für die nationale Sicherheit«. Keine Regierung hat bisher über eine solche Bedrohung und mögliche Abwehrmaßnahmen öffentlich gesprochen. Im Aufgabenspektrum des Kommandos Spezialkräfte findet sich jedoch ein Punkt, der deutlich zeigt, dass sich auch die Bundesrepublik auf ein Gefahrenszenario von außen vorbereitet. Darin heißt es: »Offensive Maßnahmen zur Abwehr terroristischer Bedrohung und Kampf gegen subversive Kräfte durch frühzeitige Aufklärung und Bekämpfung von Bedrohungspotentialen vor dem Wirksamwerden«. Dieser Auftrag ist natürlich keine Lizenz zum gezielten Töten für deutsche Soldaten im Ausland. Er umfasst vielmehr die gesamte Bandbreite von Abwehrmaßnahmen gegen terroristische Bedrohungen aus dem Ausland, die gemäß der gebotenen Verhältnismäßigkeit und der Güterabwägung zwischen Schutz und Recht auf Leben umgesetzt werden kann. Es ist ein Auftrag, der nicht für den Krieg, sondern zum Law Enforcement erteilt wurde. In letzter Konsequenz kann er auch die gezielte Tötung einer Person im Ausland bedeuten.

Der Zeitpunkt, an dem eine bestimmte Gefahr nur noch durch eine gezielte Tötung abgewendet werden kann, hängt von so vielen Faktoren ab, dass er jedes Mal individuell ermittelt und entschieden werden muss. Genau dafür springt die Ultima Ratio ein. Anders als im gängigen Verständnis des Begriffs ist die Ultima Ratio nicht »die letzte Möglichkeit«. Sie ist vielmehr der letzte Ausweg, den eine Person mit Entscheidungsgewalt zu einem bestimmten Zeitpunkt sieht, um gravierenden Schaden von sich oder anderen abzuwenden. Das gilt auch für den bewaffneten Einsatz von Streitkräften. Ein Oberfeldwebel, der in Afghanistan das Feuer auf ein heranrasendes Auto eröffnen lässt, in dem eine unbewaffnete Frau und ihre Kinder sitzen, hat einen schwerwiegenden Fehler gemacht. Niemand kann das bestreiten, auch der Soldat selbst nicht. Es war für ihn in diesem Augenblick aber die Ultima Ratio, um seine Kameraden und sich zu schützen. Das entschuldigt ihn bis zu einem gewissen Grad auch vor Gericht. Der Polizist, der eine Person mit einer Spielzeugwaffe erschießt, sah in der Situation möglicherweise auch keinen anderen Ausweg, obwohl objektiv keine Gefahr für sein Leben bestand.

Bei beiden Beispielen kommt noch der Affekt hinzu, der die Tötung eines Menschen in einen Zusammenhang bringt, der keine lange Abwägung zulässt. Bei der gezielten Tötung einer Person jedoch, ob beim finalen Rettungsschuss oder im Rahmen des Law Enforcement, trifft dies nicht zu: Sie steht per Gesetz an letzter Stelle aller möglichen Maßnahmen zur Gefahrenabwehr und ermöglicht damit eine gründliche Abwägung aller Handlungsoptionen. Eine Entscheidung im Affekt kann es demnach nicht geben, doch am Ende ist sie trotzdem die Ultima Ratio einer einzelnen Person und als solche sehr individuell, situationsbezogen und daher anfällig für Fehler.

Eine gezielte Tötung zur Gefahrenabwehr kann nur von der Staatsspitze angeordnet werden, denn es ist am Ende eine politische Entscheidung. Derjenige, der den Befehl dazu erteilt, begibt sich damit unweigerlich in einen inneren Konflikt, aus dem es kein Entrinnen gibt und bei dem auch kein Gesetzestext der Welt zuverlässige Unterstützung bietet. Es steht der Schutz von Menschen gegen die Tötung eines Menschen – zwei Grundsätze des deutschen Rechts, die nicht miteinander vereinbar sind, aber in extremen Fällen eine Entscheidung zwischen ihnen verlangen. Es werden Menschenleben gegeneinandergestellt.

Dieses Dilemma wird in Artikel 1 des deutschen Grundgesetzes bereits zusammengefasst: »Die Würde des Menschen ist unantastbar. Sie zu achten und zu schützen ist Verpflichtung aller staatlichen Gewalt.« Aus den Erfahrungen des Dritten Reichs heraus richtet sich der Fokus in Deutschland meist nur auf die Achtung der Menschenwürde, die der Staat unbedingt sicherstellen muss. Er ist dabei auch selbst als Adressat dieser Botschaft gemeint. Der Schutzauftrag steht jedoch gleichberechtigt daneben und richtet sich an die Verantwortung aller staatlichen Organe, das Leben seiner Bürger gegen Angriffe Dritter zu verteidigen, die sich gegen die Menschenwürde richten. Diese Aufgabe macht natürlich nicht an der Landesgrenze halt.

Die chronische Angst der Deutschen, dass der Staat erneut zum größten Feind der Menschenwürde werden könnte, ist im Unterton vieler Debatten nach wie vor vorhanden. Über sechzig Jahre nach dem Zusammenbruch der Nazi-Diktatur und über zwanzig Jahre nach dem Ende ihrer kleinen sozialistischen Schwester kann man aber wohl sagen, dass der deutsche Staat seine diesbezügliche Festigkeit eindrucksvoll unter Beweis gestellt hat. Viel dringlicher wäre also die Antwort auf die Frage, wie die Bundesrepublik den zweiten Teil von Artikel 1 umsetzen will: nämlich die Würde seiner Bürger, zu der zweifelsfrei auch das Leben gehört, zu schützen.

Im Inland geht es dabei allenfalls noch um Details. Will man mehr Kameraüberwachung akzeptieren, dafür aber Privatsphäre aufgeben? Werden V-Leute eingesetzt oder nicht? Oder wie lange sollen Daten gespeichert werden? In Bezug auf terroristische Bedrohungen, die von außen kommen, fehlt es aber bisher an einer grundsätzlichen Linie, die auch vor der Mehrheit der deutschen Bevölkerung selbstbewusst vertreten werden kann. Die inneren Gesetze könnten dabei lediglich eine Orientierung bieten. Gültigkeit haben sie für den Einsatz im Ausland nicht. Auch vom finalen Rettungsschuss kann nur das dahinterstehende Prinzip übernommen werden, nicht seine rechtliche Gültigkeit. Das Prinzip dabei ist der präventive Einsatz tödlicher Gewalt, um Unschuldige zu retten, nachdem alle anderen Mittel ausgeschöpft wurden. Wenn die Bundesrepublik dieses Prinzip im Inland zulässt, warum soll man es dann nicht auch auf das Ausland übertragen?

Das Law Enforcement bietet viele Möglichkeiten, die zu staatlicher Zurückhaltung zwingen und damit zum Schutz der universell garantierten Rechte von verdächtigen Personen beitragen. Das ist der unbestreitbare Vorteil gegenüber dem humanitären Völkerrecht im bewaffneten Konflikt. Es ist die Möglichkeit, für die westlichen Staaten aus dem globalen Krieg gegen den Terrorismus auszusteigen, der in weiten Teilen seine Verhältnismäßigkeit schon lange verloren hat. Im Unterschied zum Krieg ist Law Enforcement meistens mühsamer, weil es staatlichen Sicherheitsbehörden viele effektive Mittel nimmt, die im bewaffneten Konflikt freigegeben sind. Im Extremfall jedoch bietet Law Enforcement aber genügend Möglichkeiten, um Gefahren durch Einzelpersonen im Ausland effektiv zu begegnen. Das kann eben auch die gezielte Tötung eines Menschen einschließen, wenn es keine anderen Alternativen mehr gibt.

Das Recht reicht nicht aus

In der Praxis des weltweiten Kampfes gegen den Terror sind die Rechtsbereiche Krieg und Law Enforcement längst miteinander verschmolzen. Militär, Geheimdienst und Polizei arbeiten weltweit so eng zusammen, dass eine saubere Trennung der Zuständigkeitsbereiche kaum mehr möglich ist. Selbst in einem eindeutig definierten nichtinternationalen bewaffneten Konflikt wie dem in Afghanistan gelten oft beide Rechtsgrundlagen. Das öffnet der Beliebigkeit natürlich Tür und Tor.

Besonders das humanitäre Völkerrecht ist nicht mehr in der Lage, die richtigen Antworten auf die Herausforderungen unserer Zeit zu geben. Es hat sich dabei sogar in zweierlei Hinsicht überholt: Zum einen wurde es für eine Welt der klassischen Kriege zwischen Staaten entwickelt, die so nicht mehr existiert. Terrorgruppen, die sich in verschiedenen Ländern aufhalten und ihren Kampf mittels Videobotschaften im Internet führen, werden in keiner Konvention und keinem Zusatzprotokoll erwähnt. Was bleibt, ist also die Adaption bestehender Regeln auf die heutigen Konflikte. Es ist das Prinzip, nach dem alle Staaten vorgehen, die Terrorismusbekämpfung betreiben. Das kann niemals rechtliche Klarheit schaffen. Zum Zweiten bietet das humanitäre Völkerrecht, so es im Rahmen eines Konflikts angewendet wird, eine militärische Freiheit, die in den wenigsten Gesellschaften einfach so akzeptiert wird.

Das beste Beispiel dafür lieferte der Luftangriff des deutschen Obersts Georg Klein am 4. September 2009 bei Kundus. Völkerrechtlich gab es keinerlei Zweifel an der Rechtmäßigkeit des Bombardements, was eine Untersuchung und ein deutsches Gericht nachträglich bestätigte. Niemand der Verantwortlichen, bis hoch zum Verteidigungsminister, konnte sich aber darauf berufen. Entscheidend war am Ende der sogenannten Kundus-Affäre nicht das geltende Völkerrecht, sondern ein ungeschriebenes Werteempfinden der deutschen Öffentlichkeit – und das ist nicht mehr bereit, einen Bombenangriff mit über hundert Toten widerspruchslos zu akzeptieren.

Die Praxis, im Rahmen des weltweiten Antiterrorkampfes überall den Kriegszustand auszurufen, stößt außerhalb der USA zu Recht auf Kritik. Jeder einzelne Schauplatz für sich bietet gute Gründe, von einem Konflikt im Sinne des Völkerrechts zu sprechen. Wer würde heute noch behaupten, wie die deutsche Bundesregierung bis 2010, dass es sich in Afghanistan nicht um einen Konflikt, also um einen Krieg, handelte? Wenn der Krieg am Hindukusch aber als solcher anerkannt ist, wie kann man diesen Status dann nicht auch für Somalia akzeptieren? Die Rahmenbedingungen sind in weiten Teilen deckungsgleich: ein Staat ohne funktionierende Regierung, innere Machtkämpfe und islamistische Terroristen, die sich das Chaos zunutze machen, um von dort aus zu operieren. Nach diesem Muster können die Befürworter des Antiterrorkampfes unter Kriegsrecht immer weiter argumentieren, ohne dass ihnen im konkreten Einzelfall wirklich etwas entgegengesetzt werden könnte. Die Kritik daran ist deswegen zwangsläufig immer sehr grundsätzlich, weil sie sich gegen eine befürchtete Ausuferung richtet und nicht gegen den Einzelfall.

Law Enforcement als deutlich zivilere Komponente des Kampfes gegen den Terrorismus steht einer unkontrollierten Ausuferung des Kriegsrechts zunächst einmal entgegen. Es orientiert sich am Einzelfall, bei dem die Suche nach dem mildesten Mittel oberstes Gebot ist, das aber auch die gezielte Tötung eines Terroristen möglich macht, wenn sich nur so ein möglicher Anschlag verhindern lässt. Es gibt jedoch keine einmalige Zuordnung in Kombattanten und Nichtkombattanten, kein abgestecktes Gebiet, in dem der Einsatz tödlicher Gewalt nach Ermessen des Militärs angewendet werden kann. Law Enforcement bleibt per Definition in der direkten Verantwortung zuständiger Regierungsmitglieder, die jeden Einsatz von Sicherheitskräften absegnen und politisch rechtfertigen müssen. Das garantiert auf der einen Seite eine starke Kontrolle, auf der anderen Seite birgt es die Gefahr einer politischen Zögerlichkeit. Law Enforcement scheint demnach eine Art Kompromiss zu ermöglichen zwischen behutsamer Abwägung und notwendiger Härte.

Noch weniger als das Völkerrecht gibt es international vereinbarte Regeln zum Law Enforcement bei der Terrorismusbekämpfung. Der Einsatz von Gewalt, selbst wenn er nicht zur Ausschaltung einer terroristischen Gefahr dient, hat sich in einer gewissen Form zum Gewohnheitsrecht entwickelt. Geht diese Gewalt aber über den Schutz eigener Staatsbürger im Ausland hinaus, gibt es ebenso wenig Klarheit wie beim Völkerrecht. Die innere Gesetzgebung zur Grundlage der Gefahrenabwehr im Ausland zu machen, ist genauso eine Behelfslösung, wie die Regeln des zwischenstaatlichen Krieges auf die heutigen Einsätze zu übertragen. In diesem Fall kommt noch hinzu, dass die Gesetze zur Strafverfolgung eines Staates ausschließlich Gültigkeit in demselbigen haben. Sie zum internationalen Maßstab zu erklären, lässt sich nicht begründen.

Auch wenn das Völkerrecht nicht mehr auf der Höhe der Zeit ist und das Law Enforcement nur eine schwache Legitimation durch das Gewohnheitsrecht hat, wäre es ein großer Fehler, beide Rechtsgrundlagen dem endgültigen Verfall preiszugeben. Veraltet heißt nicht wertlos. Besonders das Völkerrecht entfaltet nach wie vor eine große normative Kraft, welche die Staaten in ihrer Sicherheits- und Verteidigungspolitik bremst. Im Fall des amerikanischen Kampfs gegen den Terror wird aus Deutschland oft der Vorwurf erhoben, dass das Völkerrecht überhaupt nicht mehr geachtet werde. Abgesehen davon, dass jene Behauptung in dieser Absolutheit nicht haltbar ist, bemüht sich die amerikanische Staatsführung immer noch darum, den völkerrechtlichen Ansprüchen zu genügen. In vielen Bereichen der Sicherheitspolitik folgen die USA zweifelsohne ihrer eigenen Doktrin, und die ist zuerst der amerikanischen Sicherheit und seiner Verbündeten verpflichtet. Doch ein komplettes Abwenden von den Vereinbarungen der Charta der Vereinten Nationen und den nachfolgenden Verträgen hat es zu keinem Zeitpunkt gegeben, selbst unter Präsident George W. Bush nicht. Das Völkerrecht diszipliniert sogar denjenigen, der sich von ihm behindert fühlt, mag es zutreffen oder nicht.

Wenn es heute um das internationale Recht im Konfliktfall

geht, ist stets der Appell zur Weiterentwicklung zu hören. Kaum jemand bestreitet, dass es dafür dringenden Bedarf gibt, und die Bedrohungen für die internationale Sicherheit führen es einem fast täglich vor Augen. Um das Völkerrecht jedoch weiterentwickeln zu können, muss zunächst darüber Klarheit herrschen, was das Ziel dieser Entwicklung sein soll. Wie vor der Verabschiedung jedes Gesetzes ist auch beim Völkerrecht eine ethische Auseinandersetzung notwendig, um zu definieren, wie die Völkergemeinschaft auf welche Bedrohungen reagieren soll.

Die Frage der staatlichen Gewalt und des Tötens von Menschen ist dabei zentral und muss ständig neu gestellt und beantwortet werden. Selbst mit klaren völkerrechtlichen Regelungen wäre dies notwendig. Die Deutschen, so scheint es, haben in den Jahrzehnten nach dem Zweiten Weltkrieg eine deutliche Haltung zur staatlichen Gewalt gefunden: Sie lehnen sie zum Zwecke der Außenpolitik mehrheitlich ab. Auf der anderen Seite steht jedoch die immer wieder betonte Verantwortung als mächtiges Land in Europa und die besondere Verantwortung aufgrund der eigenen Vergangenheit. Die Deutschen wollen den Frieden schützen, aber wollen sie dafür auch Gewalt anwenden, wenn es sein muss, sogar töten? Über jedem Gesetz steht die Moral. Kein Paragraph ist in Stein gemeißelt. Wenn er falsch ist oder sich überholt hat, kann er geändert werden. Das gilt auch für das Völkerrecht. Wie aber will Deutschland Sicherheits- und Verteidigungspolitik betreiben? Es könnte an der Zeit sein, darüber Klarheit zu schaffen.

Deutschland und Gewalt

Die Deutschen mögen keine Kriege mehr, heißt es oft. Sie hätten aus der Vergangenheit gelernt und hätten sich in eine »postheroische Gesellschaft« verwandelt. Bis zum Ende des Kalten Krieges galt das Prinzip der »Scheckbuchdiplomatie«: Statt Truppen nach Vietnam oder zur Befreiung Kuwaits zu schicken, leistete die Bundesrepublik ihren Beitrag zur westlichen Sicherheitspolitik durch die Überweisung hoher Geldbeträge. Als die Teilung der Welt überwunden war, wurden Forderungen aus dem Kreise der NATO-Partner laut, dass Deutschland seiner neuen Verantwortung gerecht werden müsse und sich an notwendigen Interventionen von nun an auch mit Truppen beteiligen sollte.

Die neue Bundesrepublik reagierte darauf – jedenfalls zum Teil. In die Bürgerkriegsgebiete von Somalia und Bosnien wurden Anfang der neunziger Jahre auch Bundeswehreinheiten entsendet, aber immer erst dann, wenn die heiße Phase des Kampfes bereits vorüber war. Diese »militärische Zurückhaltung« setzte sich auch im Kosovo und Afghanistan fort und hält bis zum heutigen Tage an. An der Unterstützung der libyschen Rebellen gegen Gaddafi oder der malischen Armee gegen die Islamisten in der Region beteiligte sich die Bundesrepublik ebenfalls nur mit moralischer Unterstützung oder mit Einheiten, die nicht am direkten Kampfgeschehen beteiligt waren.

Nicht nur unter den NATO- und EU-Partnern, auch in Deutschland selbst gibt es schon seit einigen Jahren Stimmen, die diese Zurückhaltung nicht mehr akzeptieren wollen. Als in Afghanistans Süden erneut Kämpfe aufbrandeten und der Norden noch ruhig war, forderten vor allem die USA und Großbritannien, aber auch Kanada und mehrere kleinere Truppensteller, dass die Bundeswehr sich auch mit Kampfeinheiten in

Helmand oder Kandahar engagieren sollte; der Blutzoll sollte auf breitere Schultern verteilt werden. Deutschland konnte sich dieser Forderung zuerst durch eine politische Verzögerungstaktik und dann durch die Entwicklung im Raum Kundus entziehen. Als nämlich auch dort die Taliban wieder erstarkten, verstummten die Forderungen der Alliierten, und die Bundesrepublik war schließlich doch dort angekommen, wo sie nie mehr sein wollte: im Krieg.

Außerhalb der Diplomatie, die für die deutsche Zurückhaltung stets Verständnis äußerte, war auch immer wieder ein Satz zu hören, der nicht so vornehm klingt: Die Deutschen seien feige. Soldaten der Bundeswehr, die in Afghanistan mit anderen Nationen gemeinsame Operationen durchführten, bekamen diesen Vorwurf immer wieder zu hören. Nie in böser Absicht, denn man schob die Verantwortung auf die deutschen Politiker. Der Zugfeldwebel der obenerwähnten Marines in Helmand brachte es so auf den Punkt: »What is wrong with you Germans?«

Bei der gemeinsamen Operation »Harekate Yolo« im November 2007 kam es beispielsweise zu einem Eklat, als norwegische Einheiten den deutschen vorwarfen, sie in einer kritischen Situation im Stich gelassen zu haben. Die deutschen Hubschrauber, die bei der Rückeroberung von Taliban-Gebiet für die Notfallevakuierung zuständig waren, waren über Nacht abgezogen worden und standen deshalb nicht zur Verfügung. Die offizielle Begründung lautete: wegen notwendiger Wartungsarbeiten. Inoffiziell hieß es »aus Feigheit« – und das nicht nur von Seiten der Norweger, sondern auch der beteiligten deutschen Offiziere. Das norwegische Verteidigungsministerium nahm die Äußerungen seiner erbosten Soldaten zurück und besänftigte. Da war sie wieder, die Diplomatie.

Ob es wirklich eine typisch deutsche Eigenschaft geworden ist, den Einsatz von Gewalt so sehr zu fürchten, dass man ihn selbst dann noch verweigert, wenn man schon mitten im Krieg steckt, sei einmal dahingestellt. Die Afghanistanpolitik der verschiedenen Bundesregierungen weist einige starke Indizien für diese These auf. Proteste und Friedensbewegungen gibt es in anderen Ländern genauso wie hier, und so liegt der Unterschied vielleicht auch im Mut der Politik, militärische Gewalt sogar gegen den Widerstand im eigenen Volk durchzusetzen.

Die deutsche Kritik an der Praxis gezielter Tötungen hat hingegen schon etwas Einmaliges. Nirgendwo sonst wurde so heftig gegen die Tötung Osama bin Ladens geredet und geschrieben wie in Deutschland. Die völkerrechtlichen Einwände, die dabei vorgetragen werden, treffen nicht immer zu, zumal der gesamte Bereich rechtlich nicht genügend abgedeckt ist. Was also bleibt, ist eine ethische Auseinandersetzung mit der Frage von Gewalt – und die ist in Deutschland auch in Hinblick auf Militäreinsätze herkömmlicher Art lange überfällig. Die Deutschen mögen Gewalt nicht. Wer tut das schon? Wie aber wollen wir reagieren, wenn tödliche Gewalt das einzige Mittel ist, um andere Werte zu schützen? Oder umgekehrt: Welchen Preis sind wir bereit, für die Gewaltlosigkeit zu zahlen?

Deutschland blickt auf fast siebzig Jahre Frieden zurück, so lange wie noch nie zuvor. In diesen sieben Jahrzehnten kam es jedoch auch in der Bundesrepublik immer wieder zu Situationen, in denen der Einsatz von Gewalt notwendig wurde. Die Prinzipien und politischen Grundsätze, die diesen Entscheidungen zugrunde lagen, ähnelten denen bei gezielten Tötungen manches Mal ein wenig. Wann also kann Töten für Deutsche erlaubt sein? Beginnen wir mit einem Rückblick auf den Deutschen Herbst des Jahres 1977.

Deutscher Herbst der Besonnenheit

Die Bundesrepublik Deutschland war nicht immer dieses besonnene und gewaltabstinente Land, als das es heute so gern verklärt wird. Vielmehr scheint es einer langen Periode des Glücks und des Schutzes guter Freunde geschuldet zu sein, dass dieses Privileg so lange konserviert werden konnte. Ein kurzes Gedächtnis tut sein Übriges. Denn im Herbst 1977 hatte der junge Staat seine bis dahin schwerste Krise zu bestehen, in der es von staatlicher Seite aus wesentlich ruppiger zuging, als heute glauben gemacht wird.

Der Terror der Roten Armee Fraktion und anderer Banden hatte das Land zwar bereits seit Ende der sechziger Jahre unsanft aus seiner sicherheitspolitischen Jungfräulichkeit geholt, aber Angriffe auf den Staat hatte es bis dato in dieser Heftigkeit noch nicht gegeben: Die zweite Generation der RAF hatte sich international vernetzt und mit den Mordanschlägen auf den Generalbundesanwalt Siegfried Buback und den Vorstandsvorsitzenden der Dresdner Bank Jürgen Ponto eine neue Stufe der Gewalt betreten. Am 5. September kidnappte ein RAF-Kommando mit äußerster Brutalität den Arbeitgeberpräsidenten Hanns Martin Schleyer in Köln, um die inhaftierten Gesinnungsgenossen aus dem Hochsicherheitsgefängnis Stammheim freizupressen. Bei der Verschleppung des Berliner CDU-Vorsitzenden Peter Lorenz zwei Jahre zuvor hatte sich die Regierung erpressbar gezeigt, doch bei Schleyer wollte die Staatsspitze diesen Kardinalfehler nicht noch einmal wiederholen. »Der Staat darf sich nicht erpressen lassen«, wurde zum unverrückbaren Grundsatz im Umgang mit Terroristen, und Bundeskanzler Helmut Schmidt ließ die deutschen Sicherheitsbehörden stattdessen in die Gegenoffensive gehen: Das Bundeskriminalamt durchkämmte das Land mit der neu entwickelten Rasterfahndung, und das Parlament verabschiedete im Eiltempo und fraktionsübergreifend neue Antiterrorgesetze, um die rechtliche Grundlage schnell der Situation anzupassen.

Der »Deutsche Herbst« veränderte das Bild der Bundesrepublik. Überall auf den Straßen gab es Sperren und Kontrollen der Polizei. Die Menschen waren verängstigt. Mit Maschinenpistolen bewaffnete Beamte durchsuchten Fahrzeuge auf der verzweifelten Suche nach dem entführten Schleyer, und die Angst der Bevölkerung schlug in längst totgeglaubte Forderungen nach der Wiedereinführung der Todesstrafe um. Panzerwagen des Bundesgrenzschutzes riegelten das Bonner Regierungsviertel ab, und eine Nachrichtensperre des Kanzleramts sowie die Selbstzensur durch ARD und ZDF beschnitten die Informationsfreiheit Westdeutschlands in dieser Sache auf das Niveau der DDR.

Die Verantwortungsträger von damals beschwichtigen heute die Situation. Altkanzler Schmidt ist der Meinung, dass jene Wochen und Monate »ein viel zu hohes publizistisches Gewicht« genießen, und wird schnell unwirsch, wenn jemand den beschleunigten Gesetzgebungsprozess hinterfragt.[1] Doch ohne Zweifel hatte die RAF 1977 die Bundesrepublik mit Bombenanschlägen, Morden und Entführungen an den Rand einer Staatskrise geführt. Deutschland war im Ausnahmezustand, und die höchsten Repräsentanten des Staates gaben sich Gedankenspielen hin, die überhaupt nicht in das pazifistische Selbstporträt des Landes passten.[2]

Kanzler Schmidt bildete unmittelbar nach der Entführung Schleyers den sogenannten »Großen Krisenstab«, eine Art nationales Beratergremium, um die Antiterrormaßnahmen zu besprechen und vor allem effektiv nach unten durchzudrücken. Die Gruppe versammelte nicht nur die Spitzen der sozialliberalen Regierungskoalition, den Generalbundesanwalt und den Präsidenten des Bundeskriminalamts, Schmidt rief auch die Parteivorsitzenden von CDU und CSU, Helmut Kohl und Franz Josef Strauß, nach Bonn, um die Entscheidungen der Regierung auf eine möglichst breite Basis zu stellen. Die Dramatik der Ereignisse schweißte die politischen Kontrahenten zusammen: keine Parteien mehr, nur noch Deutsche, die dem Terror Einhalt gebieten wollten – eine Haltung, die von großer charakterlicher Stärke der Beteiligten zeugte. Nicht einmal in den Monaten vor der deutschen Wiedervereinigung sollte sich dieses Verständnis einer Schicksalsgemeinschaft wiederholen.

Der nationale Schulterschluss reichte jedoch nicht aus, um die Atmosphäre im Kanzleramt zu beruhigen. Die Videobotschaften des gequälten und gedemütigten Arbeitgeberpräsidenten, die Appelle seiner Familie, der Erpressung nachzugeben, und der Wettlauf gegen die Zeit hinterließen bei den Entscheidungsträgern ihre Spuren. Die Nervosität stieg von Tag zu Tag, und Helmut Schmidt forderte die Teilnehmer des Krisenstabs dazu auf, »auch einmal exotische Gedanken auszusprechen«[3]. Und die bekam er geliefert: Ausgerechnet der Generalbundesanwalt

Kurt Rebmann, Nachfolger des ermordeten Buback, schlug die Wiedereinführung der Todesstrafe vor. Er wollte sie, freilich erst nach Änderung des Grundgesetzes, sogar auf die Gefangenen in Stammheim anwenden, um damit quasi den Druck auf die Erpresser umzukehren. Nur um die ganze Exotik der Gedankenspiele im Kanzleramt deutlich zu machen: Die Logik dieses Vorschlags ging im Prinzip weit über die einer »herkömmlichen« Todesstrafe hinaus. Deutschlands oberster Ankläger wollte nicht nur das Rückwirkungsverbot im deutschen Strafrecht aufheben, er wollte eine Politik der Repressalien einführen, die selbst in regulären Kriegen seit den Haager Konferenzen von 1899 und 1907 verboten sind.

Der bayerische Ministerpräsident Franz Josef Strauß stieß in das gleiche Horn. Er sprach von »Geiseln, die man ja habe« und machte die RAF-Leute zu »Kombattanten« mit allen Konsequenzen, die dieser Status mit sich bringe. Der konservative Strauß war bei weitem nicht der einzige Politiker, der in diesem »schwersten Jahr für die Bundesrepublik«, wie es Staatsminister Hans-Jürgen Wischnewski nannte, offenkundig bereit war, die Grenzen des Grundgesetzes zu überschreiten. Auch Willy Brandt bekundete seine »Offenheit, über alles sprechen und nachdenken« zu wollen. Es ist menschlich nachvollziehbar, wenn die damals beteiligten Politiker heute recht dünnhäutig auf Fragen nach jenen Tagen reagieren. Selbst die wenigen Ausschnitte, die aus den Beratungen zur Terrorbekämpfung im Jahr 1977 bisher öffentlich gemacht wurden, bekunden vor allem eines: Die Lage schien der Regierung vollends aus den Händen zu gleiten. Anders lassen sich manche Vorschläge nicht interpretieren.

In dieser Verzweiflung, diesem Gefühl der Ohnmacht und im Angesicht einer drohenden Staatskrise fiel schließlich auch zum ersten Mal ein Begriff, der vierzig Jahre später zum Markenzeichen des amerikanischen Antiterrorkampfs wurde und in Deutschland auf eine so breite Ablehnung trifft: Die Staatsführung der Bundesrepublik Deutschland diskutierte im Herbst 1977 über die gezielte Tötung von Führungskadern der RAF.

Es ist damals nicht dazu gekommen. Allerdings reicht diese

Tatsache allein nicht aus, um die Haltung der damaligen Regierung und ihr Verhältnis zur Gewalt zu bewerten. Die entscheidende Frage in diesem Zusammenhang muss lauten: Warum hat sich das Kabinett Schmidt dagegen entschieden? Waren es tatsächlich moralische Gründe, die Führung der RAF nicht zu liquidieren? Die damals Beteiligten stellen dies heute mit echauffierter Selbstverständlichkeit fest. War es der Respekt vor dem Grundgesetz und den universellen Menschenrechten? Oder waren es eher Zweifel, dass der gefügige Bundestag bei einer derartigen Gesetzesänderung dann doch nicht mitmachen würde? Dann käme man bereits in den Bereich der Praktikabilität. Möglicherweise waren es auch mehr taktische Überlegungen, dieses letzte Mittel im Kampf gegen den RAF-Terror nicht einzusetzen. BKA-Präsident Herold trieb beispielsweise die stete Sorge um, dass ein zu hartes Vorgehen gegen die inhaftierten Terroristen die Stimmung in der Unterstützerszene oder sogar in der Bevölkerung kippen lassen könnte. Der Krisenstab wollte unter allen Umständen die Entstehung weiterer Märtyrer verhindern. Taktisch wäre das eine nachvollziehbare Überlegung. Sollten dies aber die Gründe gewesen sein, um auf die gezielte Tötung der RAF-Leute zu verzichten, hätte sie keinerlei moralischen Wert. Um die Gedankenspiele und damit auch die Haltung der damaligen Regierung vollständig zu bewerten, müsste das Bundeskanzleramt die Gesprächsprotokolle jener Tage freigeben. Der letzte Antrag wurde 2008 gestellt. Der damalige Chef des Hauses, Thomas de Maizière, entschied jedoch, dass dies »nicht möglich ist«.

Die Zeit des RAF-Terrors eignet sich als einziges Kapitel bundesdeutscher Geschichte hervorragend, um einen Blick auf das Gemüt der Deutschen und seiner politischen Führung in Zeiten akuter Bedrohung zu erlangen. Niemals zuvor und niemals danach wurde die Bundesrepublik so offen attackiert. Die damalige Bedrohung erschien in gänzlich neuer Form, es gab einen Gegner, gegen den die bisherigen Mittel des Rechtsstaats offenkundig versagten, und der enorme Druck, der auf der Regierung lastete, ließ den Handelnden exakt zwei Optionen: erfolgreich zu sein oder abzutreten. Unter Helmut Schmidts Führung wurden

Gesetze im Eilverfahren geändert oder neu erlassen, Bürgerrechte damit eingeschränkt und eine Terroristenjagd eröffnet, die das Land noch nie gesehen hatte.

Der Vergleich des Deutschen Herbstes mit den Terroranschlägen des 11. September 2001 zeigt erstaunliche Parallelen, vor allem in der Reaktion der verantwortlichen Politiker und Beamten. Die Trümmer des World Trade Centers rauchten noch, da wurde die amerikanische Regierung von den Deutschen bereits heftig kritisiert. Die Antiterrorgesetze, die als Folge des Angriffs beschlossen wurden, der sogenannte USA Patriot Act, wurden als überzogen und maßlos betrachtet. Die Vereinigten Staaten, immer in Personalunion mit dem damaligen Präsidenten George W. Bush gesehen, wurden als eine Art Rachemaschine verurteilt, die blindlings alles angriff, was auch nur entfernt mit dem Terror zu tun hatte. Für das Bedürfnis, die Schuldigen zu suchen und zu bestrafen, aber vor allem für das Bedürfnis, neue Terroranschläge zu verhindern, äußerte in Deutschland kaum jemand offenes Verständnis. Was es wirklich bedeutete, sich in einer solchen Extremsituation zu befinden, hatte Deutschland glücklicherweise lange nicht erleben müssen. Um aber das Prinzip der Gewaltlosigkeit und der unbedingten Rechtstreue auf ihre Festigkeit zu überprüfen, ist ein mögliches Terrorszenario das Mittel der Wahl. Genau dafür ist die Erinnerung an die Zeit des RAF-Terrors dienlich.

Nur selten bietet die Geschichte die Chance, dass Regierungskritiker einst selbst einen Staat führten und zudem noch mit den gleichen Problemen konfrontiert waren. Helmut Schmidt ist so ein seltener Fall. Der Altkanzler gilt vielen Deutschen heute als eine moralische Instanz: Er ist der »Lotse«, der Deutschen »größtes Vorbild«, ein »Idol«, sein Wort hat Gewicht. Seine Kritik an den USA trägt er nie polternd vor, dafür aber bei vielerlei Gelegenheit. Er formuliert mit bedächtiger Gestik, die inhalierenden Pausen untermalen die Weisheit eines *Elder Statesman*. Inhaltlich lässt der Hanseat es selten an Deutlichkeit mangeln. So gehörte er selbstverständlich zu den vielen, die die Tötung Osama bin Ladens scharf kritisierten. Die Amerikaner hätten sich daran gewöhnt, »das Völkerrecht für sich selbst nicht für zwingend zu halten«[4]. Doch wie hat Helmut Schmidt während seiner Amtszeit als Bundeskanzler solche Probleme gelöst?

Einmal abgesehen vom Grundgesetz, das unter seiner Leitung in Teilen zur Disposition stand, sah sich der ehemalige Bundeskanzler gezwungen, die Restriktionen des Völkerrechts zu umschiffen. Denn um der Forderung nach Gefangenenfreilassung von RAF-Mitgliedern noch mehr Nachdruck zu verleihen, half ein palästinensisches Terrorkommando ihren deutschen Kollegen mit der Entführung der Lufthansamaschine Landshut. Nach einer nervenaufreibenden Odyssee des Ferienfliegers quer durch den Nahen Osten und der Erschießung des Piloten landete das Flugzeug am 17. Oktober 1977 auf dem Flughafen von Mogadischu, der Hauptstadt des souveränen Staates Somalia. Verhandeln mit den Terroristen war keine Option mehr, und so blieb nur der Einsatz von Gewalt. Die GSG 9 war dem entführten Flugzeug gefolgt und bereit, die Landshut zu stürmen. Das Einzige, was Schmidt dazu noch fehlte, war die Genehmigung der somalischen Staatsführung.

Schmidts Mann vor Ort, der Staatsminister im Bundeskanzleramt Hans-Jürgen Wischnewski, hatte den Auftrag, diese Genehmigung zu bekommen, und die Rahmenbedingungen vor Ort boten dafür die denkbar günstigsten Voraussetzungen: Zum einen beherrschte Siad Barre, der Präsident Somalias, das ostafrikanische Land seit seinem Putsch mit diktatorischer Allmacht. Die Entscheidung zur Genehmigung wurde also nicht durch irgendwelche demokratischen Institutionen behindert, sie konnte schnell und unbürokratisch von Barre allein getroffen werden. Man sollte ihm nur geben, was er wollte. Dabei spielte die zweite örtliche Gegebenheit dem Verhandlungsführer der Bundesregierung in die Hände: Der ehemalige Ziegenhirte Barre führte seit Monaten Krieg mit dem Nachbarland Äthiopien und brauchte dringend Waffen, da ihn die Sowjetunion wenig vorher im Stich gelassen hatte. Nach kurzer Rücksprache mit Bonn war der Deal perfekt. Kanzler Schmidt konnte der GSG 9 den Befehl zum Sturm auf das Flugzeug geben, und ein afrikanischer Dikta-

tor im Krieg erhielt dafür 25 Millionen D-Mark »Entwicklungs-
hilfe«, dreißig Zehn-Tonner-Lastwagen, die nur Reissäcke, aber
keine Soldaten transportieren sollten, und die Genehmigung,
deutsche Lizenzwaffen aus Saudi-Arabien, Pakistan und dem
Iran zu kaufen, die später über Umwege von deutschen Trans-
portflugzeugen nach Somalia gebracht wurden.[5] Wen es interessiert, warum heute noch jeder fünfte Kindersoldat in Afrika ein
deutsches Sturmgewehr vom Typ G3 in der Hand hält, hätte
hier einen Anhaltspunkt für seine Recherche.

Die Beteiligten dieser aufreibenden Wochen haben nie über
das Kleingedruckte ihrer Antiterrormaßnahmen gesprochen:
über die Gedankenspiele zur Tötung der RAF-Leute, die rasanten
Gesetzesänderungen und das offensichtliche Gefühl der Ohnmacht, das hinter allem steckte. Heute soll alles nur noch halb so
wild gewesen sein, und die Publizistik übertreibe maßlos. Selbst
Helmut Schmidt kann sich an die Details des Deutschen Herbstes
nicht mehr richtig erinnern, und wer genauer nachfragt, muss
sich warm anziehen. Sicher ist ihm heute nur eines: Das Völkerrecht wurde bei der Befreiungsoperation in Mogadischu nicht
verletzt, jedenfalls nicht so wie beim Einsatz gegen Osama bin
Laden.[6] Möglicherweise wurden die deutschen Rüstungsexportbestimmungen missachtet, die keine Waffenlieferungen in Kri-
sengebiete erlaubten, aber nicht das Völkerrecht.[7]

Ja, ganz objektiv muss man dem Altkanzler zugestehen, dass
das stimmt: Der somalische Diktator gab der deutschen Regierung die offizielle Genehmigung, die GSG 9 in Mogadischu zum
Einsatz zu bringen, und das ist es auch schon. Die Souveränität
eines Landes wird nämlich nicht missachtet, wenn die dortige
Regierung, welcher Art sie auch immer sein mag, die Erlaubnis
zum Handeln erteilt. Es gilt das Prinzip des »Krieges auf Einladung«. Auf welchen Wegen man solche Deals möglich macht,
darüber lässt sich das Völkerrecht nicht aus. Einem Regime Geld
zu überweisen, damit es damit Waffen kauft, ist völkerrechtlich
einwandfrei.

Aber sollte es tatsächlich so einfach sein, wie Schmidt es sich in
dieser Sache macht? Lediglich einer Regierung die Genehmigung

zum Waffeneinsatz auf deren Territorium abkaufen, abtrotzen oder abpressen und schon wäre man auf der sicheren, weil völkerrechtlich korrekten Seite? Wenn dem so wäre, gingen auch die amerikanischen Drohneneinsätze im Jemen in Ordnung. Denn sie erfolgten mit Genehmigung der dortigen Regierung und sind offiziell Teil einer Hilfeleistung zur örtlichen Terrorbekämpfung. So einfach aber kann die Frage des Gewalteinsatzes nicht beantwortet werden. Moralisch ist es weder statthaft, das Völkerrecht mit einer Waffenlieferung auszutricksen, noch, dies mit Druck auf eine Regierung zu tun. Es wäre eine Art von Rechtspositivismus, die moralisch nicht zu rechtfertigen ist.

Der Einsatz der GSG 9 im Oktober 1977 verlief mustergültig: Alle sechsundachtzig Geiseln wurden befreit und drei der vier Terroristen getötet. Helmut Schmidt und seine Crew gingen als entschlossene, aber maßvolle Durchgreifer in die Geschichte ein, die es an diesem Tag gut mit ihnen meinte. Trotzdem noch ein kurzes Gedankenspiel zum Schluss: Was wäre eigentlich passiert, wenn der somalische Machthaber sich dem Waffengeschäft verweigert hätte? Wenn Moskau sich nicht auf die Seite Äthiopiens, sondern auf seine geschlagen hätte und er die deutsche Hilfe nicht benötigt hätte? Was wären die deutschen Optionen gewesen mit sechsundachtzig Geiseln in einer Lufthansamaschine in Ostafrika und ohne Landeerlaubnis für die Elitetruppe? Es einfach geschehen lassen, weil das Völkerrecht einen Zugriff ohne Erlaubnis Somalias verbot? Oder doch die Stammheimer Gefangenen in ein Land ihrer Wahl ausfliegen und hoffen, dass die Terroristen sich dann an ihre Versprechen hielten? Hanns Martin Schleyer um der Staatsräson willen zu opfern, muss eine unerträglich schwere Entscheidung gewesen sein, aber sie war richtig. Um wie viel Mal schwerer aber wog sie bei sechsundachtzig Geiseln, die auf einem Rollfeld in Afrika in die Luft gesprengt werden konnten?

Die Frage nach dem Worst-Case-Szenario ist keineswegs nur aus historischer Sicht brisant. Sie ist hypothetisch, kann sich aber jeden Tag erneut stellen. Im September 2012 wurde beispielsweise die deutsche Botschaft im Sudan von einem wütenden Mob in Brand gesteckt, weil irgendein Film über den Propheten Mohammed ins Internet gestellt wurde. Der BND und die Beamten der Bundespolizei hatten gut gearbeitet, und die Belegschaft war rechtzeitig geflohen. Wie aber reagiert die Bundesregierung, wenn dies einmal nicht gelingen sollte? Wenn die »aufgebrachten Demonstranten« deutsche Staatsbürger als Geiseln nehmen oder am Abend die Bilder von der ermordeten Botschafterfamilie über die Fernsehbildschirme laufen? Wie reagiert die Bundesregierung, wenn es dann keine Landeerlaubnis für deutsche Spezialkräfte gibt? Im Fall der gebrandschatzten Botschaft in Khartoum hatte die sudanesische Regierung den Mob sogar noch angestachelt. Kaum vorstellbar, dass ein solches Regime den Einsatz ausländischer Streit- oder Polizeikräfte genehmigen würde.

Gezielte Tötungen sind natürlich keine Antwort auf akute Lebensgefahr von eigenen Staatsbürgern im Ausland. Dann geht es allein darum, diese zu befreien und nach Hause zu holen. Viele rechtliche und moralische Fragen stellen sich in diesem Zusammenhang aber ganz genauso: Es geht um die territoriale Integrität von Staaten, die die Kontrolle verloren haben. Es geht um den Einsatz von Gewalt, der selbstverständlich auch mit dem Töten von Personen verbunden sein kann. Es ist durchaus vorstellbar, dass ein deutsches Kommando der GSG 9 oder des KSK einen Terrorführer gezielt töten muss, um Geiseln zu befreien. Dafür trainieren diese Einheiten solche Situationen. Die Gefahr ist bei einer Geiselnahme zwar unmittelbarer, aber nicht zwingend ungefährlicher als bei einer Terrorgruppe, die Anschläge in Deutschland plant.

Die Amerikaner haben in solchen Fällen eine grundsätzliche Haltung definiert, die nur noch auf die spezielle Situation angepasst werden muss. Auch sie kaufen, versprechen und bieten sensible Gegenleistungen an. Im Notfall aber schicken sie Kriegsschiffe und eine Kompanie Marineinfanteristen, um ihre Staatsbürger und ihre Handlungsfähigkeit zu schützen.[8] Verweigert sich die jeweilige Regierung der Kooperation, wird zur Not eine ganze Flugzeugträgergruppe vor der Küste in Stellung gebracht.

Der Einsatz von militärischer Gewalt ist eine selbstverständliche Option und wird nicht wie in der Bundesrepublik immer als Erstes ausgeschlossen.

Die Regierung Schmidt handelte bei der Befreiung der Landshut vollkommen richtig. Den Machthaber in Mogadischu mit Waffen zu bestechen, um die Geiseln befreien zu können, war ein sinnvoller Entschluss, der die benötigte Schnelligkeit der Operation sicherstellte und eine weitere Eskalationsstufe vermied. So müsste sich eigentlich niemand für die missachteten Rüstungsexportbestimmungen schämen, denn das Leben von sechsundachtzig deutschen Geiseln wiegt wohl eindeutig mehr als gelieferte Waffen für einen entfernten Stellvertreterkrieg. Und so könnten die Entscheidungsträger von damals auch einfach sagen: »Ich wollte meine Landsleute da herausholen, und das war eben der Preis dafür!« Moral ist schließlich auch immer eine Abwägungssache.

Der Staat hat die Aufgabe, seine Bürger zu schützen – egal in welcher Situation. Über die Wahl der Mittel kann man streiten, aber nicht darüber, dass dies auch unter dem Einsatz von letaler Gewalt geschieht. Natürlich werden die »vitalen Interessen« eines Staates unterschiedlich definiert. Seine Staatsbürger im Ausland zu schützen, gehört aber zweifelsfrei auch für die Bundesrepublik dazu, zur Not mit militärischer Gewalt. Eine ganze Brigade Fallschirmjäger und das Kommando Spezialkräfte haben den Auftrag, sich für genau solche Szenarien vorzubereiten: die bewaffnete Rückführung deutscher Staatsangehöriger. Doch die nationalen Interessen der Bundesrepublik gehen selbstverständlich darüber hinaus. Sie sind grob definiert und für jedermann öffentlich zugänglich, zum Beispiel im Weißbuch der Bundesregierung von 2006. Darin heißt es unter anderem, dass »Risiken und Bedrohungen [...], wenn geboten, auch mit bewaffneten Einsätzen« begegnet werden muss. »Letztere sind mit Gefahren für Leib und Leben verbunden und können weitreichende politische Folgen nach sich ziehen.«[9] Es darf im Notfall also auch getötet werden. Was bisher völlig fehlt, ist eine öffentliche Debatte darüber.

Tyrannenmord

»Der Tod eines Menschen ist immer eine Tragödie – auch wenn er größte Schuld auf sich geladen haben mag.« Das war der Kommentar des FDP-Bundestagsabgeordneten Pascal Kober, einem evangelischen Pfarrer und Religionslehrer aus dem württembergischen Calw, als er um seine Meinung zur Tötung Osama bin Ladens gebeten wurde. Er deckte sich in Form und Inhalt mit vielen anderen. Hätte Kober diesen Satz auf der Veranstaltung, die ein halbes Jahr später in der Berliner Wilhelmstraße stattfand, geäußert, wäre er gebeten worden, sich zu entfernen, und einige Kollegen aus dem Reichstag hätten ihn aufgefordert, sein Mandat niederzulegen. Am 8. November 2011 wurde dort nämlich ein neues Denkmal eröffnet. Die siebzehn Meter hohe Stahlskulptur zeigt die Silhouette Georg Elsers, der zweiundsiebzig Jahre zuvor eine selbstkonstruierte Bombe im Münchner Bürgerbräukeller explodieren ließ, um Adolf Hitler zu töten.

Warum das »Denkzeichen«, wie es offiziell heißt, ausgerechnet dort steht, ist nicht leicht zu erkennen. Das Gesicht der Straße ist heute durch heruntergekommene Plattenbauten, verbeulte Bauzäune und ungepflegte Grünstreifen geprägt. Und doch ist der Standort freilich nicht willkürlich gewählt: Die Wilhelmstraße war einst das politische Zentrum Berlins. Seit Beginn des 19. Jahrhunderts waren dort alle wichtigen Ministerien Preußens und später des Deutschen Reichs in die herrschaftlichen Wohnhäuser und barocken Palais eingezogen. Krieg und Enttrümmerung fegten alles hinweg. Politisch stand der Name »Wilhelmstraße« synonym für »Reichsregierung«. Elsers Kontur blickt heute also auf jene Straße, in der ab 1933 auch die Barbarei der Nazis verwaltet wurde. Die Orte, an denen Goebbels' Propagandaministerium, das tief verstrickte Auswärtige Amt, Himmlers Reichssicherheitshauptamt und Hitlers Neue Reichskanzlei standen, liegen nun in Sichtweite Elsers.

Für den Initiator des »Denkzeichens«, den Theatermacher Rolf Hochhuth, ist der Ort des Denkmals aber nicht nur aus historischer Perspektive richtig. In seiner Rede zur Einweihung beschrieb er die Skulptur als »Gegenkraft für die vierzig Reisebusse und mindestens sechzig Gruppen zu Fuß, die an Hitlers Bunker [der nur wenige Gehminuten entfernt stand] mit pathetischen Reden in allen Sprachen der letzten Tage des Führers gedenken«. Hochhuth möchte mit der Elser-Skulptur einem neuen Führerkult entgegentreten, den die »ekelhafte Nachwelt« dort zelebriert. Der Berliner Kulturstaatssekretär André Schmitz, der am Einweihungstag ebenfalls eine Rede hielt, blieb rationaler: Er konzentrierte sich auf den Geehrten und dessen Entschluss, den deutschen Diktator zu töten. »Georg Elser hat lange warten müssen, bis er in Deutschland und in Berlin angemessen und öffentlich geehrt wird«, so Schmitz, »als Person und Widerstandskämpfer, dessen Tat das mutigste und entschlossenste Aufbegehren eines Einzelnen gegen die nationalsozialistische Führung war.«[10] Ulrich Klages, der Bildhauer, nannte Elsers Antlitz ein »menschliches Zeichen«, das für »Mut, Humanismus und Freiheitswillen steht«. Er möchte, dass das Denkzeichen »Menschen auffordert, eigene Positionen und Haltungen zu beziehen«. Die geladene Prominenz aus Politik, Kultur und Wirtschaft applaudierte bedächtig.

Georg Elser, der Schreiner aus Württemberg, ist seit den neunziger Jahren fester Bestandteil der deutschen Gedenkkultur. Mehrere Dutzend Straßen und Plätze Deutschlands tragen seinen Namen, einige Schulen sind nach ihm benannt, und neben dem neuen »Denkzeichen« in Berlin gibt es auch in seiner württembergischen Heimat und in München mehrere Gedenkstätten. Sogar die Bezeichnung »Held«, die sich in Deutschland sonst nur noch in Zusammenhang mit Sportereignissen verwenden lässt, wird dem Mann aus Königsbronn zugestanden. Elsers Tat, den deutschen Diktator Adolf Hitler mit einer Bombe gezielt zu töten, steht in der deutschen Gedenkkultur auf festen Füßen, und er ist damit nicht der Einzige. Weit bekannter als Elser sind in Deutschland die Attentäter des 20. Juli 1944. Die Offiziere um Claus Graf Schenk von Stauffenberg sind die einzigen Angehörigen der Wehrmacht, die für die Bundeswehr traditionsstiftend sein dürfen – und dies nicht wegen ihrer militärischen Leistungen. Neben Straßen, Schulen und öffentlichen Gedenkstätten findet ihnen zu Ehren am Jahrestag des Attentats ein öffentliches Gelöbnis vor dem Reichstag statt. Die Wehrmacht als Ganzes ist als Traditionsgeber tabu und darf nicht Teil der offiziellen deutschen Militärtradition sein. Die wenigen Ausnahmen, die nicht im Widerstand gegen Hitler waren und von denen dennoch ein Foto in einer Vorgängergalerie hängt, haben sich ihre Daseinsberechtigung im Gedenkraum der Bundesrepublik durch ihre Anschlussverwendungen in der neu aufgestellten Bundeswehr verdient. Zu ihnen gehören beispielsweise die ehemaligen Generalinspekteure Adolf Heusinger und Ulrich de Maizière. Ihre vorherige militärische Karriere wird aber auf Informationstafeln nur der Vollständigkeit halber äußerst knapp erwähnt. Man tut lieber so, als ob die Gründungsväter der ersten deutschen Parlamentsarmee 1955 vom Himmel gefallen wären. In der deutschen Gedenkkultur gibt es nichts Richtiges im Falschen. Das Richtige *gegen* das Falsche wird daher umso ausdrücklicher geehrt.

Elser und Stauffenberg bilden in der deutschen Gedenkkultur eine einzigartige Ausnahme. Als sich das ZDF vor einigen Jahren entschloss, eine Sendung über *Die 100 größten Deutschen* auszustrahlen, errangen beide eine Platzierung: Stauffenberg wurde auf Platz 49 gewählt, Elser auf Platz 97. Die beiden Männer waren damit die einzigen von »unseren Besten«, deren charakterisierende Leistung ein gezielter Akt der Gewalt war, und nur ein solcher. Neben den beiden Widerstandskämpfern tummelten sich im Ranking Sportler, Schauspieler, Theologen, Erfinder, Showstars, Politiker und Schriftsteller – allesamt Akteure der Gewaltfreiheit. Bei Bismarck und Friedrich dem Großen bemühte sich das ZDF redlich, den Sozialreformer und den Kammerflötisten in den Vordergrund zu hieven, und auch Wernher von Braun war für die Show vor allem der Mann, der die Fahrt zum Mond möglich machte und nicht den Beschuss Londons mit V2-Raketen. Die Kriege der Staatsmänner und die Waffentechnik des Ingenieurs wurden quasi geduldet, weil das Friedfertige in den Augen der Fernsehredakteure deutlich überwog. Bei Elser und

Stauffenberg aber verhält es sich exakt andersherum. Ihrer wird gedacht, nicht *obwohl*, sondern *weil* sie getötet haben. Wie passt das eigentlich in eine durch und durch pazifistische Gesellschaft, die jede Form der Gewalt kategorisch ablehnt?

Die Versuche Elsers und Stauffenbergs, Adolf Hitler zu töten, gelten heute als die Tat der letzten Anständigen in den dunkelsten Tagen deutscher Geschichte. Es ist weit mehr als bloße Symbolik. Beide Männer wurden von der Bundesrepublik posthum rehabilitiert und ihre Familien entschädigt. Vor allem aber legitimierte der neue deutsche Staat nachträglich die versuchten Tötungen als moralisch und juristisch gerechtfertigt und positionierte sich damit eindeutig in einer moralphilosophischen Frage, die seit der Antike diskutiert wird: Deutschland erlaubt den Tyrannenmord als eine besondere Form der politisch motivierten Tötung eines Menschen. Artikel 20 Absatz 4 des deutschen Grundgesetzes sagt: »Gegen jeden, der es unternimmt, diese Ordnung [die demokratisch-soziale Grundordnung] zu beseitigen, haben alle Deutschen das Recht zum Widerstand, wenn andere Abhilfe nicht möglich ist.« Dieser Widerstand umfasst auch den Einsatz tödlicher Gewalt und ging im Falle Elsers und Stauffenbergs sogar deutlich darüber hinaus. Beide wollten das einzig Richtige tun, aber was war letztlich geschehen? Die Sprengsätze verfehlten ihr eigentliches Ziel und töteten stattdessen andere. Mit heutigen Worten verursachten Elser und Stauffenberg Kollateralschäden, die sie billigend in Kauf nahmen: Beim Attentat von München starben acht Besucher, dreiundsechzig wurden zum Teil schwer verletzt.

Der deutsche Politikwissenschaftler Lothar Fritze vom Dresdner Hannah-Arendt-Institut veröffentlichte 1999 einen Essay, indem er genau in dieser Tatsache ein Problem sah. Elser, so Fritze, hätte den Tod Unschuldiger verursacht und sein eigenes Leben in Sicherheit gebracht. Das mache es kompliziert, Georg Elser vorbehaltlos als Idol zu sehen. Lothar Fritze erfuhr, was es bedeutet, feststehende Ansichten des deutschen Feuilletons zu hinterfragen. Ein Sturm der Entrüstung prasselte auf ihn nieder. Dass der Deutschen größter Philosoph Immanuel Kant diese

Bewertung unterstützt hätte, spielte für die Empörten keine Rolle.

Die deutsche Gedenkkultur bedient sich eines Kniffes, um die Tatsache des Kollateralschadens unter den Tisch fallenzulassen, und weist auf die Mitgliedschaft der Opfer in NSDAP, SA und SS hin. Nur eine Aushilfskellnerin sei unter den Opfern gewesen, der Rest waren sozusagen amtliche Nazis. Doch was soll das bedeuten? Dass es schon irgendwie die Richtigen erwischt hatte und nur die Kellnerin unschuldig war? Kollektive Schuld durch NSDAP-Parteibuch, die den Tod verdiente? Auch beim Attentat in der Wolfsschanze wurden vier Soldaten getötet, darunter ein einfacher Stenograph. Wie viel Schuld kann dieser Mann auf sich geladen haben? Dass er Hitlers realitätsfremde Befehle und seine Wutausbrüche protokollierte? Niemand kann ernsthaft argumentieren, dass die räumliche Nähe zu Adolf Hitler ein tragfähiger Schuldspruch war, der die Personen zur Tötung freigab, selbst wenn es sich um Mitglieder der SS oder einen üblen Nazi-General handelte. Die Akzeptanz der Bombenanschläge auf Hitler, mit all ihren Konsequenzen, kann einzig bedeuten, dass es legitim war, den Diktator töten zu wollen, auch unter Inkaufnahme von unschuldigen Opfern. Dazu müsste sich die deutsche Gedenkkultur konsequenterweise bekennen.

Es ist heute schwer vorstellbar, unter welchen Voraussetzungen eine Situation in Deutschland entstehen könnte, welche die Anwendung des Widerstandsparagraphen erforderlich macht. Die Unwahrscheinlichkeit eines Ernstfalls setzt jedoch nicht das entsprechende Gesetz außer Kraft, sonst könnte man alle Artikel zur Landesverteidigung aus dem Grundgesetz streichen. Grundgesetzartikel 20, Absatz 4, ist auch nicht nur ein nachgetragenes Symbol an den Widerstand gegen das Hitlerregime. Das Widerstandsrecht entspringt den Erfahrungen des Dritten Reichs, wurde erst 1968 unter dem Eindruck der Proteste gegen die Notstandsgesetzgebung verabschiedet und ist letztlich Ausdruck einer Überzeugung, dass sich jedes geschriebene Gesetz einem höheren Prinzip unterordnen muss. Das Grundgesetz steht an dieser Stelle auch in Opposition zu Immanuel Kant, der 1797 in

seiner Schrift *Metaphysik der Sitten* darauf hinwies, dass es
»keinen rechtmäßigen Widerstand des Volks wider das gesetz-
gebende Oberhaupt des Staats gibt«.[11] Der Souverän, zu Kants
Zeiten ein absolutistischer Herrscher, habe immer recht. Den
Tyrannenmord lehnte Kant folgerichtig ab. Dem Philosophen
fehlte allerdings die Erfahrung einer Diktatur unter Adolf Hitler, welche die Väter des Grundgesetzes hatten machen müssen.
Auch bei den Notstandsgesetzen von 1968 war die Nazizeit
noch immer ein bestimmendes Moment und ließ das Parlament
mit der kantschen Ethik in diesem Bereich brechen: »The King
can do wrong!«

Was dieses höhere Prinzip tatsächlich ist, hängt von der jeweiligen Perspektive ab, die Formulierung vom Zeitgeist. Noch
1949, bei der Entstehung des Grundgesetzes, war der Bezug auf
die christlichen Grundwerte die Anerkenntnis einer höheren
Ordnung, der man sich verpflichtet sah. Heute jedoch wird die
Präambel wegen ihres Gottesbezugs kritisiert. Ob man es nun
christlich oder säkular formuliert, ist letztlich unerheblich: Das
höhere Prinzip, dem sich jedes Recht unterzuordnen hat, sind in
Deutschland heute die unveräußerlichen und universellen Menschenrechte, die ihren Ursprung in den christlichen Werten haben. Um diese Werte und die Ordnung, in die sie eingebettet sind,
im eigenen Land zu schützen, erlaubt das Grundgesetz prinzipiell
auch die gezielte Tötung einer Person, die beides abschaffen will.
Das deutsche Grundgesetz legitimiert die Tötung eines Menschen auch jenseits einer Notwehr- oder Nothilfesituation. Das
gibt es in kaum einer anderen Verfassung der Welt.

In der klassischen Variante geht der Tyrannenmord so: Ein
grausamer Alleinherrscher kann durch kein gewaltloses Mittel in
seinem Treiben gestoppt werden. Er knechtet und tötet sein
Volk, das Ausmaß seiner Verbrechen übersteigt sämtliche Grenzen. Da entschließt sich ein Einzelner oder eine Gruppe, den
Herrscher zu töten, um die Bevölkerung von ihren Leiden zu befreien. »Zum letzten Mittel, wenn kein andres mehr verfangen
will, ist ihm das Schwert gegeben. Der Güter höchstes dürfen wir
verteid'gen gegen Gewalt.« Schiller lässt Wilhelm Tell nach die-

sem Prinzip seine Freiheit verteidigen. So weit die Theorie und die Literatur.

Im konkreten Fall wirft die Tötung eines Tyrannen freilich mehrere entscheidende Fragen auf, die selbst in dem augenscheinlich eindeutigen Fall des Adolf Hitler nicht immer klar beantwortet werden konnten. Ab wann ist die Tötung eines Tyrannen gerechtfertigt? Wenn keine anderen Mittel mehr zur Verfügung stehen, sagt das Grundgesetz. Aber ab wann hat der Herrscher die Schwelle zum Tyrannen überschritten, und wer legt das fest? Während zum Tatzeitpunkt der Verschwörung um Graf Stauffenberg bereits das volle Ausmaß der Naziverbrechen sichtbar war und die beteiligten Offiziere auch davon wussten, kann dies im Falle Georg Elsers nicht behauptet werden. Als dieser seine Bombe scharfmachte, hatte die Wehrmacht zwar Polen überfallen, von einem Weltkrieg konnte jedoch noch keine Rede sein. Auch die Wannseekonferenz, auf der die Vernichtung der europäischen Juden beschlossen wurde, sollte erst gut zwei Jahre später stattfinden. Georg Elser kannte Auschwitz nicht. Durfte er also 1939 Hitler töten?

Viel mehr als Stauffenberg verkörpert Elser damit die Problematik des präventiven Handelns: Er wusste nicht, was Hitler noch anrichten würde, als er die Säule im Bürgerbräukeller aufmeißelte, er konnte es höchstens vermuten. Um dennoch den Bombenanschlag Elsers mitsamt seinen Kollateralschäden moralisch zu rechtfertigen, muss man demnach zugestehen, dass das Ausmaß der durch Hitler verursachten Verbrechen bereits Ende 1939 ausreichte, um zu handeln, oder dass Elser die nötige Weitsicht hatte, die seinen Entschluss auch präventiv legitimierte. Dazu muss man sich aber grundsätzlich zu präventiver Gewalt bekennen. Beide Varianten sind denkbar. Die zweite ist jedoch von großer Tragweite auf die deutsche Gedenkkultur und den daraus erwachsenden Verpflichtungen für die Gegenwart.

Die Feinheiten der moralischen Legitimation, Hitler zu töten, wurden in der deutschen Öffentlichkeit nie richtig diskutiert. Der Kreis der Verschwörer um Stauffenberg brauchte Jahre, um sich mehrheitlich zur Tötung des Tyrannen durchzuringen.

Doch diese Zweifel werden heute oftmals als preußischer Kadavergehorsam aufgrund des Eides, als Entscheidungsschwäche oder gar Feigheit abgetan. Unter den Männern und Frauen des Widerstands befanden sich aber gläubige Christen, hochintegre Staatsdiener, kurzum Menschen, die um die Frage rangen: Kann Töten in dieser Situation erlaubt sein?

Die Erkenntnis, dass es zu jedem Zeitpunkt richtig war, Hitler töten zu wollen, erwächst aus der heutigen Perspektive auf das Dritte Reich. Der deutsche Diktator hatte in den zwölf Jahren seiner Herrschaft einen Grad des Verbrechens verschuldet, der bis dahin unbekannt war: Über dreizehn Millionen Tote der Vernichtungs- und Kriegsgefangenenlager und mehr als fünfunddreißig Millionen Tote des Weltkriegs gehen auf sein Konto.[12] Das Ausmaß seiner Zerstörungspolitik war so groß, dass das massenweise Nichthandeln der Deutschen mit Recht zum Versagen erklärt wurde. Die Erkenntnis daraus lautet: Man hätte viel früher »etwas« unternehmen müssen, genau wie Georg Elser. Jeder einzelne Tag dieses Kriegs kostete Zehntausenden Menschen das Leben – über zweitausend Tage lang! Schon ein Waffenstillstand am 7. statt am 8. Mai 1945 hätte viele Leben gerettet, denn die Mordmaschine zur Vernichtung der europäischen Juden lief bis zum letzten Tag. Kann man dieses Prinzip auch auf heutige Diktatoren und Schlächter anwenden: die Verantwortung zum Schutz der elementarsten Menschenrechte in Kombination mit der moralischen Legitimation zum Tyrannenmord – Tyrannenmord von außen?

– 1991 beispielsweise schlug Saddam Hussein einen Aufstand der Kurden und Schiiten im Irak nieder, weil diese sich durch den amerikanischen Einmarsch ermutigt sahen, den Diktator loszuwerden. Die von den USA geführte Koalition schloss jedoch einen Waffenstillstand mit dem Machthaber von Bagdad, so dass der erhoffte Schutz ausblieb. Fast fünfzigtausend Menschen zahlten das mit dem Leben, was auch von deutschen Strategen als »kluges Nicht-hineinziehen-Lassen« in einen langwierigen Guerillakrieg bezeichnet wurde.

- 1994 hätte ein früheres Eingreifen in Ruanda den Völkermord an achthunderttausend Menschen der Tutsi-Minderheit verhindert. Das ist eine Zahl, die größer ist als die Einwohnerschaft von Frankfurt. Die anwesenden Blauhelmsoldaten hatten jedoch kein Mandat der UNO und zogen ab. Das Völkerrecht blieb gewahrt.
- 1995 hätte ein früheres Eingreifen das Massaker von Srebrenica verhindert. Achttausend muslimische Bosniaken wurden von serbischen Mördern in den umliegenden Wäldern hingerichtet, nachdem die anwesenden Blauhelmsoldaten noch zu einem Umtrunk mit den Schlächtern geladen wurden. Es gab wieder kein entsprechendes Mandat.

Das Modell der Peacekeeper mit den blauen Helmen hat in den Jahrzehnten nach dem Kalten Krieg bereits einige Male versagt. Es gibt auch erfolgreiche Einsätze wie den der UN-Beobachter auf den Golanhöhen, aber in den entscheidenden Momenten war die Friedenstruppe entweder zu langsam oder zu wenig robust. Die Massengräber bezeugen dies.

Der amerikanische Politikwissenschaftler Daniel Goldhagen plädierte 2009 in seinem Buch *Schlimmer als Krieg. Wie Völkermord entsteht und wie er zu verhindern ist* für ein Einschreiten, bevor es zum Völkermord kommt. Seine Analyse, wie es zu Genoziden kommt, teilten viele. Sein Plädoyer, Massenmörder notfalls zu töten, um Unschuldige zu retten, stieß hingegen auf Kritik. »Nein«, sagte der ehemalige Chefankläger des Internationalen Strafgerichtshofs Luis Moreno Ocampo im Interview, »Massenmörder müssen vor ein Gericht gestellt werden.« Dann jedoch ist das Verbrechen bereits geschehen, sonst gäbe es keine Grundlage für einen Prozess.

Die völkerrechtlichen Bestimmungen sind in dieser Beziehung eindeutig: Eine gezielte Tötung kann es aufgrund einer Planung zum Völkermord nicht geben. Selbst wenn die Schlächter gerade dabei sind, ihre Arbeit zu verrichten, sieht das Völkerrecht, in streng ausgelegter Form, keine Grundlage zu einem solchen Schritt. Nachdem in Srebrenica die holländischen Blauhelmsoldaten abgezogen waren, führten die Männer um den Serbengeneral Ratko Mladić ihre Opfer in kleinen Gruppen zu den Exekutionsstätten und erschossen sie dort. Die Hinrichtungen dauerten drei Tage. Zur gleichen Zeit dümpelten in der Adria drei Flugzeugträger, und von Luftwaffenstützpunkten in Italien, Griechenland und Deutschland starteten ununterbrochen NATO-Kampfflugzeuge, um die bereits eingerichtete Flugverbotszone zu überwachen. Wäre ein Richter des Internationalen Strafgerichtshofs oder ein UNO-Repräsentant vor Ort gewesen, hätte er sagen müssen: »Wir können euch nicht helfen, die Jets haben keine Berechtigung zum Eingreifen. Aber wir werden alles in unserer Macht Stehendes tun, um euren Mördern den Prozess zu machen.«

Die Widerstandskämpfer gegen das Hitler-Regime sind für das Selbstbild der Bundesrepublik nicht nur historische Figuren, nach denen man Straßen benennt. Die Personen, die den Schritt zum Tyrannenmord im Dritten Reich wagten, begründen bis heute ein immer wieder erklärtes Selbstverständnis und einen Auftrag an Staat und Bürger. Verteidigungsminister Thomas de Maizière nannte es »Zukunftsauftrag«.[13] Sein Vorgänger Peter Struck drückte es 2004 so aus: »Sie haben dem späteren Deutschland Selbstachtung gegeben und dem geistigen Wiederaufbau nach dem Ende des Schreckens den Weg mitbereitet. Manchmal erst mit Verzögerung, aber schließlich mit Nachdruck und über alle politischen Grenzen hinweg anerkannt. Ohne den Einsatz der Frauen und Männer des Widerstandes wäre Deutschland, so wie wir es heute kennen, nicht vorstellbar.«[14] Die Verpflichtungsbekundungen aus Politik, Feuilleton und Gedenkstättenleitung gibt es bereits seit vielen Jahrzenten, und sie ziehen im Prinzip alle das gleiche Fazit: Die Ehrungen der Widerstandskämpfer dürfen nicht zu leeren Ritualen verkommen – der »Zukunftsauftrag« soll Verpflichtung für unser heutiges Handeln sein.

Je häufiger man mit den beschworenen Verpflichtungen konfrontiert wird, die aus den Hitler-Attentaten erwuchsen, desto mehr möchte man vergleichen und fragen, warum in Bosnien und in Ruanda und an vielen anderen Orten niemand eingegriffen hat. Erst recht, wenn man nicht bereit ist, die Bekundungen als bloße Fensterreden abzutun. Wenn es moralisch und juristisch richtig war, Adolf Hitler gezielt zu töten, warum dann nicht auch Ratko Mladić am Vormittag des ersten Tages von Srebrenica?

Diese Frage zu stellen, ist nicht ohne Risiko. Es lauert die Gefahr, als Relativierer des Holocausts bezeichnet zu werden oder als Verdreher anderer »historischer Zusammenhänge«. Goldhagen ging zur Verfilmung seines Buchs auf Spurensuche. Am Rande eines Massengrabes, aus dem Forensiker die Knochen von hingerichteten Kindern sortierten, wiederholte er seinen Vorschlag, Massenmördern notfalls auch mit der gezielten Tötung in den Arm zu fallen. Die Szene nimmt den Argumenten, die gegen eine gezielte Tötung zur Verhinderung von Massenverbrechen sprechen, natürlich jegliche Wirkung. Wer könnte im Angesicht eines Massengrabes oder gar im Beisein eines laufenden Genozids für die Einhaltung völkerrechtlicher Bestimmungen plädieren, wenn vor seinen Augen Menschen getötet werden. Es ist eine Frage der Perspektive: Daniel Goldhagen nimmt die der Opfer ein. Für ihn geht es um die Menschen, die in den Massengräbern der Zukunft landen werden.

Der Vergleich zwischen Adolf Hitler und anderen Despoten wäre eigentlich völlig überflüssig. Wer ihn anstellt, will keine Wertung abgeben, er will ein Statement machen. George Bush senior behauptete 1990, dass Saddam Hussein schlimmer als Hitler sei. Niemand kann eigentlich geglaubt haben, dass der US-Präsident die Gräueltaten beider Despoten wirklich auf die gleiche Stufe stellen wollte. Seine Absicht dabei war, um Unterstützung für seine Politik am Golf zu werben und die Befreiung Kuwaits auf eine möglichst breite internationale Basis zu stellen. Dass er zu diesem drastischen Vergleich griff, sagt auch einiges über die zögerliche Haltung der europäischen Partner aus. In Deutschland gab es die zu erwartende Empörung darüber, dass mit dieser Aussage der Holocaust verharmlost werden würde, nicht etwa eine vernünftige Diskussion, wie man einem Diktator gegenübertritt, der ein anderes Land überfällt und sein eigenes

Volk mit Giftgas beschießt. Am Ende mündete alles in der Formel »Kein Blut für Öl«, denn Saddam war in den Augen der Friedensbewahrer eben kein Hitler. Es scheint einen notorischen Appeasement-Wettstreit zu geben, der einen Vergleich mit Hitler als letztes Argument für manchen Politiker verlockend macht, um gegen himmelschreiendes Unrecht auch mit Gewalt vorzugehen. Im Grunde ist es kein Argument, es ist Rhetorik, die sich derlei Mechanismen bedient.

In Deutschland hatte es 1999 ein Paradebeispiel für diesen Vergleich gegeben. Außenminister Joschka Fischer wollte seine trillerpfeifende Basis auf einem Sonderparteitag der Grünen davon überzeugen, die Bundeswehr im Kosovo kämpfen zu lassen, und machte das Gleiche wie George Bush senior acht Jahre zuvor: Er beteuerte leidenschaftlich, dass Gewalt das einzige Mittel sei, um Slobodan Milošević daran zu hindern, seine paramilitärischen Schergen im Kosovo morden und vergewaltigen zu lassen. Dann zog er die Karte: »Nie wieder Auschwitz!«, schrie Fischer dem Parteitag, der unter dem Motto »Frieden und Menschenrechte vereinbaren« stattfand, entgegen und brachte die Mehrheit der Delegierten damit hinter sich. Doch die Vorwürfe ließen auch diesmal nicht lange auf sich warten: Fischer würde die deutsche Geschichte instrumentalisieren, um den Krieg gegen Serbien zu begründen. Doch seine Argumente waren bestechend: Warum, wollte der Außenminister von seinen parteiinternen Kritikern wissen, gelten die Grundsätze, die aus der eigenen Geschichte entstanden sind und innenpolitisch selbstverständlich angewendet werden, nicht auch für die Außenpolitik?

Wie will man die Frage, warum Gewalt gegen Adolf Hitler und dessen Regime selbstverständliche Bürgerpflicht hätte sein sollen, bei keinem anderen Despoten oder Massenmörder legitim sein darf, moralisch begründen? Mit der Opferzahl? Mit der Staatsgrenze? »Wehret den Anfängen« ist zum Leitsatz unseres Landes geworden. Das muss sich auch in Taten niederschlagen. Die Empörung über den Vergleich mit der Hitler-Diktatur ist letztlich nichts anderes als ein Ausweichmanöver.

Da Helmut Schmidt nicht in die Rolle des Empörten passt,

versuchte er es in einem Interview mit dem *Zeit-Magazin* einmal mit einer juristischen Begründung, um den Unterschied zwischen der Tötung Hitlers und anderen Massenmördern, in dem Fall Osama bin Ladens, zu erklären. Der Altkanzler sah den Unterschied darin, dass es sich bei den Attentaten auf Adolf Hitler »um einen Vorgang innerhalb eines souveränen Staates handelte, nicht um eine Intervention von außen.«[15] Natürlich lässt sich dies nicht bestreiten. Viele weitere »Vorgänge« der Jahre 1933 bis 1945 fanden allerdings auch in einem souveränen Deutschen Reich statt, die wiederum erst die moralische Legitimation für den versuchten Tyrannenmord gaben. Die Haltung, dass die Vernichtungspolitik der Nazis eine »innere Angelegenheit« des Staates war, wurde durchaus von vielen geteilt, allerdings just in den Jahren 1933 bis 1939. Heute wird diese Ansicht der damaligen Staaten hart an der Grenze zur Beihilfe zum Holocaust bewertet.

Der Tyrannenmord ist eine juristische Option des deutschen Grundgesetzes. Er lässt sich rechtlich natürlich nicht auf gezielte Tötungen von Tyrannen im Ausland übertragen. Er ist allerdings auch eine moralische Verpflichtungserklärung zum Handeln gegen Unrecht. Das Argument, dass die versuchte Tötung Adolf Hitlers nur deshalb legitim war, weil sie von Deutschen durchgeführt wurde, würde völkerrechtlich heute nicht mehr greifen. Die Vereinten Nationen selbst haben mit der »responsibility to protect« einen Paradigmenwechsel zur territorialen Integrität von Staaten vereinbart, in denen schwerste Menschenrechtsverletzungen verübt werden. Es ist eben nicht mehr die innere Angelegenheit eines Staates, massenweise zu morden.

Mit dem Mittel der Intervention unter UNO-Mandat wird diesem Wechsel in der völkerrechtlichen Bewertung Ausdruck verliehen. Das rechtzeitige Eingreifen hat bisher aber noch nie funktioniert. Genozide fanden stets schneller statt, als die Weltgemeinschaft sich einig werden konnte, in welcher Form zu handeln sei. Immer wieder spielten auch die damit verbundenen Risiken für die intervenierenden Truppen eine Rolle. Mit der heute zur Verfügung stehenden Drohnentechnik könnte sich das ändern. Der deutsche Völkerrechtler Claus Kreß ließ in einem Interview durchblicken, dass die Risikolosigkeit der heute zur Verfügung stehenden Technik auch die Bereitschaft heben könnte, gegen Unrecht früher einzuschreiten. Diese Risikolosigkeit trägt natürlich auch die Gefahr des Missbrauchs in sich.

Die Diskussion um den legitimen Einsatz von Gewalt gegen Diktatoren und Völkermörder im Spektrum von Grundgesetz und moralischer Identität ist in der Bundesrepublik eine hochemotionale Angelegenheit, die fast schon eine Ideologie begründet. »Keine Gewalt, niemals« ist ein tief verankertes Mantra, das viele auch unter hohen Kosten nicht aufgeben wollen. Um die Debatte ein wenig zu entideologisieren, könnte der Ratschlag Joschka Fischers hilfreich sein, den er 1999 seinen parteiinternen Gegnern machte: Er forderte angesichts des Völkermords im Kosovo dazu auf, einmal in eines der Flüchtlingslager im angrenzenden Mazedonien zu fahren, um den Menschen dort die Position der Gewaltlosigkeit gegenüber Milošević zu erklären. Die Lautstärke des Pfeifkonzerts war ohrenbetäubend.

Moral und Gewalt

Eine fiktive Situation im Kanzleramt in Berlin: Der Krisenstab tagt seit mehr als achtundvierzig Stunden. Ein Offizier vom Amt für Militärkunde (AMK) meldet sich per Video aus einer amerikanischen Geheimdienstbasis im syrischen Aleppo. Der ehemalige Diktator Assad befindet sich seit einem Jahr im Exil in Venezuela, und aus dem einst mit Brutalität stabilisierten Staat ist ein chaotisches Land geworden, in dem viele Gruppen um Macht und Einfluss ringen. Seit drei Wochen verfolgen zwei Fernspähtrupps des Kommandos Spezialkräfte einen Syrer namens Khalid al-Basri. Der Mann lebte über zwanzig Jahre im nordrheinwestfälischen Remscheid, spricht fließend Deutsch und besitzt den deutschen Pass. Während des Bürgerkriegs kehrte er nach Syrien zurück, um dort eine Gruppe von Kämpfern zu kommandieren, die aus aller Herren Länder kamen, um den verhassten Diktator zu stürzen und einen islamischen Gottesstaat zu errichten. Nicht wenige folgten Basri aus Deutschland. Wann die letzte Stufe seiner Radikalisierung einsetzte, sorgte unter den Experten vom Verfassungsschutz und BKA, die an diesem Tag ebenfalls Mitarbeiter in den Krisenstab entsandt haben, lange Zeit für Uneinigkeit. Einstweilen spielt das alles keine Rolle mehr, auch nicht, welche Behörde wann was versäumt hat. Al-Basri ist zum Kopf einer islamistischen Terrorgruppe mit dem Namen Tarik al-Shahidi, »Weg des Märtyrers«, geworden. Er ist kein Schwätzer, sondern ein gefährlicher Macher, darüber sind sich die Dienste einig.

Der Sturz Assads ein Jahr zuvor war nur eine Art Zwischenziel für al-Basri gewesen. Schon kurz danach hatte seine Gruppe den Fokus auf »größere Aufgaben« gerichtet, wie sein »Pressesprecher«, ein Somalier mit dem Kampfnamen Abu Hamza, in einem halben Dutzend Videobotschaften ankündigte. Sie hatte die Bundesrepublik Deutschland ins Visier genommen, und die Beamten der verschiedenen Sicherheitsbehörden haben in den letzten Wochen ein bedrohliches Puzzle zusammengesetzt. Al-Basri hatte sein syrisches Netzwerk mit seiner Anhängerschaft in Deutschland verknüpft. Und dort stehen, die genaue Anzahl ist unbekannt, zwischen fünf und neun Bombenkuriere bereit, die den Auftrag haben, ihre selbstgebauten Sprengsätze in Zügen oder an ausgewählten Ausweichzielen zur Detonation zu bringen. Am Vorabend war es Zielfahndern des BKA gelungen, eine dieser Zellen auszuheben. Die sichergestellte Kofferbombe zeigte, dass es sich nicht um Stümper handelt.

Der AMK-Mann in Aleppo schätzt das verbleibende Zeitfenster auf maximal zwei Stunden, rät aber zu einer schnelleren Entscheidung. Eine Zugriffsoperation kommt auch an diesem Tag nicht in Frage. Die Chancen für einen Erfolg seien zu gering, das Risiko für seine Männer dagegen unverhältnismäßig hoch. Die einzige Möglichkeit, al-Basri auszuschalten, ist mit Hilfe der Amerikaner. Die halten seit vier Stunden zwei Reaper-Drohnen im Luftraum über dem observierten Haus bereit. Nach einigen Rückfragen meldet sich der Offizier ab. Die Entscheidung liegt jetzt in Berlin.

Der Innenminister und der Kanzleramtschef ziehen sich mit den Sicherheitsberatern und dem Geheimdienstkoordinator in einen separaten Raum zurück. Nach zwanzig Minuten kehren beide zurück, und der Innenminister gibt bekannt, dass er zu der Überzeugung gelangt sei, dass al-Basri eine Gefahr für die innere Sicherheit der Bundesrepublik darstelle, die so unmittelbar sei, dass »mit an Sicherheit grenzender Wahrscheinlichkeit in den nächsten Tagen mit Anschlägen gegen die zivile Infrastruktur Deutschlands gerechnet werden muss«. Er sei sich bewusst, so der Minister weiter, dass in den letzten Jahren immer wieder Terrorwarnungen ausgerufen wurden, und möchte deshalb auf Superlative verzichten. Es gäbe diesmal aber den sicheren Hinweis eines zuverlässigen V-Manns, der ihm keine andere Option ließe, als vom Schlimmsten auszugehen. »Stellen Sie sich darauf ein, dass es passieren wird.« Die anwesenden Rechtsberater aus dem Justizministerium und des Auswärtigen Amts hatten die kurze Unterbrechung genutzt, um sich ebenfalls noch einmal abschließend zu beraten. Der Leiter der Gruppe schüttelt den Kopf, die Einschätzung der Juristen hat sich nicht verändert: Für eine Tötung al-Basris gibt es keine Rechtsgrundlage. Die deutschen Soldaten vor Ort dürfen die amerikanische Drohnenhilfe nicht in Anspruch nehmen. Es gilt zweifelsfrei das Tötungsverbot.

Fiktive Szenarien bieten immer die Möglichkeit, nach mangelnder Logik in ihnen zu suchen; das haben sie mit realen Bedrohungen, die auf Erkenntnissen von Geheimdiensten beruhen, gemein. Warum wissen die Fahnder in diesem Fall von den bereitstehenden Bombenkommandos in Deutschland, können sie aber nicht finden und verhaften? Würden diese Kommandos nicht auch ohne ihren Anführer in Syrien losschlagen, weil der islamistische Terrorismus mehr eine Idee ist denn eine straffe Organisation mit Befehl und Gehorsam? Selbstverständlich muss jedes Gefahrenszenario auf seine Wahrscheinlichkeit überprüft werden. Letztlich beruht aber die gesamte Ausrichtung der deutschen nationalen Sicherheitsstrategie auf Wahrscheinlichkeiten, und es gilt, anhand von Gedankenspielen auch das Worst-Case-Szenario zu diskutieren. Da beispielsweise heute ein Angriff einer großen konventionellen Streitmacht auf das Staatsgebiet äußerst unwahrscheinlich ist, brauchen sich die Militärstrategen seit 1990 nicht mehr mit einer Panzerschlacht in der norddeutschen Tiefebene zu beschäftigen. Der Staat kann sozusagen »das Risiko« eingehen, sich darauf nicht vorzubereiten. Bis 1990 wäre es aber grob fahrlässig gewesen, dies zu unterlassen.

Die Gefahr eines Terroranschlags ist heute zur wahrscheinlichsten Bedrohung für die Bundesrepublik geworden. Die Anschläge von Madrid und London bekräftigten dies auf katastrophale Weise. Die Tatsache, dass bisher fast alle Komplotte in Deutschland rechtzeitig aufgedeckt wurden und dass die tatsächlich abgestellten Kofferbomben wie zuletzt im Dezember 2012 am Bonner Hauptbahnhof aus technischen Gründen nicht explodierten, mag in der Bevölkerung zu einer gewissen

Desensibilisierung geführt haben, nicht aber zu einer Änderung der Lage. Politik und Sicherheitsbehörden haben geradezu die Pflicht, vorausschauend zu planen und sich auf Szenarien wie oben vorzubereiten, und zwar nicht nur technisch. Ein Staat kann in puncto Sicherheit nicht auf Risiko spielen.

Um in extremen Situationen führen und entscheiden zu können, empfiehlt es sich deshalb sehr, schon im Vorfeld über moralische Grundsatzfragen nachzudenken, vor allem wenn das Recht an seine Grenzen stößt. Ein deutscher Minister, der in einem solchen oder ähnlichen Fall entscheiden muss, befindet sich in einem Dilemma, aus dem es keinen Ausweg gibt, ohne etwas Falsches oder gar Verbotenes zu tun. Egal, wie er sich entscheidet, er wird sich auch selbst schuldig machen. Wann also kann Töten erlaubt sein, wenn das Gesetz es verbietet?

Im oben beschriebenen Szenario gibt es zwei Möglichkeiten des Handelns: die erste ist die Tötung des fiktiven Terroristenanführers, die zweite ist seine Verschonung. Beides hätte schwerwiegende Konsequenzen. Mit der gezielten Tötung einer solchen Person würde ein deutscher Regierungschef zunächst einmal gegen das Völkerrecht verstoßen. Die Bundesrepublik ist nicht Teil eines bewaffneten Konflikts mit oder in Syrien, so dass al-Basri keinen Kombattantenstatus hätte. In diesem Zusammenhang wäre ohnehin zu klären, ob überhaupt deutsche Soldaten in Syrien operieren dürften oder ob sie nicht schon durch ihre bloße Anwesenheit gegen die territoriale Integrität des Landes verstießen. Es gibt jedoch Tricks und Kniffe, diese Hürde zu umgehen, zum Beispiel eine zeitlich begrenzte Versetzung zum Auswärtigen Amt.

Wenn der bewaffnete Konflikt als rechtlicher Rahmen nicht in Frage kommt, bliebe eine gezielte Tötung nur im Rahmen des Law Enforcement möglich. Da es dazu aber weder nationale noch internationale Rechtsvorschriften gibt, wäre es den Rechtsberatern der Regierung unmöglich, eine juristische Legitimation auf dieser Grundlage zu erteilen. Nationale Gesetze wie jenes zum finalen Rettungsschuss könnten als Argumentationshilfe für eine politische Entscheidung dieser Art dienen, hätten aber juristisch keinen Bestand. Würde der verantwortliche Minister – realistischerweise wäre es in einem solchen Fall wohl de facto der Bundeskanzler – dem geltenden Recht folgen, müsste er den Einsatz der Drohnen ablehnen. Damit aber ginge er das Risiko ein, seinen Amtseid zu verletzen, nämlich »Schaden vom deutschen Volk zu wenden«,[1] und schlimmer noch: den Tod Unschuldiger sehenden Auges in Kauf zu nehmen.

Einmal angenommen, es würde infolge des Nichthandelns in einer solchen Situation zu einem oder mehreren Anschlägen in deutschen Städten kommen: Wie könnte dann eine Rechtfertigung des Regierungschefs lauten, sich gegen die gezielte Tötung des Terroristen entschieden zu haben? Wenn er nicht lügen wollte, müsste er sagen: »Ja, wir haben es gewusst, dass es zu diesen furchtbaren Terrorakten kommt. Wir konnten den Befehlshaber der Bombenleger aber nicht ausschalten, weil wir keine Rechtssicherheit hatten.« Natürlich entspräche ein solcher Satz nicht der politischen Wahrscheinlichkeit, die eher zu Erklärungen neigt, welche die eigene Fehlerlosigkeit belegen sollen. Im Kern jedoch würde ein solcher Entschluss bedeuten, dass der verantwortliche Entscheider sich für bestehendes Recht entschieden hat und damit das Risiko eines Anschlags akzeptiert. Wenn man an die Fälle denkt, in denen als gefährlich eingestufte Gewaltverbrecher aus dem Gefängnis entlassen wurden, weil eine nachträgliche Sicherheitsverwahrung nicht erlaubt war, kann man erahnen, welche Reaktionen in der Bevölkerung ein schwerer Anschlag, der vielleicht hätte verhindert werden können, auslösen würde.

Dabei ist es überhaupt nicht verwerflich, dem Recht den Vorrang vor dem situativen Nutzen zu geben, denn Volkes Stimme kann und darf nicht das Maß korrekten Handelns bestimmen. In den meisten Fragen der Alltagspolitik wird so entschieden, und auch in Belangen der inneren und äußeren Sicherheit muss der Schutz der Bürger nicht zwangsläufig immer an oberster Stelle stehen. Mehr Sicherheit geht meist auf Kosten der individuellen Freiheit, im Falle einer gezielten Tötung sogar in irreversibler Form. Gewisse Risiken und Gefahren zu tolerieren, um auf der anderen Seite die allgemeine Rechtsstaatlichkeit zu beschützen, ist eine plausible Grundüberzeugung. Sie findet sich in unzähligen Appellen zur Wahrung unserer Grundwerte wieder, wenn es um Überwachung, Haft, Folter und eben auch tödliche Gewalt geht. Der Preis, den man in Extremfällen dafür bezahlen muss, darf aber keinesfalls verschwiegen werden. Wenn der Preis für die Rechtstreue ein Terroranschlag in den Ausmaßen des Attentats von Madrid 2004 zu werden droht, mit hunderteinundneunzig Toten und über zweitausend Verletzten, könnte die Entscheidung eines Regierungschefs auch anders ausfallen. Er könnte die gezielte Tötung eines Terroristen autorisieren, und die einzig überzeugende Begründung für einen solchen Schritt wäre die der Selbstverteidigung.

Im humanitären Völkerrecht ist die Selbstverteidigung die alleinige Rechtfertigung für einen bewaffneten Konflikt. In Artikel 51 der UN-Charta heißt es: »Diese Charta beeinträchtigt im Falle eines bewaffneten Angriffs gegen ein Mitglied der Vereinten Nationen keineswegs das naturgegebene Recht zur individuellen oder kollektiven Selbstverteidigung.« Als Rechtsgrundlage für eine gezielte Tötung wie im obigen Fall ist dieser Artikel aber nicht anwendbar. Denn wie bereits beschrieben, richten sich das humanitäre Völkerrecht und auch das gesamte siebte Kapitel der UN-Charta eigentlich nur an bewaffnete Auseinandersetzungen zwischen Staaten.

Der Präzedenzfall vom 12. September 2001 war eine Ausnahme, die sich noch längst nicht zum Gewohnheitsrecht entwickelt hat. Es ließe sich damit also nur politisch eine Rechtfertigung für die gezielte Tötung eines Terroristen herleiten, allerdings befände man sich dann exakt auf dem amerikanischen Argumentationspfad für den weltweiten Krieg gegen den Terrorismus. In Deutschland wäre dieser unbrauchbar. Zudem bestünde noch ein weiterer gravierender Unterschied zu den Terrorangriffen auf die Vereinigten Staaten: Diese hatte stattgefunden, bevor die Resolution 1368 sowie der Beschluss des NATO-Rats, den Bündnisfall auszurufen, als Reaktion erfolgten. Im Fall eines drohenden Angriffs sieht die Charta der Vereinten Nationen einen sogenannten »Anruf« des Sicherheitsrats vor, weil eine »Gefährdung des Friedens« bestehen könnte. Das höchste Gremium würde sich dann mit der Causa beschäftigen und im Anschluss »gegebenenfalls Maßnahmen« einleiten. Allein die zeitliche Dimension dieses Verfahrens zeigt, dass die Charta nicht für solche Fälle geschrieben wurde.

Die Selbstverteidigung ist dennoch die einzig mögliche Rechtfertigung für eine gezielte Tötung – nicht im juristischen Sinne, aber im moralischen. Die UN-Charta bezeichnet dies selbst als ein »naturgegebenes Recht«, behält sich aber die Entscheidung darüber vor, wann es gültig wird. Wenn der Regierungschef aus dem Ausgangsszenario dieses Naturrecht in die eigenen Hände nimmt, akzeptiert er damit unweigerlich vier äußerst zwiespältige Aspekte, die einer solchen Entscheidung zugrunde liegen: Das ist erstens die Überzeugung des Handelnden, das Richtige zu tun, nämlich Unschuldige zu beschützen, indem eine Gefahrenquelle beseitigt wird. Es ist zweitens eine präventive Maßnahme, weil sich der Angriff erst abzeichnet, aber noch nicht stattgefunden hat. Es ist drittens die Überzeugung, durch kein anderes Mittel die Gefahr abwenden zu können. Und es ist viertens eine Abwägung von Menschenleben gegeneinander, der Terrorführer gegen eine unbekannte Zahl von Landsleuten in Deutschland. Jeder einzelne dieser vier Aspekte erfordert eine grundsätzliche ethische Entscheidungsfindung, die dann als Schablone für ähnliche Situationen verwendet werden kann. Eine ständige Überprüfung versteht sich allerdings von selbst.

Überzeugung, das Richtige zu tun

Auf den ersten Blick mag dieser Teil der Entscheidung zur gezielten Tötung eines Terroristen recht schlicht erscheinen. Natürlich, möchte man sagen, glaubt ein Regierungschef, der einen solchen Befehl erteilt, auf der richtigen Seite zu stehen und Unheil abzuwenden. Man kann jedoch davon ausgehen, dass es dem Terroranführer in seinem Versteck genauso geht. Der bezeichnet sich deshalb auch nicht als Terrorist, sondern als Djihadi, Gotteskrieger oder Freiheitskämpfer. Terroristen dieser Kategorie darf man zudem unterstellen, dass sie ihrem Handwerk nicht aus purer Mordlust nachgehen: Sie verfolgen eine Idee, und die Angriffe auf Zivilisten der eigenen oder einer fremden Gesellschaft dienen ihnen lediglich als Mittel, um diese Idee zu verwirklichen.

Den meisten Menschen wird es nicht schwerfallen, in einem so plakativen Szenario in richtig und falsch zu unterteilen. Die Idee, etwa die Errichtung eines islamistischen Gottesstaats, werten sie als falsch, die Mittel dazu, Angriffe auf wehrlose Zivilisten, erst recht. Diese Betrachtungsweise geht unter anderem auf Immanuel Kant zurück, der den »Gebrauch« eines Menschen als Mittel zum Zweck kategorisch ausschloss.[2] Daraus abgeleitet entstand die Menschenwürde als oberstes Verfassungsprinzip vieler Staaten. Wer dieses Prinzip jedoch nicht anerkennt, weil er sich beispielsweise der Begründung für einen egalitären Universalismus der Menschenrechte verweigert, steht logischerweise auf der »anderen Seite«.[3] Eine Terrorgruppe, die aus religiöser oder auch politischer Überzeugung Attentate auf Zivilisten begeht, folgt damit ihrer eigenen subjektiven Handlungslogik. Für sie ist die Tötung von Menschen eben kein Tabu, um ein bestimmtes Ziel zu erreichen. Sich dem entgegenzustellen, einmal unabhängig von den Mitteln, beruht deshalb ebenfalls auf Subjektivität, auch wenn die Mehrheit der Erdbevölkerung diese Einschätzung teilt.

Wer Terroristen bei der Ausübung eines Anschlags in den Arm fällt, braucht noch keine besonders ausgeprägte Entscheidungsstärke, weil es tatsächlich nur eine verschwindend geringe Anzahl von Menschen gibt, die die Funktionsprinzipien des Terrorismus als gerechtfertigt ansehen. Wer aber glaubt, dass diese wenigen nur in Ländern zu finden sind, in denen die Erkenntnisse der Kant'schen Ethik und der Aufklärung noch auf ihre Entdeckung warten, irrt. Auch in der Bundesrepublik herrschte nicht immer Konsens darüber, dass die Tötung von Menschen zur Durchsetzung politischer Überzeugungen illegitim ist. In der

Anfangszeit der RAF sympathisierten bis zu einem Viertel der westdeutschen Bevölkerung in »gewisser Weise« mit den Zielen und Mitteln der Terrorgruppe.[4] Zu diesem Zeitpunkt hatte es bereits bewaffnete Raubüberfälle auf Banken gegeben, jedoch noch keine Tötung von Menschen. Mit zunehmender Radikalisierung schrumpfte diese erstaunlich große Unterstützung zwar zusammen, bewahrte sich aber bis zum Ende des Deutschen Herbsts 1977 immer noch eine kleine, aber verlässliche Unterstützerszene in Presse-, Künstler- und Studentenkreisen.

Noch heute unterliegt die Ablehnung von terroristischen Methoden in unserer Gesellschaft gewissen Einschränkungen. Die großen Terroranschläge seit dem 11. September 2001 werden zwar nur von Radikalen gefeiert und gepriesen, aber ein »gewisses Verständnis« für die Motive der Attentäter bahnt sich nicht nur in islamischen Gesellschaften den Weg an die Oberfläche. So äußerte beispielsweise der damalige Bürgermeister von London Ken Livingston in einem Interview mit der BBC im Jahr 2005, dass er Selbstmordattentäter nicht »einfach verurteilen« wolle.[5] Da lag der Anschlag auf einen Bus in der Londoner City mit zweiundfünfzig Opfern gerade einmal dreizehn Tage zurück. In Bezug auf palästinensische Selbstmordkommandos fügte er hinzu, dass »die britische Gesellschaft ebenfalls viele Selbstmordbomber hervorbringen würde«, wenn diese unter einer »unterschiedslos schlachtenden Regierung« wie der israelischen leben müsste. Besonders in Bezug auf Israel sind solche Argumentationsmuster auch in Deutschland längst salonfähig geworden.[6]

Ein Regierungschef, der den Befehl zur gezielten Tötung eines Terroristen gibt, muss also eine Überzeugung vertreten und damit eine moralische Wertung vornehmen, die nicht unbedingt von allen geteilt wird. Die Überzeugung, für etwas Richtiges tödliche Gewalt einzusetzen, erfordert umso gefestigtere moralische Prinzipien, je mittelbarer der Bezug zur eigenen Sicherheit ist. Unschuldige vor dem Tod zu bewahren, besonders wenn es die eigenen Landsleute sind, ist leicht zu rechtfertigen. Viel schwieriger wird es aber, andere Werte aus dem großen Katalog der universellen Menschenrechte zu verteidigen. Genau an dieser Stelle beginnt der komplizierte Teil von richtig und falsch. Darf eine Regierung ihre Soldaten in ein anderes Land entsenden, um dort gegen Personen vorzugehen und sie vielleicht sogar zu töten, die eine freiheitliche Gesellschaft verhindern wollen? Ohne einen Wertekanon, von dem man selbst überzeugt ist, wird man die Frage, ob Töten erlaubt sein kann, nicht beantworten können.

Präventives Handeln

Die gezielte Tötung eines Terroristen zur Selbstverteidigung ist zwangsläufig immer präventiv. Soll sie es nicht sein, müsste man warten, bis der Anschlag ausgeführt wurde, um Gewissheit zu bekommen. Dann erst den verantwortlichen Terroristen zu töten, wäre aber Vergeltung – und die ist rechtlich eindeutig unzulässig und darüber hinaus auch moralisch völlig anders zu bewerten. Wer also eine gezielte Tötung anordnet, wird meist auf die Bestätigung verzichten müssen, dass es tatsächlich zu einem Anschlag gekommen wäre, wenn er nicht eingegriffen hätte.

Noch viel mehr als beim finalen Rettungsschuss ist eine Regierung in einem Terrorszenario von Wahrscheinlichkeiten abhängig, die sich fast zu 100 Prozent aus Einschätzungen der Geheimdienste zusammensetzen. Die Person, die den Befehl zur gezielten Tötung gibt, wird an einem bestimmten Punkt entscheiden müssen, dass sie über »ausreichende Informationen« verfügt, um diesen unumkehrbaren Schritt zu gehen. Wann dieser Punkt erreicht ist und was »ausreichend« heißt, kann ein Stab von Beratern ermitteln. Am Ende aber muss dies eine einzelne Person bestimmen. Man kann sich vorstellen, dass diese Tatsache eine gewisse Charakterstärke benötigt, übrigens auch, um die Entscheidung anschließend politisch vor der Öffentlichkeit zu rechtfertigen.

Moralphilosophen, die sich mit der Frage auseinandersetzen, wann Töten erlaubt sein kann, umgehen diese Unsicherheit oft mit einem schematischen Szenario. Eines der bekanntesten ist das Eisenbahndilemma:[7] Ein führerloser Zug rast auf eine

Gruppe von fünf Gleisarbeitern zu und wird diese töten. Es gibt jedoch die Möglichkeit, eine Weiche per Hand umzustellen und den Zug damit auf ein anderes Gleis zu lenken, doch dann würde ein anderer Gleisarbeiter zu Tode kommen. Fünf gegen einen: Stellt man die Weiche um oder nicht?

Das Eisenbahndilemma dient in erster Linie dazu, die Frage der Abwägung von Menschenleben zu diskutieren: Darf man einen Menschen töten, um fünf andere zu retten? Eine an sich schon schwere Entscheidung, die später behandelt wird. Dieses Beispiel ist bewusst so konstruiert, dass es keine Alternative zulässt: Es gibt eben kein drittes Gleis, keinen Motorschaden der Lok und auch nicht die Möglichkeit, die Gleisarbeiter zu warnen. Wer die Weiche umstellt, tötet damit einen Menschen, der ohne Eingriff überlebt hätte. Circa 90 Prozent der Befragten entscheiden sich in dieser Situation für das geringere Übel, vor allem weil man die Gewissheit hat, fünf Arbeiter definitiv zu retten. Diese Sicherheit gibt es im realen Szenario eines geplanten Terroranschlags nicht. Es steht ein Getöteter gegen eine unbekannte Anzahl von Geretteten, die möglicherweise auch null sein kann. Das und die Tatsache, dass die Handlung nicht fiktiv ist, macht es für den Entscheider um ein Vielfaches schwerer.

Das humanitäre Völkerrecht ist für diese Form der Terrorabwehr nicht anwendbar, das wurde bereits festgestellt. Eine gezielte Tötung steht aber unweigerlich in einem kriegerischen Kontext, da es sich um den Einsatz von Gewalt in einem anderen Staat handelt und sich außerdem von den Grundlagen innerstaatlicher Rechtsdurchsetzung weit entfernt hat. Es bildet daher trotzdem so etwas wie die normative Grundlage für einen solchen Fall und kann in Ermangelung klarer Regeln zur internationalen Terrorismusbekämpfung als Orientierungshilfe dienen.

Unter welchen Voraussetzungen ist präventive Gewalt also überhaupt zulässig? Das humanitäre Völkerrecht lässt grundsätzlich nur Verteidigungskriege zu. So wird ein Präventivschlag in der gesamten Charta der Vereinten Nationen ausdrücklich nicht erwähnt – im Gegensatz zum »Angriffskrieg«, der wiederum eindeutig verboten ist. Ein Angriffskrieg definiert sich jedoch nicht über die Frage, wer den ersten Schuss abgibt, sondern über die Intentionen der Kontrahenten. Da fast jede bewaffnete Auseinandersetzung der letzten hundert Jahre, inklusive des deutschen Überfalls auf die Sowjetunion, als »Präventivkrieg« deklariert wurde, hat sich dieser Begriff in der allgemeinen Wahrnehmung mittlerweile zum Synonym für »verschleierter Angriffskrieg« gewandelt – und das nicht zu Unrecht: Der häufige Missbrauch des rechtfertigenden Begriffs »Präventivschlag« und die verwirrende Tatsache, dass auch bei einem echten Präventivschlag der erste Schuss nicht vom Aggressor ausgeht, haben zu einer Schmähung jedweder Form präventiver Gewalt geführt. Ein Präventivschlag, egal in welcher Form, klingt für viele heute grundsätzlich unzulässig. Das gilt besonders für die Terrorismusbekämpfung. Dabei sind nach der Interpretation der meisten Völkerrechtler präventive Maßnahmen in Ausnahmefällen sehr wohl gestattet, sofern ein Angriff des Gegners unmittelbar bevorsteht.

Wann aber dieser Zeitpunkt erreicht ist, lässt sich mittlerweile auch bei zwischenstaatlichen Auseinandersetzungen fast genauso schwer ermitteln wie bei terroristischen Bedrohungen. Wann sind die Kriegsvorbereitungen eines aggressiven Staates so weit fortgeschritten, dass »mit an Sicherheit grenzender Wahrscheinlichkeit« ein Angriff unmittelbar bevorsteht? Wenn die mobile Startrampe für eine nuklear bestückte Rakete in die Senkrechte gebracht wird? Oder gegebenenfalls auch schon früher, wenn etwa eine Staatsführung offen mit der Vernichtung eines ganzen Volkes droht und dazu entsprechende Vorbereitungen trifft? Das Wann hängt beim Präventivkrieg genauso von der Interpretation des Bedrohten ab wie bei einem terroristischen Szenario. Selbstverständlich gibt es sachliche Hinweise wie Satellitenbilder oder nachrichtendienstliche Erkenntnisse, die zuverlässig sein müssen. Die wirkliche Bedrohung aber bleibt subjektiv und kann niemals durch eindeutige Regeln bestimmt werden – schon gar nicht von einem Gremium, das nicht die Konsequenzen im Falle eines Irrtums tragen muss. Präventivkrieg und Terrorabwehr teilen sich somit das Dilemma des fehlenden »ersten Schusses« als sichtbaren Beweis einer Aggression.

Der einzige Krieg, der seit dem Bestehen des modernen Völkerrechts tatsächlich als gerechtfertigter Präventivschlag legitimiert wurde, war der israelische Angriff auf Ägypten, Syrien und Jordanien im Juni 1967. Vor allem der ägyptische Aufmarsch auf der Sinai-Halbinsel führte der Welt damals die »unmittelbare Gefahr« vor Augen. Die antiisraelische Rhetorik der arabischen Staatschefs tat dann noch ihr Übriges, um dem Sechs-Tage-Krieg seine breite Unterstützung zu geben. Aber selbst dieser scheinbar eindeutige Fall von legitimer präventiver Verteidigung geschah nicht mit der absoluten Gewissheit, einem arabischen Angriff zuvorzukommen. Der ehemalige Ministerpräsident Israels, Menachem Begin, formulierte das 1982 so: »Wir müssen ehrlich zu uns selbst sein. Wir entschieden uns [1967] anzugreifen. Wir taten dies nicht, weil wir keine Alternative gehabt hätten. Wir hätten weiter abwarten können [...]. Wer weiß, ob ein Angriff gegen uns erfolgt wäre? Es gibt keinen Beweis dafür.«[8]

Begins Rede vor dem National Defense College war aber alles andere als das Eingeständnis eines ungerechtfertigten Präventivschlags. Er definierte vielmehr zwei Sorten des Krieges, aus denen er die Richtigkeit der israelischen Präventivpolitik ableitete: der Krieg, der keine Wahl lässt, und der Krieg der Alternativen.[9] Als »Krieg ohne Alternative« bezeichnete Begin unter anderem den Zweiten Weltkrieg. »Als Deutschland die polnisch-deutsche Grenze überschritt, kämpfte Polen, weil es keine Alternative hatte. Am 22. Juni 1941 griff Deutschland die Sowjetunion an. Ab dann war es ein Krieg ohne Alternative für Polen, ein Krieg ohne Option für Frankreich und ein Krieg ohne Wahl für Russland. Aber welchen Preis zahlte die Menschheit für diese Alternativlosigkeit?« Ein »Krieg der Alternativen« wäre ihm zufolge ein alliiertes Einschreiten im März 1936 gewesen, als Hitler der Wehrmacht den Befehl gab, das entmilitarisierte Rheinland zu besetzen – ein Präventivschlag ohne Zweifel und möglicherweise auch mit Verlusten, dafür aber zeitlich begrenzt mit besten

Chancen, die Katastrophe zu verhindern, die gut drei Jahre später begann.

Menachem Begin, der sich 1939 vor den deutschen Besatzern aus Polen und später über ein sowjetisches Arbeitslager nach Palästina hatte retten können, begründete das moralische Recht zu präventiver Gewalt mit der Begrenzung der Zahl von Opfern – und machte dieses Recht damit fast zu einer Pflicht. Die Katastrophe des Zweiten Weltkriegs und die Erfahrungen aus drei israelischen Kriegen, bei denen es mehrfach um die Existenz seiner Nation ging, ließen ihn für Bedingungen eintreten, »unter denen ein Krieg, falls dieser notwendig sein sollte, nicht nur aus Mangel an Alternativen« geführt werden darf. Er dehnte das moralische Recht zur präventiven Verteidigung dabei ausdrücklich auf Bedrohungen aus, die »den Staat nicht in seiner Existenz bedrohen«, aber das Leben von unschuldigen Zivilisten fordern, sogar wenn dies außerhalb der eigenen Grenzen geschieht. »Sollen wir erlauben, dass Bomben gegen Juden in Paris, Rom oder London gelegt werden? Sollen wir erlauben, dass unsere Botschafter angegriffen werden?«

Israels Haltung zu präventiver Gewalt ist durch völlig andere Voraussetzungen geprägt als bei Staaten, die in der Mitte einer politischen Union liegen oder durch zwei Ozeane geschützt sind. In Israel verknüpfen sich Bedrohungsszenarien viel häufiger mit der Existenz des ganzen Staates, als dies in Europa oder Amerika der Fall ist. Aus diesem Grund sieht sich das kleine Land gezwungen, den fehlenden Beweis der gegnerischen Absicht schneller zu akzeptieren als andere Staaten, denn es hat weniger Möglichkeiten, einen Irrtum auszugleichen. Bei terroristischen Bedrohungen, die nicht die Existenz des ganzen Staates gefährden, stellt sich dort aber genau die gleiche Frage wie anderswo: Wann ist der richtige Zeitpunkt gekommen, um präventiv zu handeln?

Notwendigkeit zu töten

Ein Regierungschef, der eine gezielte Tötung anordnet, muss von der Richtigkeit seiner Absicht überzeugt sein. Wenn er Unschuldige retten will, ist das nicht sonderlich schwer. Wie er dies aber tun will, ist damit noch nicht beantwortet. Beim Eisenbahndilemma gibt es nur die Möglichkeit, den Hebel der Weiche umzulegen. Wer sich entschließt, einen statt fünf zu töten – oder besser formuliert: fünf statt einen zu retten –, muss zumindest nicht mehr darüber nachdenken, welche Mittel er einsetzt oder wann er handelt. Er muss spätestens dann den Hebel ziehen, wenn der Zug kurz davor ist, die Weiche zu passieren. Das fiktive Szenario vom Beginn dieses Kapitels war mit Absicht ebenfalls so formuliert, dass dem verantwortlichen Regierungschef nur der Einsatz amerikanischer Drohnen bleibt, um die Anschlagsgefahr zu bannen. In der Realität stehen bis zu diesem Entschluss selbstverständlich auch andere Mittel zur Verfügung, zwischen denen er sich entscheiden kann. Zu der Entscheidung des Ob kommt also noch die des Wie hinzu.

Im Fall eines bewaffneten Konflikts spielt die Wahl der Mittel eine untergeordnete Rolle – jedenfalls wenn man nur das humanitäre Völkerrecht zugrunde legt. Soldaten sind eben nicht gezwungen, vor dem Einsatz tödlicher Gewalt alle anderen Mittel auszuschöpfen. Rein rechtlich sind sie dazu befugt, schneller und prophylaktischer zu töten, als das zum Beispiel beim Law Enforcement möglich ist. Das nimmt einen erheblichen Teil des Entscheidungsdrucks. In der Realität der heutigen Kriege kann sich jedoch niemand mehr ausschließlich auf dieses Recht berufen. Die Öffentlichkeit der kriegsführenden westlichen Staaten erwartet von ihren Soldaten eine behutsame Abwägung der Mittel und einen sehr restriktiven Einsatz von Waffengewalt. Die Frage der Notwendigkeit stellt sich in einem Einsatz wie dem in Afghanistan mittlerweile genauso. Vor einem Bombenabwurf soll beispielsweise erst gewarnt werden. Lieber noch möchte man die eigenen Soldaten an den Ort der Gefahr schicken, weil diese »schonender« vorgehen können, wie mancher zumindest im Fall des Kundus-Luftschlags glaubte. Bei einem Einsatz gegen einen mutmaßlichen Terroristen aber steht das Mittel der gezielten Tötung definitiv an letzter Stelle, und das verlangt eine weitere Abwägung im Entscheidungsprozess: Wie viel Risiko mute ich meinen eigenen Leuten zu, um die Tötung des Terroristen zu vermeiden?

Im obigen Szenario meldete der KSK-Offizier aus Aleppo, dass das Risiko für seine Soldaten vor Ort zu groß sei, um den Versuch einer Gefangennahme zu starten. Eine solche Bewertung fußt auf den Informationen, die er vor Ort erhält, und seiner professionellen Einschätzung. Sie ist für sich genommen subjektiv. Dem Offizier erscheint zwar das Risiko zu hoch, aber in welchem Verhältnis? Ein zuständiger Minister könnte theoretisch antworten, dass ihm das Risiko akzeptabel erscheine, und den Befehl zur Stürmung geben. Das ist allerdings tatsächlich Theorie, denn ein weisungsbefugter Minister wird einer solchen Empfehlung in der Regel folgen, da er die Lage vor Ort nicht besser beurteilen kann als seine unterstellten Soldaten. Er würde darüber hinaus auch in Teufels Küche kommen, wenn er gegen den Rat seines Offiziers die Erstürmung anordnete und diese dann in einem Blutbad enden würde. Wenn der Soldat aber meldete, dass er einen Zugriff durchaus für machbar hielte, bekäme der Entscheider tatsächlich eine weitere Option hinzu und müsste nun beurteilen, ob die gezielte Tötung mit den Drohnen wirklich notwendig ist.

Außerhalb eines bewaffneten Konflikts gilt grundsätzlich das Gebot der Notwendigkeit beim Einsatz tödlicher Gewalt. Es ist durchaus erlaubt zu töten, aber erst nachdem alle anderen Mittel ausgeschöpft sind. Was wie ein festgelegter Katalog von Maßnahmen klingt, die einfach nacheinander abgearbeitet werden müssen, stellt sich in der Realität als schwierige Abwägung dar. Eine Zugriffsoperation beispielsweise zielt nicht darauf ab, den Gegner zu töten, sondern ihn gefangen zu nehmen – das macht diese Variante moralisch so attraktiv. Die Erstürmung eines Hauses oder eines Gebäudekomplexes ist jedoch auf der anderen Seite eine taktisch höchst anspruchsvolle Operation, bei der das Risiko eigener Verluste auch für Profis relativ hoch ist, besonders wenn das Ziel die Gefangennahme und nicht die Ausschaltung eines verschanzten Gegners ist. Wenn also der Offizier meldet, dass er einen Zugriff für durchführbar hält, heißt dies nicht unbedingt, dass dies die bessere Alternative ist. Er glaubt es in diesem Moment, kann aber das Ende nicht vorhersagen. Bei einem Misserfolg könnten schließlich sowohl die eigenen Soldaten tot sein wie auch die Person, die eigentlich nur festgenommen werden sollte. Per Saldo wäre dies dann eine schlechte Entscheidung gewesen, und eine gezielte Tötung mit Drohnen hätte im Ergebnis zumindest das Leben der eigenen Einsatzkräfte geschont. Der Zugriff auf Osama bin Laden hätte beispielsweise durchaus auch so ausgehen können. Die Furcht vor eigenen Verlusten darf auf der anderen Seite aber nicht dazu führen, dass von vornherein zum letzten Mittel gegriffen wird, wie das eben im Krieg möglich ist. Es ist eine Abwägung, die noch um ein Vielfaches schwieriger wird, wenn sich unbeteiligte Zivilisten in der Nähe des Gegners aufhalten. Denn dann kommt der Faktor »Unschuld« ins Spiel.

Politische und militärische Vorgesetzte haben eine Fürsorgepflicht für ihre untergebenen Soldaten. Das Gleiche gilt für die Polizei: Sie einem unkalkulierbaren Risiko auszusetzen, verstößt gegen diese Fürsorgepflicht. Die Beurteilung, welches Risiko zu hoch ist, obliegt den jeweiligen Führern vor Ort und muss selbstverständlich in ein Verhältnis zum erwarteten militärischen Nutzen gesetzt werden. Im Falle der Terrorabwehr ist es ein Verhältnis zum zivilen Nutzen. Das Neue an den heutigen Einsatzszenarien, ob Militärintervention oder Antiterroreinsatz, ist die Tatsache, dass ein höheres Risiko für die Soldaten oder Polizisten unter bewusster Zurückhaltung risikomindernder Mittel eingegangen wird.

In den großen Kriegen der Vergangenheit gab es zwar auch immer wieder Operationen und Schlachten, die unter furchtbaren Verlusten gewonnen wurden und die sich nachher als Pyrrhussieg entpuppten. Diesen Tragödien lag aber immer eine taktische Fehleinschätzung zugrunde, nie eine gewollte Risikoverlagerung auf die eigenen Truppen. Im Vietnamkrieg gab es beispielsweise eine Reihe von solchen Schlachten um irgendwelche Dschungelhügel, die so unbedeutend waren, dass sie noch nicht einmal Namen hatten, sondern nur Nummern. Hügel 881 im Mai 1967, Hügel 943 im November 1967, Hügel 937 im Mai 1969. Letzterer bekam von den Soldaten schon während der Schlacht den Spitznamen »Hamburger Hill« verliehen, weil die Napalmbomben die Gefallenen »grillten«, wie die GIs es zynisch beschrieben. Die Verluste der stürmenden Amerikaner, die teilweise in die Hunderte gingen, waren jedoch nicht auf die militärische Selbstbeherrschung zurückzuführen, wie sie heute verlangt wird. Bevor die Infanterie den Berg hinaufgeschickt wurde, bahnten Luftwaffe und Artillerie ihr den Weg mit Hilfe eines massiven Bombardements. Der verschanzte Feind sollte so weit wie möglich vernichtet werden, um die Verluste bei den eigenen Bodentruppen später zu begrenzen. Von Zurückhaltung konnte wahrlich keine Rede sein. Dass diese Aktion dennoch nicht von Erfolg gekrönt war, hatte nichts mit einer Selbstbeschränkung der Mittel zu tun, man hatte sie nur falsch oder zu vorsichtig eingesetzt.

Ein solches Vorgehen ist in den heutigen Kriegen undenkbar. Zum einen hängt das stark von der unscharfen Trennlinie zwischen Kämpfern und Zivilisten ab, zum anderen aber ist es nicht mehr selbstverständlich, den völkerrechtlich klar definierten Feind möglichst umfänglich zusammenzuschießen. Dahinter steckt zum einen die durchaus kluge Erkenntnis, dass ein Feind von heute zum Kooperationspartner von morgen werden kann. Militärische Siege, so es sie denn überhaupt noch gibt, werden richtigerweise nur als Basis für politische Lösungen betrachtet, zu deren Erfolg meist eine Einbindung der ehemaligen Gegner unabdingbar ist. Die Beschränkung militärischer Gewalt während der Feindseligkeiten ist also eine Art Investition in die Nachkriegszeit.

Der zweite Grund ist weniger strategischer denn moralischer Art: Der Einsatz tödlicher Gewalt wird beschränkt, weil das Töten des Gegners nicht mehr als vertretbares Mittel zum Sieg akzeptiert wird. Nach den oben beschriebenen Schlachten in Vietnam wurde noch völlig selbstverständlich über die Zahl getöteter

Feinde berichtet. Sie galt als Beleg des eigenen militärischen Erfolgs und als Rechtfertigung der eigenen Verluste. Während des Afghanistankriegs vierzig Jahre später wäre es zu keiner Zeit denkbar gewesen, dass ein Sprecher des Verteidigungsministeriums vor versammelter Presse die Zahl getöteter Taliban verkündet hätte, um damit auf den Erfolg einer Operation zu verweisen. Der moralische Anspruch hat sich auch im Krieg verschoben – und nicht nur bei den Deutschen. Das Töten ist selbst da zur Ultima Ratio geworden, wo es früher eine Selbstverständlichkeit war.

Die Zurückhaltung beim Einsatz tödlicher Gewalt kann im Krieg nur durch bessere Schutzsysteme, beispielsweise bei Gefechtsfahrzeugen, und durch eine Verlagerung des Risikos auf die eigenen Truppen erkauft werden. Letzteres ist eine politisch-moralische Abwägung. Ein schonenderes Vorgehen eröffnet hingegen dem Gegner zwangsläufig mehr Handlungsspielraum. Dies ist grundsätzlich nicht falsch, muss aber als bewusste Entscheidung deutlich gemacht werden.

Die Bundesregierung hat bisher jede Anfrage, ob das Kommando Spezialkräfte an gezielten Tötungen in Afghanistan teilnehme, ausdrücklich verneint und damit nicht gelogen. Die Elitesoldaten der Bundeswehr rücken nicht aus den Feldlagern aus, um eine Person, die auf der Target-Liste der ISAF steht, mit einem geleiteten Luftschlag oder einem Präzisionsschuss zu töten. Nach dem Völkerrecht und nach den Einsatzregeln der NATO dürften sie das zwar eindeutig tun, aber die Bundesregierung hat sich dafür entschieden, dass das KSK nur Gefangennahmen von Taliban-Kommandeuren durchführt. In der Sache bedeutet dies, ein höheres Risiko für die eingesetzten Soldaten zu akzeptieren, um nicht das finale Mittel, die gezielte Tötung, gegen den Gegner einzusetzen. Es bedeutet aber zudem, dass die Bundesregierung immer wieder auf die Bekämpfung gegnerischer Kommandeure verzichten muss. Denn jedes Mal, wenn der Kommandeur der Task Force, in der die deutschen Kommandosoldaten organisiert sind, das Risiko eines Zugriffs für zu hoch hält, bleibt nur der Rückzug vom Zielgebäude und das Warten auf eine günstigere Gelegenheit. Alternativ könnten sie noch die Amerikaner rufen, aber so ist die Beschränkung der Bundesregierung sicher nicht gemeint.

Wenn im Afghanistaneinsatz kategorisch auf gezielte Tötungen von Schlüsselfiguren des Aufstands verzichtet wird, kann dies denselben Preis fordern wie bei der Terrorismusbekämpfung außerhalb eines bewaffneten Konflikts: Bei einem Festnahmeversuch können die eigenen Sicherheitskräfte zu Schaden kommen, bei Verzicht auf einen Zugriff wegen zu hohen Risikos riskiert man die Flucht eines Terror- oder Aufständischenführers. Beides kann zu schwerwiegenden Konsequenzen führen, die man bereit sein muss zu akzeptieren. Steht die Tötung eines Terroristen als Option aber grundsätzlich zur Verfügung, liegt es am Verantwortlichen zu entscheiden, wann diese eingesetzt wird. Die bewaffnete Drohne allein eignet sich als Mittel der Terrorabwehr außerhalb bewaffneter Konflikte jedenfalls nicht, weil sie eben keine Alternativen zulässt: Der Gesuchte kann nur getötet werden, es gibt keine »Vorstufe« wie beispielsweise eine Gefangennahme.

Um also die Intention, wenn möglich mildere Mittel einzusetzen, wirklich glaubhaft zu machen, muss eine Regierung bei einer Antiterroroperation auch immer andere Mittel bereithalten. Dass diese schon bei der Planung verworfen werden, ist durchaus möglich. Es muss aber dennoch bei jedem einzelnen Fall eine gewissenhafte Risiko- und Chancenabwägung stattfinden, ob eine Tötung wirklich notwendig ist. Der amerikanische Drohnenkrieg in der jetzigen Form kann dies nicht gewährleisten.

Abwägung von Menschenleben

Vor allen anderen Abwägungen, die die Entscheidung zur gezielten Tötung eines Terroristen umfasst, steht die Frage, ob Menschenleben gegeneinander aufgewogen werden dürfen. Sie steht vor jedem Einsatz von tödlicher Gewalt. Darf man einem Menschen das Leben nehmen, um andere zu retten? Das fünfte Gebot ist eindeutig: Du sollst nicht töten. Wer daraus einen radikalen Pazifismus ableitet, kann die Tötung eines Menschen nicht bewilligen, auch wenn dadurch tausendfaches Leid verhindert werden würde. Ein absolutes Tötungsverbot, ob es aus der Bibel oder anderen Quellen stammt, gilt dann eben auch für Massenmörder, Schwerverbrecher oder Terroristen.

So wenig wie die Kirche eine umfassende Ausnahmeregelung vom Tötungsverbot definieren könnte, kann dies der Staat tun. Anders als die Kirche behält er sich aber das Recht vor, in gewissen Situationen eine Ausnahme vom grundsätzlichen Tötungsverbot zuzulassen, um »höhere Rechtsgüter« zu schützen. Im oben vertretenen theologischen Sinne entscheidet sich der Staat damit für die »Schuld« zu töten, um größeres Übel zu verhindern – eine Bereitschaft, die beispielsweise auch für Soldaten unabdingbar ist.

In der Bundesrepublik Deutschland wie in den meisten anderen europäischen Staaten ist dies in Notwehr- und Nothilfesituationen der Fall. Ob bei einem Polizeieinsatz im Inneren oder bei der Intervention von Streitkräften im Ausland: Der Staat stellt in Extremfällen Menschenleben gegenüber und bewertet sie spätestens beim Einsatz tödlicher Gewalt. Mit der Tötung eines Geiselgangsters durch den finalen Rettungsschuss beispielsweise nimmt ein Polizist im Auftrag des Staates das Leben eines Menschen, um ein anderes zu retten. Nicht der Scharfschütze selbst, aber der Einsatzleiter wägt im Staatsauftrag ab.

Entsprechend ist dieses Prinzip auch auf den Einsatz der Streitkräfte im Ausland anzuwenden. Die Bundeswehr ist wie jede andere Armee der Welt ein Instrument der Außenpolitik, das dann eingesetzt wird, wenn alle anderen Mittel ausgeschöpft scheinen. Ihr Zweck ist der Schutz Deutschlands, seiner Staatsbürger, seiner Verbündeten, seiner Interessen, wie immer man sie definieren will, oder auch der weltweite Schutz von Menschenrechten, wenn dies politisch so gewollt ist. Am Ende ist die Bundeswehr selbstverständlich immer noch ein Instrument der Gewalt, selbst wenn in der offiziellen Kommunikation von Regierung und Parlament schon seit Jahrzehnten nur noch über den Zweck gesprochen wird und nicht darüber, wie dieser erreicht wird. Dass Gewalt auch ein Mittel zum Schutz von Menschenleben sein kann, wird dabei gern unterschlagen. Viel lieber spricht man darüber, was die Bundeswehr stattdessen leistet, und das ist durchaus vieles: Sie kann Straßen und Brunnen instand setzen, Schulen bauen und überhaupt zivile Projekte vielerlei Art durchführen. Sie kann Fluten eindämmen, medizinische Soforthilfe in Katastrophenfällen leisten und Hilfsgüter zu Notleidenden in der ganzen Welt fliegen.

All diese Fähigkeiten und zahllose mehr sind ebenfalls Mittel der Außenpolitik, die eingesetzt werden, wenn alles andere nicht mehr zu helfen scheint. Das Kerngeschäft der Bundeswehr ist aber immer noch das Bekämpfen von äußeren Gegnern und nichts anderes. Dafür hält sich ein Staat bewaffnete Streitkräfte mit Panzern, Jagdbombern und Kriegsschiffen. Bringt man solches Kriegsgerät zum Einsatz, gibt es freilich immer noch verschiedene Eskalationsstufen unterhalb der Schwelle tödlicher Gewalt. Abschreckung zählt beispielsweise dazu oder, wie es über die ersten Jahre des Afghanistaneinsatzes hieß: Präsenz zeigen. Aber schon dieses »Präsenzzeigen« funktioniert nur, wenn potentielle Angreifer fest davon ausgehen, dass gegebenenfalls geschossen wird. Kommt es dann zum Einsatz von Waffengewalt, werden unweigerlich Menschenleben gegeneinander abgewogen.

Um diese Ausnahmen vom Tötungsverbot moralisch zu legitimieren und dabei Menschenleben gegeneinander abzuwägen, bedient man sich meist der Unterscheidung von Schuldigen und Unschuldigen. Jede andere Begründung ist zumindest in Europa nicht mehrheitsfähig. Der Geiselgangster ist schuldig, weil er eine andere Person mit der Waffe bedroht. Deren Leben zu schützen, indem man seines nimmt, scheint geradezu auf natürliche Weise richtig zu sein – aber eben nur dann, wenn man das Töten grundsätzlich akzeptiert, um Leben zu retten. Die zweite Option bestünde in der konsequenten Ablehnung jeder Form der Gewalt – koste es, was es wolle. Man ließe den Dingen ihren Lauf, um die theologische Schuld des Tötens zu vermeiden. Wie aber stünde es dann mit der Schuld gegenüber der Geisel, die durch das Nichteingreifen getötet wird? Ein anderes Dilemma tut sich auf.

Auch im Kontext militärischer Operationen spielt die Einteilung in Schuldige und Unschuldige eine essentielle Rolle. Das Militär rückt gegen Schuldige aus, sich selbst wähnt man freilich auf der unschuldigen Seite. Al-Qaida-Leute gelten ebenso als Schuldige wie Taliban, Assad-Truppen, Joseph-Kony-Krieger oder Angehörige des Kim-Jong-Un-Regimes. Dass dies alles Bewertungen einer humanistisch-demokratischen Gesellschaft sind, erklärt sich von selbst. Es sind die Werte der westlichen Gesellschaften, die dieser Einteilung zugrunde liegen – und diese werden beileibe nicht auf der ganzen Welt geteilt.

Selbst im Westen sind diese Einteilungen nicht immer unumstritten. Für die Soldaten Baschar al-Assads oder die Schergen Joseph Konys gibt es zumindest in Deutschland keine nennenswerte Lobby. Doch schon bei den Kämpfern der Hamas oder der kurdischen Arbeiterpartei PKK sieht das ein wenig anders aus: Obschon beide Organisationen von vielen Ländern, der Europäischen Union und auch von Deutschland offiziell als Terrororganisationen geführt werden, gibt es in der Bundesrepublik beachtenswert viel Sympathie beziehungsweise Verständnis. Man muss das an dieser Stelle gar nicht bewerten. Diese Beispiele machen lediglich deutlich, dass jedem Einsatz bewaffneter Gewalt eine Haltung zugrunde liegt, die durch keine übergeordnete Instanz bestätigt werden wird. Dies gilt besonders für gezielte Tötungen als sehr direkte Form der Abwägung von Menschenleben.

Die individuellen oder gesellschaftlichen Schuldeinteilungen sind keine im juristischen Sinne. Die juristische Schuld eines Menschen gilt nach rechtsstaatlichen Prinzipien so lange als unbewiesen, bis ein Gericht ein rechtskräftiges Urteil gefällt hat. Dies geschieht in der Regel weder bei gezielten Tötungen einzelner Personen noch bei Militäreinsätzen gegen bewaffnete Organisationen oder Staaten. Selbst wenn ein Gericht die Genehmigung zur Tötung einer Person erteilen würde, hätte diese vorher wohl kaum die Gelegenheit, sich angemessen zu verteidigen. Doch ohne Verteidigung eines Angeklagten ist kein rechtsstaatliches Urteil möglich.

Die Hinweise der zahlreichen Kritiker, dass die gezielte Tötung von Terroristen durch amerikanische Drohnen »ohne Gerichtsprozess« stattfindet, sind daher nicht logisch. Wenn es ein Verfahren nach unseren Maßstäben geben würde, müssten sich Osama bin Laden, Anwar al-Awlaki und alle anderen dort vor ihrer Tötung verteidigen können. Wären sie dort, entfiele aber jede andere Rechtfertigung für eine Tötung, da sie ja dann keine Gefahr mehr darstellten. Selbst ein Gerichtsbeschluss, der ohne eine Mitwirkung der Zielpersonen stattfände, könnte kaum eine weltweit anerkannte Legitimität sicherstellen. Weder irgendein amerikanisches noch ein internationales Gericht wäre in der Lage, die gezielte Tötung eines Terrorverdächtigen zu beschließen. Die Richter wären auf dieselben Informationen angewiesen, die auch die US-Regierung zur Entscheidungsfindung auswertet, und diese stammen fast ausschließlich von den eigenen Geheimdiensten.

Ein Gerichtsurteil hilft also nicht weiter. Die Entscheidung, einen Menschen zu töten, um andere zu retten, bleibt ein Entschluss auf Basis eigener Wertvorstellungen: dort schuldig, hier unschuldig. Wer diese Subjektivität nicht akzeptieren möchte, kann die Entscheidung nicht treffen.

Wesentlich komplizierter wird die Abwägung von Menschenleben gegeneinander, wenn auf beiden Seiten der Entscheidung unschuldige Personen getötet werden – der Normalfall beim Einsatz militärischer Gewalt. Ob bei einer größeren Intervention oder bei der gezielten Tötung einer Einzelperson: Von der Entscheidung zu töten sind meist auch Menschen betroffen, die nicht die Verursacher der Bedrohung sind. Die Medien sprechen entweder von »zivilen Opfern« oder von »Unschuldigen«, die Politik und das Militär sprechen von »Kollateralschäden« – das deutsche Unwort des Jahres 1999. Doch so kaltschnäuzig dieser Begriff klingen mag, sind auch die anderen beiden Bezeichnungen irreführend. Sie nehmen exakt jene Abgrenzung vor, die eben meist nicht so eindeutig ist. Wenn es bei einem Drohnenangriff zu »zivilen Opfern« kommt, wird der Person, die getötet werden sollte, automatisch ein nichtziviler Status verliehen – also Kombattant. Wenn »Unschuldige« unter den Opfern sind, ist die Zielperson in Abgrenzung dazu »schuldig«. Genau diese Definition ist zumindest juristisch meistens nicht zu machen. Eine wesentlich bessere Bezeichnung für die Personen, die es eigentlich nicht treffen soll, ist »Unbeteiligter«. Und davon gibt es bei jeder Form des staatlichen Tötens stets mehr, als Politik und Militär zugeben wollen.

Ein Grund für die meist beschönigende Wortwahl für unbeteiligte Opfer und die häufige Verschleierung der tatsächlichen Opferzahlen ist eine direkte Folge dieses schwierigen Abwägungsprozesses zwischen den Unbeteiligten auf beiden Seiten. Für den Einsatz militärischer Gewalt kann es nur die Rechtfertigung des Schutzes von Unbeteiligten geben. Aber wie viele andere Unbeteiligte dürfen dafür geopfert werden?

Im fiktiven Ausgangsszenario in Syrien wurde zunächst nur die Frage erörtert, ob der Terrorführer gezielt getötet werden darf, um Anschläge in Deutschland zu verhindern. Dabei wurde bewusst außer Acht gelassen, ob ihn die Rakete allein trifft oder er von Unbeteiligten umgeben ist. Geht man davon aus, dass er sich in einem Haus aufhält, besteht zumindest die Möglichkeit, dass er auch von Personen umgeben ist, die nicht Ziel des Angriffs sind. In der Realität solcher Einsätze schwanken die Angaben über unbeteiligte Opfer der Drohnenangriffe sehr stark: Je nachdem, welche politische Absicht verfolgt wird, werden sie entweder niedrig oder hoch beziffert. Wie das Verhältnis tatsächlich ist, spielt für die moralische Legitimation von Drohneneinsätzen eine entscheidende Rolle. Ebenso wie bei herkömmlichen Militärinterventionen schwindet die Legitimation proportional zum Anstieg unbeteiligter Opfer.

Michael Walzers »Zielen«, also das Treffen der beabsichtigten Personen, ist »für die moralisch gerechte Kriegführung« die oberste Regel.[10] Es lässt sich jedoch von niemandem leugnen, dass es unbeteiligte Opfer gibt. Eine grundsätzliche Auseinandersetzung mit der Frage, ob man diese akzeptieren kann und, wenn ja, in welchem Verhältnis, ist daher in jedem Fall notwendig.

Sowohl beim Zugriff auf Osama bin Laden in Abbottabad als auch bei der gezielten Tötung Anwar al-Awlakis im Jemen kamen Unbeteiligte zu Tode. Falls diese sich während der Erstürmung des Hauses mit einer Schusswaffe wehrten, spielt dies für die Bewertung keine Rolle: Sie bleiben trotzdem unbeteiligt, weil sie nicht Ziel der Operation waren und sozusagen »zufällig« in die Schusslinie gerieten und sich dann verteidigten. Dies gilt auch für die Mitfahrer Awlakis: Die US-Regierung erklärte zwar, dass einer von ihnen, Samir Khan, als Terrorverdächtiger galt, für die Fahrer und anderen Mitreisenden wurde dies aber nicht bestätigt. Es bleibt das gleiche moralische Problem, vor dem auch Georg Elser und Oberst Stauffenberg standen: Darf man den Tod von Fahrern, Telefonisten oder Aushilfskellnerinnen akzeptieren, um andere Menschenleben damit zu retten?

In der Bundesrepublik setzten sich vor einigen Jahren die Politik und später die Justiz ausgiebig mit dieser Frage auseinander. Mit dem Luftsicherheitsgesetz verabschiedete der Bundestag mit den Stimmen der Großen Koalition ein Gesetz, das nicht nur die Tötung von Terroristen zuließ, sondern auch die von unbeteiligten Personen. Damit erhielt der Verteidigungsminister die Möglichkeit, eine entführte Passagiermaschine durch Abfangjäger der Luftwaffe abschießen zu lassen, »wenn nach den Umständen davon auszugehen ist, dass das Luftfahrzeug gegen das Leben von Menschen eingesetzt werden soll, und sie [der Abschuss] das einzige Mittel zur Abwehr dieser gegenwärtigen Gefahr ist.«[11] Die FDP lehnte das Gesetz damals mit der Begründung ab, dass das Abwägen von Menschenleben verfassungswidrig sei, und sollte damit recht behalten.

Am 15. Februar 2006 kassierte das Bundesverfassungsgericht das Luftsicherheitsgesetz unter anderem mit der Begründung, dass Menschen niemals zum »bloßen Objekt« staatlichen Handelns gemacht werden dürfen.[12] Dies würde, so die Richter, sowohl gegen das verbriefte Recht auf Leben nach Artikel 2 des deutschen Grundgesetzes verstoßen als auch gegen die staatlich garantierte Menschenwürde nach Artikel 1. In seiner Begründung machten Deutschlands oberste Richter zudem »technische« Bedenken geltend, beispielsweise die Schwierigkeit, den tatsächlichen Grad der Bedrohung vom Boden aus beurteilen zu können. Und in der Tat ließe sich nur schwer ermitteln, wann ein entführtes Flugzeug zur Gefahr für andere am Boden wird. Wann weiß man, dass sich das Flugzeug auf ein Atomkraftwerk stürzen wird oder in eine dichtbesiedelte Innenstadt? Die Antwort auf diese Frage ist dieselbe wie beim finalen Rettungsschuss oder bei der Tötung eines Terroristen, der einen Anschlag durchführt: Sicher weiß man es erst, wenn es bereits zu spät ist.

Für die Frage, ob der deutsche Staat Menschenleben gegeneinander aufwiegen darf, ist das Urteil des Bundesverfassungsgerichts wegweisend: Er darf es nicht! In dieser elementaren Frage standen Exekutive und Legislative gegen die Judikative. Sowohl die damalige Regierung als auch das deutsche Parlament vertraten die Auffassung, dass man sehr wohl auch Unbeteiligte töten dürfe, um größeren Schaden abzuwenden – ein Prinzip, das so grundlegend ist, dass es auch für andere Situationen gelten muss, nachdem sich die damals verantwortlichen Politiker so entschieden hatten. An sich ist dies keine außergewöhnliche Haltung eines Staates, nur wurde sie gerade in Deutschland noch nie so eindeutig gezeigt.

Beim Einsatz von staatlicher Gewalt kann es immer zu unbeabsichtigten Opfern kommen, doch bisher zog man die moralische und juristische Legitimation aus dem »kann«. Kollateralschäden gibt es in Kriegen oder »bewaffneten Unterstützungsmissionen« eben unbeabsichtigt und nicht wissentlich. Beim Abschuss eines zivilen Flugzeuges aber ist die Passagierliste bekannt, und der Beschuss endet immer mit dem Tode aller. Man muss die Opferung Unbeteiligter ganz bewusst in Kauf nehmen. Was wie eine juristische Spitzfindigkeit klingt, ist auch eine. Denn selbst in einer bewaffneten »Friedensmission« mit den besten und restriktivsten Einsatzregeln wird es immer zu unbeabsichtigten Opfern kommen. Keine Waffe, auch wenn sie die Bezeichnung »präzise« im Namen trägt, kann das verhindern. Zwar haben sich Technik und Einsatzregeln der westlichen Armeen über die Jahre stetig verbessert, um Kollateralschäden zu verhindern, durch die Verlagerung des Krieges in ein ziviles Umfeld ist aber die Gefahr, dass Unbeteiligte in die Schusslinie geraten, deutlich größer geworden. Natürlich: Nicht jeder Abschuss einer Waffe trifft zwingend auch Unbeteiligte, insofern stimmt dieses »kann« noch. Blickt man aber auf den gesamten Einsatzzeitraum einer durchschnittlichen Militärintervention, erreicht man die vielzitierte »mit an Sicherheit grenzende Wahrscheinlichkeit« von unbeteiligten Opfern. Wäre man ehrlich, müsste man dies schon vor Beginn einer militärischen Intervention offenlegen.

Das Bundesverfassungsgericht hat die Opferung unbeteiligter Menschen zum Schutze anderer in dem ganz speziellen Fall einer Flugzeugentführung verboten, oder besser gesagt: das entsprechende Gesetz für verfassungswidrig erklärt. Doch noch in der Urteilsbegründung wies das Gericht ausdrücklich darauf hin, dass es nicht darüber geurteilt habe, wie ein Abschuss, sollte er dennoch geschehen, strafrechtlich zu verfolgen sei. Mit diesem Hinweis tat das Gericht nichts anderes, als die Verantwortung für eine solche Entscheidung an die handelnde Person zu übertragen. Es ist ein Schleichweg, der mehr oder weniger offen darauf hinweist, dass der Abschuss einer zivilen Maschine mit Geiseln zwar gesetzlich verboten ist, aber durch einen Verteidigungsminister oder Piloten eines Kampfjets doch geschehen könnte, wenn es denn hart auf hart käme. Auch der ehemalige Präsident des Bundesverfassungsgerichts Hans-Jürgen Papier interpretierte dies so: In einer Gewissensnotlage sei die Strafwürdigkeit eines Abschusses in Frage gestellt.

Tatsächlich dringt man in solchen Extremsituationen in Bereiche menschlichen Handelns vor, die das Gesetz nicht abdecken kann. Das Urteil und der Hinweis, dass man im Zweifel vielleicht doch abschießen könne, hat in Teilen der Politik Kritik hervorgerufen. Mancher sah eine gewisse Verantwortungslosigkeit auf Seiten der Richter, weil sie Soldaten oder Politikern nicht die nötige Rechtssicherheit gegeben hätten. Man stelle sich vor, das Urteil des Bundesverfassungsgerichts wäre anders ausgefallen! Hätten die Richter das Luftsicherheitsgesetz für zulässig erklärt, könnte sich so mancher wesentlich schneller und leichtfertiger dafür entscheiden, den Abschussbefehl zu erteilen. Möglicherweise sähe er sich sogar verpflichtet, dies zu tun, da eine rechtliche Erlaubnis oft einen Zwang zum Handeln mit sich bringt.

Mit dem Verbot, das im Fall der Fälle dennoch übertreten werden kann, wiesen die Richter einen Weg, der in Rechtsstaaten durchaus üblich ist: der Notstand. Gesetze können sehr wohl übertreten werden, wenn das Individuum einen triftigen Grund dafür sieht – und es sich um einen guten handelt! Ein Autofahrer muss nicht mit einem Bußgeld wegen Geschwindigkeitsübertretung rechnen, wenn er einen verblutenden Beifahrer ins Krankenhaus fährt. Wichtig ist, dass er sich in jedem Fall für seine Tat rechtfertigen muss. Dies gilt natürlich umso mehr für einen Verteidigungsminister, der ein gekapertes Passagierflugzeug abschießen lässt.

Eine entscheidende moralische Rechtfertigung, unbeteiligte Menschen gegen andere unbeteiligte aufzuwiegen, liegt bei der Gefahrenabwehr in der Tatsache, dass die Tötung nicht das eigentliche Ziel ist. Eine Theorie der Ethiklehre nennt dies das »Prinzip vom doppelten Effekt«. Das Ziel ist die Gefahrenabwehr, nicht der Tod der Unbeteiligten, ja nicht einmal der Tod der Terroristen. Um dieses Ziel zu erreichen, können auch moralisch verwerfliche Mittel wie eine Tötung erlaubt sein. Im Fall des entführten Flugzeuges geht es genau darum, die Gefahr zu beseitigen, also das Flugzeug mit Kurs auf ein Atomkraftwerk. Selbstverständlich ist das Ergebnis in dieser Theorie für die entführten Passagiere das gleiche: Sie sterben. Für andere Szenarien jedoch liegt in dieser Intention der Gewaltanwendung ein effektives Mittel zur Beschränkung von Gewalt. Wenn es ausschließlich gestattet ist, nur so lange tödliche Gewalt anzuwenden, wie die jeweilige Gefahr besteht, müssen die Waffen im Umkehrschluss in dem Moment zum Schweigen gebracht werden, da die Bedrohung beseitigt ist. In Kombination mit dem Gebot, auch die Intensität der benötigten Gewalt auf das Nötigste zu beschränken, ergibt sich eine Moral zum Einsatz von Waffen, die zwar unbeteiligte Menschen opfern kann, aber sie gleichzeitig schützt.

Für die Praxis der gezielten Tötungen von Terroristen muss nach Kriterien des Law Enforcement dieselbe Logik gelten: Gewalt nur zur Gefahrenabwehr, nicht um des Tötens willen. Da die Gefahr von Terroristen aber in der Regel die Person selbst ist, bleibt dieser Grundsatz ein theoretisches Konstrukt. Doch schon bei vielen anderen militärischen Operationen entsteht dadurch ein markanter Unterschied. Die vieldiskutierte Bedrohung durch das iranische Atomwaffenprogramm ist ein Paradebeispiel: Sollte Israel tatsächlich gegen die Urananlagen des Mullah-Regimes vorgehen, wird der Unterschied zwischen Beseitigung der Gefahr und einem Angriff gegen Gegner als solcher sehr deutlich. Die israelische Luftwaffe würde eben nur die Atomfabriken des Irans angreifen und nicht die Armee. Dass dabei wahrscheinlich Menschen zu Tode kämen, ist absehbar, wahrscheinlich sogar Personen, die keine entscheidende Rolle im Nuklearprogramm spielen, wie einfache Arbeiter oder Pförtner. Sie wären dann genau wie die Geiseln im Flugzeug, das zur Waffe umfunktioniert wurde, Unbeteiligte, die in einem Abwägungsprozess gegen andere geopfert würden.

Überlegungen zur Abwägung von Menschenleben haben einen weiteren wichtigen Aspekt: die Frage der Quantität. Wenn Unbeteiligte gegeneinander aufgewogen werden, spielt es dann eine Rolle, wie viele man tötet und wie viele man dafür rettet? Eine allgemeingültige Antwort kann es nicht geben. Wer das Prinzip akzeptiert, etwas moralisch Verwerfliches zu tun und Unbeteiligte zu töten, um damit etwas moralisch Richtiges zu erreichen und andere Unbeteiligte zu schützen, muss sich in der jeweiligen Situation selbst über das Verhältnis klarwerden. Die Flugzeugpassagiere sterben bei einem Abschuss in jedem Fall – ein Umstand, der die Abwägung erleichtert. Wie viele Tote aber würde es bei einem Einschlag in ein Hochhaus geben? Wie viele bei einem Einschlag in ein Atomkraftwerk? Und würde die Zahl der späteren Todesfälle durch radioaktive Strahlung mitzählen?

In New York starben wesentlich mehr Menschen in den kollabierenden Zwillingstürmen des World Trade Centers als in den beiden Flugzeugen. Wenn Zahlen also eine Rolle spielen, wäre ein rechtzeitiger Abschuss in diesem Fall moralisch richtig gewesen – auch weil das Ziel moralisch richtig war. In den Beispielen wie der Tötung eines Terrorführers oder eines blutrünstigen Diktators nennt man gern eine möglichst hohe Zahl an potentiell Geretteten: »Hätte Georg Elser Hitler tatsächlich getötet, wären Millionen dem Tod entgangen.« Das ist in diesem Fall zwar sehr wahrscheinlich, macht für die Überlegung zur Quantität aber keinen Unterschied. Sollte es erst richtig sein, Unbeteiligte zu opfern, wenn es um den Schutz von Millionen geht? Reichen nicht auch schon tausend, hundert oder sogar noch weniger?

Der letzte Aspekt des moralischen Dilemmas berührt die Frage, ob es bei der Abwägung zwischen Unbeteiligten weitere Kriterien geben kann als die bloße Anzahl. Als die deutsche Bundeswehr noch auf viele Rekruten angewiesen war, mussten Wehrdienstverweigerer eine Prüfung bestehen, die ihre tatsächlichen moralischen Bedenken gegen Waffengewalt bewies. Die Kommission stellte dabei stets die Frage, wie der Verweigerer denn reagieren würde, sollte jemand seine Familie mit dem Tode bedrohen. Was konnte man darauf schon antworten? Die Frage war natürlich recht billig, weil wohl niemand tatenlos zusehen würde, wie seine Familie massakriert wird. Daraus eine moralische Verpflichtung zum Wehrdienst abzuleiten, war sehr gewagt. Was diese Frage aber durchaus richtig traf, ist die Tatsache, dass es Verbindungen zwischen bestimmten Menschen und Menschengruppen gibt, die stärker sind als andere.

Die Bande innerhalb einer Familie sind besonders stark ausgeprägt. Ein Vater, der eine Gefahr für sein Kind nur dadurch beseitigen kann, dass er andere tötet, wird das in der Regel auch dann tun, wenn es den Tod Unbeteiligter bedeutet. Eine solche Verbundenheit besteht natürlich auch in anderen Konstellationen: Freunde erscheinen den meisten ebenfalls »wertvoller« als

Fremde. Gelte es unter ihnen abzuwägen, würden sich die meisten wohl gegen die Unbekannten entscheiden. Die wirklich schwierige Frage ist aber, ob ein Staat bei seiner Entscheidung, Menschenleben gegeneinander abzuwägen, ebenfalls werten darf. Wenn bei einem Drohnenangriff im Jemen unbeteiligte Zivilisten getötet werden, können diese dann in ein Verhältnis zu Bürgern des eigenen Landes gesetzt werden?

Die Menschenrechte sind universell. Sie gelten für jeden unabhängig von Staatsangehörigkeit oder anderen Unterscheidungskriterien. Aus ethischen Überlegungen heraus darf es daher keine Rolle spielen, ob man es bei der Abwägung von Leben gegeneinander mit Menschen verschiedener Nationalitäten zu tun hat. Theologen und Ethiker würden niemals öffentlich äußern, dass das Leben der eigenen Staatsbürger mehr wert sei als das von Menschen anderer Länder. Sicher ist aber auch, dass dies in realen Situationen sehr wohl von Bedeutung ist.

Michael Walzer spricht dabei von »hierarchischer Verantwortlichkeit«, die sich von »moralischer Verantwortlichkeit« abgrenzt. Letztere meint die Gleichheit aller Menschen im Sinne einer universellen Moral. Bei der hierarchischen Verantwortlichkeit handelt es sich um ebenjene Bindungen, die aus individuellen oder kollektiven Begebenheiten entstanden sind und zweifelsfrei existieren. Sie geht dabei weit über persönliche Kontakte hinaus und existiert nach wie vor auch in nationalstaatlichen oder kulturellen Zusammenhängen. Diese quasi natürlichen Bande sind schon seit vielen Jahrzehnten aus der öffentlichen Sprache verschwunden, weil ebenjene abschätzige Wertigkeit zwischen Nationen und Kulturen zu den schlimmsten Verbrechen des 20. Jahrhunderts führte – aufgelöst haben sie sich jedoch nicht.

Wer nicht in nationalen Kategorien denken mag, kann es europäisch tun: Was bedeutet denn die vielbeschworene »gemeinsame europäische Identität« anderes als eine Zusammengehörigkeit der Völker Europas? Über die Frage, wo Europa kulturell aufhört, wird viel diskutiert. Irgendwo aber endet die Gemeinschaft und beginnt eine andere. Zusammengehörigkeit lebt auch davon, sich von anderen abzugrenzen.

Diese Abgrenzung muss keineswegs einen despektierlichen Charakter annehmen und darf es auch nicht. Wo sie es tut, droht die Gefahr von gesellschaftlichen Entgleisungen. Sie ist mehr eine Art Ordnungssystem für Entscheidungen bestimmter Art. Es beginnt bereits beim Amtseid eines Verteidigungsministers, der schwört, »Schaden vom deutschen Volk abzuwenden«. Er ist damit in erster Linie für den Schutz derer verantwortlich, die einen deutschen Pass besitzen. Das Gleiche gilt freilich auch für alle anderen. Auch der jemenitische Verteidigungsminister beispielsweise ist seinem Volk verantwortlich und nicht dem deutschen. Das Prinzip beruht also auf Gegenseitigkeit und bietet keine Grundlage für wechselseitige Abschätzigkeit. Natürlich sind beide dadurch nicht von der Wahrung der universellen Menschenwürde aller anderen entbunden.

Besonders in militärischen Auseinandersetzungen unserer Tage gewinnt die heikle Frage der Gleichwertigkeit von Menschen an politischer Brisanz. Wenn deutsche Soldaten gegen Taliban in Nordafghanistan kämpfen, sind sie selbstverständlich nicht für deren Schutz verantwortlich. Rechtlich haben diese Kombattantenstatus, moralisch tritt die subjektive Schuld ihres Handelns in Kraft. Das Dilemma einer Abwägung entsteht durch afghanische Zivilisten, die in die Schusslinie geraten können: Ihre Tötung ist weder rechtlich noch moralisch legitim. Ähnlich wie bei den Geiseln im entführten Flugzeug kann es aber zu Situationen kommen, in denen ihr Tod billigend in Kauf genommen werden muss. Das Völkerrecht spricht dabei von militärischer Notwendigkeit.

Was in den regulären Kriegen der Vergangenheit noch mit dem völkerrechtlichen Hinweis abgetan werden konnte, dass Zivilisten das Kampfgebiet zu verlassen hätten und ansonsten mehr oder weniger selbst schuld seien, wenn sie zu Schaden kämen, ist heute so nicht mehr umsetzbar. Es ist allein schon praktisch nicht möglich, weil Kampfzone und Wohngebiet ineinander verschmelzen. Es ist vor allem aber moralisch unmöglich geworden, weil sich der gesamte Krieg zu einem wesentlichen Teil über den Schutz der örtlichen Bevölkerung legitimiert. Es kommt also immer wieder zu Situationen, in denen der Schutz der afghanischen Zivilbevölkerung zur Disposition gestellt wird, um einen militärischen Vorteil zu gewinnen. Dieser militärische Vorteil wiederum äußert sich nicht mehr in Geländegewinnen oder der Zerschlagung feindlicher Truppen, sondern zu einem erheblichen Teil in ebenjenem Schutz für dieselben Zivilisten. Es klingt paradox, aber in Einsätzen wie in Afghanistan kann es zu Entscheidungen kommen, in denen der Schutzauftrag für die einheimische Bevölkerung gegeneinander abgewogen wird.

Die unterschiedliche Wertigkeit von Menschen im Spektrum des Tötens und der Gefahrenabwehr zeigt sich jedem militärischen Vorgesetzten im Einsatz an jedem einzelnen Tag. Wenn die Soldaten in Afghanistan ausrücken, haben sie zwei Aufträge, die nicht immer miteinander zu vereinbaren sind: Der übergeordnete Auftrag der ganzen Mission besteht im Schutz der afghanischen Zivilbevölkerung, der Auftrag, den sie mit ihrer Position als Vorgesetzter übernommen haben, in der Fürsorgepflicht gegenüber ihren Soldaten. Wie soll sich ein militärischer Führer nun in einer Situation entscheiden, in der seine Soldaten angegriffen werden und das schützende Sperrfeuer nur um den Preis eröffnet werden kann, dass dabei auch Unbeteiligte getroffen werden?

Anders als in den doch sehr abstrakten Fällen entführter Passagiermaschinen und Drohnenoperationen verlangen Einsätze von Bodentruppen solche Abwägungen fast jeden Tag. Die Soldaten treten dabei in einer Art Doppelrolle auf: Zum einen sind sie natürlich Angehörige des Militärs und als solche zum Eingehen gewisser Risiken verpflichtet. Diese Risiken haben sich in den heutigen Szenarien aufgrund des Schutzauftrags für die zivile Bevölkerung noch erweitert. Ein Dorf, aus dem ein Heckenschütze zielt, durch die Luftwaffe zerstören zu lassen, würde das Risiko für die Infanterie zwar erheblich minimieren, aber auch viele Unbeteiligte in Mithaftung nehmen. Alternativ kann man entweder einen Trupp Soldaten nach dem Schützen suchen lassen oder sich aus der Gefahrenzone zurückziehen. Beide Möglichkeiten sind jedoch mit höheren Risiken für die eigene Truppe verbunden: Bei der Suche kann es zu einem Gefecht kommen, beim Rückzug kann der Heckenschütze das Feuer am nächsten Tag erneut eröffnen. Wie viele Risiken den eigenen Soldaten zugemutet werden können, um Unbeteiligte zu schützen, ist eine Abwägungsfrage. Denn in zweiter Rolle sind die Soldaten natürlich auch Staatsbürger eines Landes, denen das Recht auf Fürsorge zusteht. In welchem Verhältnis diese Fürsorgepflicht nun zum Schutz der zivilen Bevölkerung eines Landes steht, in dem eine Militärintervention stattfindet, kann sicherlich nicht auf eine einfache Formel gebracht werden. Könnte man sich aber einen Offizier vorstellen, der sagt, dass er einen seiner Soldaten bewusst geopfert hätte, um Zivilisten nicht gefährden zu müssen? Ein solches Prinzip würde vermutlich die Einsatzfähigkeit einer ganzen Armee gefährden.

Es soll an dieser Stelle keine Empfehlung ausgesprochen werden, erst recht keine Regel, die für solche Entscheidungen zuverlässige Orientierung böte. Es soll lediglich verdeutlicht werden, in welche Dimensionen der individuellen Entscheidung Soldaten und politische Funktionsträger beim Einsatz von tödlicher Gewalt geraten können. Selbst sicher geglaubte Grundsätze wie die Gleichwertigkeit aller Menschen können in Extremsituationen ins Schwanken geraten. Dass sich ein öffentlicher Diskurs dabei in politisch schwierigsten Gewässern bewegt, ist absehbar.

Der Einsatz tödlicher Gewalt birgt selbst mit den edelsten Motiven Dilemmata, aus denen es kein Entrinnen gibt. Taucht man in die Tiefen möglicher Bedrohungsszenarien ein, wird immer deutlicher, dass Personen in verantwortlicher Position nicht ohne schwierigste Gewissensentscheidungen auskommen. Es wird ebenfalls deutlich, dass nicht unbedingt ein Mangel an Rechtssicherheit herrscht, wenn gewisse Notsituationen nicht klar juristisch geregelt sind. Die Verantwortung liegt dann bei einzelnen Personen, die aufgrund ihrer Position, aber mehr noch aufgrund ihrer hoffentlich vorhandenen Charakterstärke eine Abwägung treffen, damit leben müssen und sich im Zweifel dafür zu rechtfertigen haben. Wie ein Land solches Personal für die entscheidenden Stellen gewinnt, ist eine andere Diskussion.

Menschenrechte durchsetzen, Kriege humanisieren?

In der Mitte Afrikas, im Grenzgebiet der Staaten Uganda, Kongo, Südsudan und der Zentralafrikanischen Republik, bewegt sich ein Mann namens Joseph Kony mit einigen Hundert bewaffneten Kämpfern. Er ist der Anführer der Lord's Resistance Army (LRA), der »Widerstandsarmee des Herrn«, und führt einen Kampf gegen die Regierung von Uganda. Die Rebellen wollen einen Gottesstaat – und das ist wirklich einmal etwas anderes – nach den christlichen Zehn Geboten errichten. Kony selbst gibt an, den Auftrag zur Befreiung Ugandas vom Heiligen Geist persönlich empfangen zu haben, der ihn seitdem in seinem Kampf leitet. Seine engsten Vertrauten und Mitkämpfer sind seit Kindertagen an seiner Seite und stehen heute im Range von »Generalleutnanten« oder »Brigadieren«. Kony selbst, sagen seine Anhänger, sei zwar nicht Gott, aber doch ein »Prophet«, der unverwundbar sei, sogar »wenn man ihm eine Kugel direkt in die Brust schießen würde«.[1]

2006 schaltete sich die UNO in den Konflikt ein, der sich vordergründig um einen Herrschaftswechsel in Uganda dreht. Sie entsandte einen Sonderbeauftragten, den norwegischen Politiker und Menschenrechtsaktivisten Jan Egeland, in die Krisenregion und vermittelte bei den Friedensgesprächen in der südsudanesischen Hauptstadt Juba. Nach gut zwei Jahren wurden die Verhandlungen ergebnislos beendet, und die internationale Aufmerksamkeit schwand. Anfang 2012 nahm sich die kalifornische Menschenrechtsorganisation Invisible Children des Konflikts in der Region an und startete eine Social-Media-Kampagne mit dem Titel »Kony 2012«. In Windeseile verbreitete sich ein Dokumentationsvideo der Organisation über die Plattform YouTube, das die Art des Kampfes der LRA beschrieb und die internationale Gemeinschaft zum Einschreiten aufrief. Sogar internationale Stars wurden auf die Kampagne aufmerksam und unterstützten sie mit den Mitteln ihrer weltweiten Popularität.

Und tatsächlich zeigte das Video Wirkung: Der Chefankläger des Internationalen Strafgerichtshofs Moreno Ocampo begrüßte die Aktion öffentlich, und auch Human Rights Watch äußerte sich unterstützend. Noch im März desselben Jahres beschloss die Afrikanische Union (AU) die Entsendung von fünftausend Soldaten, um Kony zu ergreifen und einem internationalen Tribunal zuzuführen. Die Vereinigten Staaten entsandten zudem hundert Militärberater, um die ugandischen Truppen dabei zu unterstützen. Die Europäische Union ihrerseits »verurteilte die Gräueltaten der LRA auf das Schärfste« und forderte »die Verhaftung Joseph Konys und seines Führungspersonals durch den Internationalen Gerichtshof«.[2] Darüber hinaus sicherte die EU finanzielle Unterstützung bis zum Ende der AU-Operation zu, damit die afrikanischen Truppen einen gemeinsamen Stab betreiben können. Die Bundesrepublik stellte wiederum 25 Millionen Euro zur Verfügung, um die »militärische Aktion mit den notwendigen Entwicklungsbemühungen zu begleiten«. Konkret verwendeten die beauftragten Hilfsorganisationen das Geld für ein Projekt für regenerative Energie in der Region. Dies ist der vorläufige Sachstand im LRA-Konflikt im Frühjahr 2013.

Die Geschichte des Joseph Kony, seiner Rebellenarmee und die der internationalen Reaktionen könnte man als idealtypisch betrachten. Es gibt einen regionalen Konflikt, die UNO und die angrenzenden Staaten beginnen mit einer großangelegten Friedensinitiative und laden über zwei Jahre zu Vermittlungsgesprächen. Als diese in einer Sackgasse enden, gibt es eine breite öffentliche Kampagne, die auf die Gewalt im afrikanischen Urwald hinweist und aufgrund ihrer durchschlagenden Wirkung internationale Organisationen erneut zum Handeln bewegt. Die Soldaten, die schließlich eine »regionale Task Force« zur Beendigung des Konflikts bilden, kommen aus der Region: Afrika übernimmt damit die gewünschte Eigenverantwortung, inklusive regionaler Sensibilität, und wird nur noch an wenigen Stellen beraten und finanziell unterstützt. Für den begleitenden zivilen Entwicklungsprozess werden europäisches Geld und Know-how zur Verfügung gestellt und vor Ort wiederum mit Partnern aus der Region in Projekte erneuerbarer Energie investiert. Das ist freilich ein wenig verkürzt dargestellt, aber im Kern richtig. Was fehlt, ist nur der Abschluss dieses mustergültigen Konfliktmanagements: Kony und seine Entourage werden von ugandischen oder südsudanesischen Truppen verhaftet, an den Internationalen Gerichtshof nach Den Haag überstellt und dort in einem fairen Verfahren wegen Kriegsverbrechen und Verbrechen gegen die Menschlichkeit verurteilt. Der Konflikt geht damit zu Ende, die internationale Nachsorge kümmert sich um die Opfer und heilt die Wunden der Region.

Alle Kriterien für eine moderne und verantwortungsvolle Konfliktpolitik sind damit erfüllt. Die UNO übernahm die ihr zukommende Führungsrolle, setzte lange Zeit auf eine diplomatische Lösung und legitimierte erst, als alle anderen Möglichkeiten ausgeschöpft schienen, eine Militärintervention, um den vermeintlichen Kriegsverbrecher zu verhaften. Der Westen hielt sich im Hintergrund, und bei den Verhandlungen wie auch dem militärischen Engagement zeigte sich das »african face«. Vor allem: Gewalt wurde erst als letztes Mittel eingesetzt und dann auch nur so lange, bis die Delinquenten verhaftet waren. Den Abschluss bildete der Prozess vor dem Strafgericht in Den Haag, der schließlich über die Schuld oder Unschuld von Joseph Kony richtete.

Für ein Gedankenspiel könnte man den Umgang mit der Lords Resistance Army einmal anders betrachten. Doch zunächst muss der Umgang mit diesem zentralafrikanischen Konflikt durch einige weitere Fakten ergänzt werden: Der »Befreiungskampf« der LRA dauert bereits fünfundzwanzig Jahre. In dieser Zeit hatten Joseph Kony und seine Führungsleute bis zu dreißigtausend Tote hinterlassen, zum weit überwiegenden Teil Zivilisten. Um seine Guerillatruppe mit Nachwuchs zu versorgen, hatte Kony zwischen sechzig- und hunderttausend Kinder entführt: Die Jungen wurden gezwungen zu kämpfen, die Mädchen meist als Sexsklavinnen missbraucht. Die Brutalität, mit der die LRA dabei vorging, sucht selbst unter afrikanischen Konflikten ihresgleichen. In allen vier betroffenen Ländern wurden Hunderte Dörfer überfallen und ihre Bewohner auf das Grausamste getötet. Wer dem Tod entkam, wurde häufig verstümmelt: Die Horden Konys hatten das Abschneiden von Lippen und Nasen zu ihrem Markenzeichen gemacht, wenn sie den Unglücklichen nicht ihre Hände und Füße mit Beilen abhackten.

Die Perspektive auf einen Konflikt ändert sich schon in dem Moment, in dem die Beschreibung des Kampfes weniger politisch und mehr persönlich wird. Eine Befreiungsarmee, die einen Kampf gegen eine Regierung führt, ist zunächst etwas sehr Sachliches. Nicht wenigen solcher Guerilleros billigt man ein gewisses moralisches Recht zum Widerstand zu: Che Guevara, die Mudschaheddin, der Vietcong. Das scheinbar Edle ihres Ziels überdeckte sehr häufig ihre Methoden. Zuweilen wurden sie sogar zu Ikonen der westlichen Popkultur. Und selbst das Völkerrecht legitimiert den bewaffneten Kampf gegen eine Regierung ganz explizit, wenn die Bedingungen stimmen.

In einem solchen Rahmen bilden Gesandte, Vermittlungsgespräche und UNO-Beschlüsse den perfekten Komplementär, weil die internationale Politik ihre Mechanismen und Institutionen passgenau darauf abgestimmt hat. Allerdings ist dann nie von abgeschnittenen Lippen die Rede, der Ton bleibt stets sachlich und neutral. Möglicherweise spricht man von Kriegsverbrechen, die unbedingt untersucht werden müssten, will aber durch eine vorschnelle Verurteilung keinesfalls den Erfolg von Friedensgesprächen torpedieren. Man möchte neutral bleiben.

Die Kampagne »Kony 2012« stieß aus ähnlichen Gründen auf Kritik. Die *Süddeutsche Zeitung* sah in ihr eine »Kampagne, die frösteln lässt«.[3] Das Video hätte einen »Shock-and-awe-Effekt« gehabt, Schrecken und Ehrfurcht – ein Begriff, den der amerikanische Generalstab für den Angriff auf den Irak 2003 gewählt hatte. Weitere Kritik wurde laut, weil die Sachlage »simplifiziert« werde und der Film »emotional manipuliere«. Letztlich wurde auch noch eine »koloniale Sicht« auf den Konflikt attestiert. Und hatte der Initiator nicht auch möglicherweise Spendengelder zweckentfremdet? Niemand stellte dabei in Zweifel, für welche Art von Kriegsverbrechen Joseph Kony verantwortlich ist. Er »verdient es gewiss, vor ein Gericht gestellt zu werden, ob nun in Afrika oder Den Haag«, sagte auch die *Süddeutsche Zeitung*, um danach sofort die Mittel in Frage zu stellen, mit denen dies geschehen solle. Da eine polizeiliche Verhaftung wie im Fall des serbischen Kriegsverbrechers Radovan Karadžić nicht möglich sei, ginge es »um eine Militäraktion«, über deren »Folgen man sich nicht täuschen sollte«. Die Haltung ist die gleiche wie bei Osama, Saddam, Gaddafi und Assad: Ja, es handelt sich um Verbrecher, aber trotzdem soll der Westen nicht intervenieren und auf jeden Fall auf militärische Gewalt verzichten.

Es ist diese vordergründig aufgeklärte und zurückhaltende Betrachtungsweise, die so gut wie immer publiziert und vertreten wird, wenn es um Konflikte geht, die nicht unmittelbar die eigene Gemarkung bedrohen. Die Gewalt sei schlimm, aber ein gewaltsames Einschreiten wäre noch schlimmer. Seit der letzten Irakinvasion scheint dies für alle Zeiten ein politisches Naturgesetz zu sein. Aber ist das wirklich wahr? Jedes Mal, wenn eine militärische Option zur Beendigung eines Konflikts näher rückt, wird aus vielen Richtungen der Gesellschaft gefordert, dass man »zum Dialog« zurückkehren oder auf eine friedliche Lösung auf dem Verhandlungsweg setzen müsse. Daran ist natürlich nichts grundsätzlich Falsches, aber was bedeutet dies bei einem Joseph Kony und seiner LRA? Worüber eigentlich möchte man mit ihm genau verhandeln? Verhandeln bedeutet, Zugeständnisse zu machen, doch welche Zugeständnisse könnte man gegenüber einem Mann wie Joseph Kony reinen Gewissens vertreten?

Üblicherweise geht es zunächst um einen Waffenstillstand, damit die Gewalt gestoppt und eine Grundlage für weitere Gespräche geschaffen wird. Worüber spricht man dann aber weiter? Über die Zwangsrekrutierungen von Kindern wird man wohl kaum diskutieren wollen, auch nicht über das jahrzehntelange Morden, Plündern und Brandschatzen. Da kann es keine Konzessionen geben. Bleiben also noch die politischen Ziele.

Über diese zu verhandeln bedeutet, sie zu respektieren oder zumindest ernst zu nehmen. Wie kann das funktionieren bei einem Mann, der sich selbst als Prophet Gottes sieht, die Zehn Gebote als Grundlage für einen Staat betrachtet und diese jeden Tag seit fünfundzwanzig Jahren mit Füßen tritt? Die Friedensgespräche von Juba zogen sich über zwei Jahre hin. Dass sie am Ende ergebnislos endeten, ist dabei nicht entscheidend, denn das Risiko des Scheiterns birgt jede Art von Verhandlung. Warum aber ist man bereit, zwei Jahre zu investieren, die immer wieder von neuen Massakern unterbrochen wurden? Warum ist man überhaupt der Überzeugung, dass nach fast zwanzig Jahren und vielen bereits geführten Gesprächen eine neuerliche Chance auf Erfolg besteht? Haben die vorherigen Verhandlungspartner alles falsch gemacht, oder hat sich zumindest eine grundlegend neue Verhandlungsposition ergeben? In den offiziellen Statements der involvierten Institutionen heißt es dazu meist nur, dass man nun eben den Dialog wieder aufnehme.

Es ist ein immer wiederkehrendes Ritual, das man beispielsweise auch aus dem Nahostkonflikt auswendig kennt. Es werden über Monate und Jahre Zivilisten gemeuchelt oder Städte mit Raketen und Mörsern angegriffen, aber offiziell soll der »Friedensprozess« fortgesetzt werden. Welcher Friedensprozess eigentlich? Wäre es nicht eine Grundvoraussetzung für die Lösung eines Konflikts, zunächst einmal mit einer ehrlichen Bestandsaufnahme zu beginnen? Was ist denn das, was die »Widerstandsarmee des Herrn« in Zentralafrika tut? Ein Freiheitskampf oder ein in irgendeiner Weise berechtigtes Anliegen? Nein! Lässt man die juristische und journalistische Neutralitätspflicht einmal beiseite, ist es nichts weiter als der Raubzug einer wildgewordenen Bande von Verrückten, die massenweise Kinder mit Kalaschnikows bestücken, um hemmungslos ihrem Sadismus und ihrer Beutelust freien Lauf zu geben. Es sind auch keine »Generalleutnante«, sondern bekiffte Vergewaltiger und Kriegsverbrecher, die in ihren Fantasieuniformen Menschen verstümmeln und sich durch gewildertes Elfenbein bereichern. Selbst wenn man zu einer Verhandlungslösung käme, bedeutete dies, dass man das

Vorgehen Joseph Konys akzeptierte. Darf man aber tatsächlich akzeptieren, dass sich eine Kriegerbande durch jahrzehntelanges Morden in eine Position bringt, die am Ende zu einem politischen Erfolg führt, etwa eine Regierungsbeteiligung oder eine Amnestie mit üppiger Bezahlung?

Im Zweiten Weltkrieg beispielsweise hatten sich die Alliierten auf eine bedingungslose Kapitulation Nazi-Deutschlands als einzig mögliche Option geeinigt. Im Krieg ist das immer eine gefährliche Entscheidung, da sie den Gegner in eine Situation bringt, in der er alles verliert, sollte er nicht siegen. Damit entfällt für ihn auch die Grundlage, auf Regeln oder ein mögliches Leben nach dem Krieg Rücksicht zu nehmen. Moralisch aber ist die Verweigerung, mit Kriegsverbrechern in Verhandlungen zu treten, nachvollziehbar. Es gibt Verbrechen, die das Recht auf Bedingungen verwirken.

Die Kampagne von Invisible Children sei »emotional manipulierend«, hieß es von Seiten der Kritiker. Das ist mit Sicherheit richtig und als Voraussetzung für die Frage des Umgangs mit einem Konflikt vielleicht gar nicht so falsch. Die Bilder von Babys mit abgetrennten Gliedmaßen können niemanden kaltlassen. Wer das sieht, kann sich eigentlich nicht mehr auf einen *Tee mit dem Teufel* treffen wollen. Die Perspektive verschiebt sich damit unweigerlich zu der der Opfer – sie wird subjektiv. Aber ist das falsch? Geht es nicht primär um sie, die Wehrlosen, die einfach nur ein bescheidenes Leben führen wollen und sich weder für eine Regierung in Kampala noch für die Rebellen auf der anderen Seite interessieren? Das mag pathetisch klingen, aber wenn es ein ernsthaftes Bemühen zur Konfliktbeilegung in Zentralafrika gibt, kann dies nur mit dem Schutz von Menschenrechten begründet werden. Es geht von dort keine direkte Bedrohung auf den Westen aus, und es sind keine wirtschaftlichen Interessen in nennenswertem Umfang gefährdet, nicht einmal die Regierung Ugandas oder eine der anderen Staaten ist durch die LRA ernsthaft in Gefahr. Ein Engagement, in welcher Weise auch immer, kann daher nur humanitär begründet sein – und dabei stehen die Opfer im Vordergrund.

Es wird oft bemängelt, dass eine militärische Intervention einer westlichen Perspektive folge. In den wenigsten Fällen lässt sich das leugnen: Schicken Amerika oder Europa Truppen, geht es in der Regel um »unsere Sicherheit«, »unsere Seewege« und »unsere Werte«, zum Beispiel die Menschenrechte. Doch auch bei den Alternativen zum gewaltsamen Einschreiten sollte man sich keinen Illusionen hingeben: Ein langwieriger diplomatischer Verhandlungsprozess als unabdingbare Voraussetzung für eine spätere Intervention folgt ebenso unserer Perspektive, wie eine Anklage vor einem internationalen Strafgerichtshof zu beantragen und damit auf die Verhaftung und Auslieferung eines Massenmörders durch örtliche Behörden zu insistieren. Und das Gleiche gilt für eine »entwicklungspolitische Konzeption« bei »fragiler Staatlichkeit«, das beweist schon die Formulierung.

Ein gewaltsames Vorgehen gegen einen Kriegsverbrecher, Terroristen oder Diktator ist mit zahlreichen Unwägbarkeiten und Dilemmata verbunden, das wurde bereits an anderen Stellen deutlich gemacht. Ein Verzicht auf Gewalt ist es jedoch genauso, nur eben für andere. Wer einem Verhandlungsprozess zwei Jahre Zeit gewährt, muss damit unweigerlich akzeptieren, dass eine marodierende Truppe wie die LRA zwei Jahre mehr Zeit hat, Zivilisten zu töten. Das Ausschöpfen von gewaltfreien Optionen, seien es Verhandlungen, Konzessionen oder Embargos, kostet meistens Menschenleben, nur keine westlichen. Auch die theologische Schuld des Tötens, die Soldaten und Politiker auf sich nehmen, wenn sie intervenieren, bekommt beim Verzicht auf ein gewaltsames Eingreifen eine zweite Dimension: Die eigene Unschuld wird nicht selten mit dem Tode anderer erkauft. Es ist das Eisenbahndilemma, in dem niemand die Hand an die Weiche legt und das Geschehen der Fügung überlässt.

Jeder Konflikt, jede Bedrohung und jeder einzelne Fall von Verbrechen gegen die Menschlichkeit verlangt eine neue Beurteilung. Es kann keine Regel geben, die den Zeitpunkt für gewaltsames Eingreifen bestimmt. Wann es zu spät ist, zeigt sich erst hinterher. Kann es aber aus den vergangenen Kriegen nicht zumindest einen Lerneffekt geben?

Eine Ergreifung Konys sei nicht mit polizeilichen Mitteln zu erreichen, schrieb die *Süddeutsche Zeitung* in ihrer Kritik zur Kampagne »Kony 2012«. Darin spricht der Macher Jason Russell immer wieder davon, Joseph Kony »zu stoppen«. Er sagt nicht töten, aber es ist nahe dran. Dagegen verwahrte sich auch die *Zeit*: Uganda habe längst größere Probleme als die LRA, weil diese jetzt in Nachbarländer ausgewichen sei und nur noch selten in Norduganda Kinder entführe.[4] »Solle man denn auf alle Bomben werfen?« Nein, das soll man sicherlich nicht. Aber ist es tatsächlich moralisch zu verantworten, dass man immer wieder all jene Stadien eines Konflikts durchschreitet, bis ein Kriegsverbrecher als alter Mann in seinem Versteck verhaftet werden kann wie Radovan Karadžić 2008? Besonders das Beispiel des »Schlächters von Bosnien«, das die *Süddeutsche Zeitung* nennt, hat sich eigentlich als Erinnerungsruf des »Nie wieder!« ins Gedächtnis Europas gesetzt. Wer möchte heute noch die Position vertreten, dass die Zurückhaltung des niederländischen Schutzbataillons und die Einhaltung der UN-Regeln vor der Erschießung von siebentausend bosnischen Muslimen in Srebrenica richtig waren? Aufzuzählen, was nicht getan werden sollte, um einen Konflikt zu stoppen, ist einfach – solange man nicht die Perspektive ändert.

Chancen der Drohnentechnik

Die Drohnentechnik bietet heute die Möglichkeit, in Konflikte einzugreifen, ohne einen großen Militärapparat in Bewegung setzen zu müssen. Das ist ebenso ein unschätzbarer Vorteil wie ein großes Risiko. Es besteht nämlich durchaus die Gefahr, tödliche Gewalt schneller einzusetzen, als es ohne diese Technik geschehen würde, aber auch geltendes Recht schneller durchzusetzen. Zudem richtet sich der Einsatz von Drohnen in der Regel gegen Einzelpersonen. Größere Modelle wie die Reaper können zwar Bomben transportieren, mit denen man Gebäude, etwa Waffenlager oder eine Chemiewaffenfabrik, angreifen kann, doch das wirklich effektive strategische Moment der unbemannten Flieger ist der Einsatz gegen Menschen. Wenn einzelne Personen tatsächlich eine Position einnehmen, dass ein Krieg oder eine Bedrohung ausschließlich an ihnen hängt, bietet ihr Tod die Chance, beides zu beenden.

Der Einsatz von Drohnen oder anderer Technik zu gezielten Tötungen erscheint vielen als moralisch verwerfliche Methode, weil sie genauso gewalttätig ist wie diejenigen, die man aufhalten will. Die Politik sollte deshalb nicht zu suggerieren versuchen, dass man mit Drohnen aus der moralischen Bredouille eines Krieges herauskommen könnte. Das kann man nicht, denn die gezielte Tötung einer Person steht keinesfalls auf der gleichen Stufe wie eine friedliche Konfliktbeilegung, etwa durch Diplomatie oder Sanktionspolitik. Der korrekte Vergleichsrahmen für den Einsatz von Drohnen für gezielte Tötungen ist vielmehr der herkömmliche Krieg. Wenn es also möglich ist, durch die Tötung einzelner Schlüsselfiguren einen großangelegten und langwierigen Militäreinsatz zu verhindern, gibt es drei bedeutende Vorteile.

Der erste Vorteil wird von der Politik immer wieder betont: Drohnen schützen das Leben der eigenen Soldaten. So offensichtlich dieser Vorteil ist, so wenig überzeugt er Kritiker. Die eigenen Staatsbürger in Uniform aus der Schusslinie zu halten, scheint nicht überall hohe Priorität zu genießen.

Der zweite Vorzug von Drohnen ist die Reduzierung von Kollateralschäden, also die Schonung Unbeteiligter. Auch dieser Vorteil wird von manchen heftig bestritten, denn Drohnen würden sehr wohl auch Kollateralschäden verursachen. Doch die wirklich entscheidende Frage lautet, ob der Einsatz von Drohnen weniger unbeteiligte Opfer verursacht. Und sofort stellt sich die nächste Frage: Im Vergleich wozu? Wenn die Kalkulation aufgeht und man durch die gezielte Tötung eines Terroristen oder eines Massenmörders Unrecht verhindern kann, fehlt beides als Beweis. Wenn Osama bin Laden schon 1998 bei einem der Marschflugkörpereinsätze gegen Ziele in Afghanistan gestorben wäre, hätte es den 11. September 2001 vielleicht nicht gegeben, damit hätte aber auch die Begründung gefehlt, den bisher »größten und gefährlichsten Terroristen« ausgeschaltet zu haben. Die Antwort aber wird meist im Ungewissen bleiben. Wenn beispielsweise ein Kampfjet der NATO die serbischen Soldaten um Ratko Mladić gleich zu Beginn des Massakers von Srebrenica bekämpft hätte, wäre kein Massenmörder getötet worden, sondern lediglich ein serbisch-bosnischer Separatist. Das Dilemma des präventiven Handelns bleibt also schwierig.

Das »Gezielte« beim Einsatz von Drohnen ist etwas, das sich zwar kaltblütig oder hinterhältig anhört, aber umso attraktiver erscheint, je mehr man über Alternativen nachdenkt. Das vergangene Jahrhundert lieferte genügend Beispiele für »ungezieltes« Töten, um sich heute für die größtmögliche Genauigkeit beim Einsatz von Waffengewalt starkzumachen. Die Luftwaffeneinsätze von Wehrmacht, zum Beispiel über Canterbury, und alliierten Streitkräften, zum Beispiel über Dresden, während des Zweiten Weltkriegs sind wohl das eindringlichste Beispiel, was passiert, wenn Militärführungen sich für eine Strategie und eine Technik entscheiden, die genaues Zielen unmöglich macht oder gar zu vermeiden versucht.

Der Einsatz in Afghanistan hat bisher über zwölftausend unbeteiligte Opfer gefordert, der Krieg im Irak eine hohe sechsstellige Zahl. Der Bürgerkrieg in Libyen wird mit circa fünfzigtausend Toten beziffert, und für den andauernden Krieg in Syrien hat die UNO im Februar 2013 die Zahl von siebzigtausend Getöteten herausgegeben. Diese Zahlen müssen der Vergleichsrahmen für den Einsatz von Drohnen gegen Schlüsselfiguren sein. Das Londoner Bureau of Investigative Journalism errechnet für den Drohnenkrieg in Pakistan ein Verhältnis von Zielpersonen zu Unbeteiligten von eins zu fünf: Auf fünf al-Qaida- oder Taliban-Führer soll ein Zivilist ums Leben gekommen sein. Bei Großinterventionen wie im Irak oder in Afghanistan hingegen ist das Verhältnis von toten Zivilisten und feindlichen Kämpfern genau umgekehrt.

Der dritte Vorteil, den der Einsatz von Drohnen bietet, bedient eine uralte Forderung linker Bewegungen. Warum, so die

Frage schon vor Ausbruch des Ersten Weltkriegs, sollen die einfachen Menschen, in Uniformen gesteckt, auf den Schlachtfeldern dafür bezahlen, was ihre Herrscher angezettelt haben? In den völkerrechtlichen Betrachtungen wurde dargestellt, dass ein Soldat durch seine Funktion ein rechtmäßiges Angriffsziel im Kriege ist. Stirbt ein junger Mann in Uniform, wird nur selten die Rechtmäßigkeit seines Todes bestritten; der ist fast so etwas wie ein konsequenter Teil seines Daseins. Ist das aber heute moralisch noch zu begründen?

Der Einsatz von Drohnen zu gezielten Tötungen will exakt an dieser Stelle unterscheiden: Gezielte Tötungen richten sich gegen Personen, die man aufgrund ihrer Taten für schuldig hält. Einmal abgesehen davon, dass dies ebenfalls fehleranfällig und darüber hinaus stets subjektiv ist, wird doch der Soldat in einem Krieg keinesfalls wegen seiner individuellen Schuld getötet, sondern nur wegen seines rechtlichen Status. Der amerikanische Moralphilosoph Jeff McMahan stellt die moralische Zulässigkeit dieses Prinzips in Frage und vertritt in seinem Buch *Killing at War* die Position, dass nur derjenige getötet werden darf, der sich durch persönliches Fehlverhalten schuldig gemacht hat.[5] Genau das jedoch trifft auf Soldaten generell nicht zu. Das Völkerrecht nämlich steht der Forderung McMahans mit seiner Definition eines Kombattanten diametral entgegen.

Joseph Kony führt seinen Buschkrieg mit entführten und missbrauchten Kindersoldaten. Auch hier stellt sich die Frage, welche Schuld beziehungsweise Verantwortung diesen Zehnjährigen für die Kriegsverbrechen zugerechnet werden kann, die sie unter Zwang begehen. Wenn nämlich statt der Tötung Konys eine großangelegte Militäroperation gegen die gesamte LRA durchgeführt würde, käme es dabei sicher auch zum Tod der Kindersoldaten.

Ob der Einsatz von Drohnen gegen Einzelpersonen tatsächlich Kriege verhindern oder wenigstens verkürzen kann, ist nicht gewiss. Wenn ein Joseph Kony die treibende Kraft hinter dem Krieg der LRA gegen die Zivilbevölkerung ist, dann wird sein Tod einen Effekt haben. Es ist natürlich wahr, dass für einen

Kriegsherren oder Terroristen meistens ein Nachfolger bereitsteht, der dessen Führung übernehmen kann. Das wirft freilich die Frage auf, wie mit diesem zu verfahren ist: Soll man ihn ebenfalls töten?

Niemand darf sich in Bezug auf die Drohnentechnik und die Praxis des gezielten Tötens der Illusion hingeben, dass damit das Problem des Terrorismus, der Genozide oder der Kriege allgemein zu bekämpfen ist. Es ist allenfalls dazu geeignet, die akuten Symptome zu lindern. Sowenig wie die Tötung von Joseph Kony die verheerte Region in Zentralafrika dauerhaft stabilisieren könnte, so wenig vermochte der Tod Osama bin Ladens zu verhindern, dass sich neue Terroristen anschicken, den Westen anzugreifen. Der Tod einer Schlüsselfigur kann aber Zeit verschaffen – Zeit, um Unbeteiligte zu schützen, und Zeit, damit sich nachhaltige Maßnahmen zur Stabilisierung und Befriedung entfalten können.

Wirkung gezielter Tötungen

Der islamistische Terrorismus wird oft als Hydra bezeichnet: Jeder abgeschlagene Kopf wird durch zwei neue ersetzt, die noch bissiger sind. Wenn dieser Vergleich mit dem schlangenköpfigen Wesen aus der griechischen Mythologie tatsächlich stimmt, kann man sich die Klärung der völkerrechtlichen Zulässigkeit von gezielten Tötungen sparen und muss sich nicht dem noch viel komplizierteren ethischen Abwägungsprozess aussetzen. Es wäre dann schlicht irrational, ja eigentlich dumm, Terrorführer gezielt zu töten, weil die Gefahr dadurch ja nur zunehmen würde. Dieses Gleichnis ist so einträglich, weil es mit dem Gefühl einhergeht, das der Kampf gegen den internationalen Terrorismus bei vielen verursacht: Es ist kein Ende in Sicht. Die vielen Opfer, die seit dem 11. September 2001 gebracht wurden, scheinen vergeblich gebracht worden zu sein, und die Kämpfer, die unter dem Label al-Qaida operieren, tauchen an immer neuen Orten auf, auch wenn fast alle bekannten Führungsfiguren getötet wurden.

Es gibt keine Chance, diesen Kampf zu gewinnen, sagt dieser Vergleich, schon gar nicht durch den Einsatz von Gewalt.

Die Propaganda der islamistischen Terrororganisationen behauptet im Prinzip das Gleiche. Den Leben der einzelnen Dschihadisten wird nur geringe Bedeutung beigemessen: Sie sollen austauschbare Werkzeuge im Kampf gegen den Westen sein, deren Stärke genau darin besteht, dass sie eben nicht unersetzlich sind und dem Erhalt des eigenen Lebens angeblich keine Bedeutung beimessen. Für jeden gestorbenen Märtyrer stehen zehn Freiwillige bereit, um an seine Stelle zu treten, heißt eine oft wiederholte Kampfansage. Solche Behauptungen flößen natürlich Angst ein, selbst wenn die Terrorführer dabei von jungen Selbstmordbombern sprechen und nicht von sich selbst. Und wenn Führungskader durch gezielte Tötungen tatsächlich beseitigt werden, wird der Öffentlichkeit meist schon bald ein Nachfolger präsentiert. Die Stelle Osama bin Ladens übernahm der Ägypter Aiman al-Zawahiri, die vormalige Nummer zwei der Organisation. Lange war dafür eigentlich Anwar al-Awlaki vorgesehen, doch wurde er getötet, bevor er auf den Chefsessel nachrücken konnte. Stimmt es also, dass terroristische Führungspersonen stets schnell ersetzt werden können und ihre Tötung damit fast wirkungslos ist?

Um die Wirksamkeit von gezielten Tötungen zu beurteilen, muss man bei der Frage beginnen, über welche Fähigkeiten einzelne Personen verfügen und in welchem Maße diese Fähigkeiten ersetzbar sind. Nehmen wir Osama bin Laden: Konnte nur er eine weltweite Terrororganisation aufbauen und führen, oder wäre das auch einem anderen Menschen gelungen?

Es ist abermals eine hypothetische Frage, aber nach allem, was über bin Laden bekannt wurde, war er zwar nicht einzigartig, aber doch sehr speziell. Er hatte höhere Schulen und die Universität von Djiddah besucht und sprach ein einwandfreies Arabisch, was nicht nur seine Anhänger beeindruckte. Er verfügte über erhebliche finanzielle Mittel und die damit einhergehenden Kontakte in politische Kreise im In- und Ausland, welche ihn auf seinem Weg zu 9/11 einige Male vor dem Scheitern bewahrten.

Was jedoch tatsächlich zu seinem großen schändlichen Erfolg beitrug, war die Geschichte, die er erzählte: Als junger Freiwilliger stand er im Kampf gegen die Sowjets in Afghanistan, organisierte Gelder, rekrutierte den Kämpfernachwuchs und führte auch selbst kleinere Operationen gegen die Rote Armee an. Dass er dabei sein eigenes Leben in die Waagschale warf, trug entscheidend zu seinem Gesamtbild bei. Hinzu kam sein vielzitiertes Charisma, dessen Wert besonders im Vergleich zu seinem Nachfolger al-Zawahiri deutlich wird. Obwohl dieser ebenfalls über Kampferfahrung in Afghanistan verfügt, besitzt er das Erscheinungsbild eines müden Lehrers. Wenn sich junge Menschen in unterschiedlichen Kulturkreisen nur in einem Punkt ähnlich sind, dann ist ein solches Auftreten nicht von Vorteil, um für eine Sache zu begeistern.

Es ist offensichtlich, dass jemand wie Osama bin Laden nicht über Nacht gleichwertig zu ersetzen ist. Wie in anderen Bereichen des Lebens muss auch der Chef einer Terrororganisation über Erfahrung, Führungsstärke und Ideenreichtum verfügen. Tut er dies nicht, wird sein Handlungsspielraum begrenzt bleiben. Dasselbe Prinzip gilt für niedrige Führungsebenen genauso, wenngleich nicht im selben Maße.

In Bezug auf al-Qaida wird oft behauptet, dass es sich dabei mehr um eine »Idee« denn um eine Organisation handele, wie beispielsweise der britische Journalist Jason Burke in seinem gleichnamigen Buch herausarbeitet – ohne starre Führungsstruktur und ohne Befehlskette von oben nach unten. Doch das ist nur zum Teil richtig. Mag sich al-Qaida tatsächlich zu einer »Marke« des internationalen islamistischen Terrorismus entwickelt haben, bedarf es für die Durchführung von Terroranschlägen selbstverständlich eines gewissen Grads an Organisation. Diese ist nicht mit der militärischer oder wirtschaftlicher Institutionen herkömmlicher Art gleichzusetzen, aber ohne eine innere Struktur kann auch Terrorismus nicht erfolgreich sein. Die örtlichen Gruppen, die Burke als autonom von al-Qaida beschreibt, brauchen Anführer, Planer, Beschaffer, Rekrutierer und Finanzierer – nicht unbedingt vom Format eines Osama bin Ladens, aber dennoch mit ausreichender Qualifikation, Erfahrung und Zuverlässigkeit. Ein einfacher Aufruf, den Westen mit Anschlägen zu treffen, wo immer es geht, reicht eben nicht aus.

Man stelle sich einmal einen dieser fehlgeleiteten jungen Männer vor, die am Heiligen Krieg teilnehmen wollen: Was macht er, sobald er sich dazu entschlossen hat? Wo geht er hin? Wo bekommt er Waffen oder Sprengstoff? Wer trainiert ihn? Auch das Bauen von funktionsfähigen Bomben erfordert Kenntnisse, die in Monaten, wenn nicht in Jahren erworben werden müssen, von wirklich komplexen Terroroperationen ist da noch gar nicht die Rede. Will man diese Kenntnisse für Anschläge in westlichen Ländern nutzen, erfordert dies Fähigkeiten, die es möglich machen, einen Sicherheitsapparat zu überwinden, der seit über zehn Jahren mit Abertausenden Mitarbeitern, einer schier unbegrenzten Menge an Geld und den neuesten technischen Entwicklungen ausgestattet ist, um genau das zu verhindern. Niemand behauptet, dass es nicht möglich ist, aber die erforderliche Expertise gewinnen Terroristen nicht in einem Wochenendseminar. Durch die gezielte Tötung von Schlüsselfiguren ist die Organisation eines Terroranschlags zumindest zeitweise gestört.

Das Bild, das der Westen vom islamistischen Terrorismus hat, ist auf eine merkwürdige Art und Weise entmenschlicht worden, als ob es sich um ein mystisches Wesen handele, das aus einer unerschöpflichen Masse potentieller Märtyrer immer wieder neu entstünde. Tatsächlich jedoch sind in den vergangenen Jahren das ideologische Mutterschiff al-Qaida und die regionalen Unterorganisationen stark geschwächt worden, wie auch deutsche Behörden und deutsche Massenmedien bestätigen. Dies ausschließlich auf die Praxis der gezielten Tötungen zurückzuführen, wäre natürlich Unsinn. Von Anfang an war der Einsatz tödlicher Gewalt nur eine von vielen Maßnahmen im Kampf gegen den Terrorismus – die aber sehr wohl spürbare Effekte haben. Die rechtlichen und moralischen Fragen sind damit allerdings nicht beantwortet. Keinesfalls darf man bei der Beurteilung der Effektivität von gezielten Tötungen den Fehler begehen, auf einen Sieg im Kampf gegen den Terrorismus zu spekulieren. Den wird es durch die gezielte Ausschaltung einer Führungsriege nicht geben – dafür aber einen entscheidenden Zeitgewinn in gefährlichen Situationen, der zur Bekämpfung der Ursachen des Terrorismus sinnvoll genutzt werden kann.

Israel setzt gezielte Tötungen bereits seit Jahrzehnten gegen seine Feinde ein und hat währenddessen immer wieder die Frage diskutiert, ob dadurch nicht mehr Schaden verursacht als auf der anderen Seite an Sicherheit gewonnen wird. Die Beibehaltung dieser Strategie zeigt, dass für Israel die Vorteile zu überwiegen scheinen. Genau analysiert wurde der psychologische Effekt, den gezielte Tötungen auf die Führungskader von Hamas und al-Aqsa-Brigaden haben und der sich bereits entfaltet, bevor überhaupt eine Rakete abgeschossen wird. Denn die Anführer dieser terroristischen Organisationen wussten sehr genau, dass sie teilweise schon seit Jahren auf der Zielliste des israelischen Geheimdienstes und der Armee standen, was ein permanentes Leben im Versteck bedeutete. Von einem zum nächsten Keller konnten sie sich meist nur bei Nacht und unter erheblichem Aufwand bewegen, Besuche bei der Familie waren ihnen aufgrund der ständigen Bedrohung unmöglich. Avi Dichter, der ehemalige Leiter des israelischen Inlandsgeheimdienstes Schin Bet, drückte dies bei einer Stellungnahme zu diesem Thema vor der Knesset so aus: »Hamas-Führer wenden 90 Prozent ihrer Zeit auf, um sich zu verstecken, und 10 Prozent, um Anschläge zu planen.« Als die bewaffneten Gruppen der Palästinenser 2005 einen Waffenstillstand ausriefen, fügte Dichter hinzu: »Höhere Hamas-Führer waren es schlicht leid, die Sonne nur noch auf Fotos zu sehen. Sie wollten endlich wieder durch die Straßen Gazas laufen, ohne dabei ihr Leben zu riskieren.«[6] Solche Schilderungen klingen brutal, doch hatten die israelischen Maßnahmen eine große Wirkung, ohne dass die betreffenden Personen getötet werden mussten.

Erfolgen, die von Personen erklärt werden, die seit Jahren gezielte Tötungen durchführen lassen, fehlt freilich das Prädikat der uneingeschränkten Glaubwürdigkeit – das gilt aber auch für die andere Seite des Meinungsspektrums in dieser Causa. Dass israelische Sicherheitsinstitutionen von der Effektivität dieser Praxis überzeugt sind, kann nicht überraschen. Andernfalls würden sie diese nicht anwenden. Das Gleiche gilt auch für die entsprechenden Behörden der Obama-Regierung. In diesem Fall decken sich jedoch die Einschätzungen mit der allgemeinen Nachrichtenlage: Die Zahl terroristischer Anschläge gegen westliche Staaten geht stetig zurück, genauso wie in Israel.

Das National Memorial Institute for the Prevention of Terrorism (MIPT) bestätigte in einer 2005 veröffentlichten Studie diesen Rückgang von Terroranschlägen in Israel. Zwar hatte sich demnach in den vier Jahren zuvor die Anzahl der Anschläge gegen israelische Ziele keineswegs reduziert, sondern war sogar merklich angestiegen; die Zahl der getöteten Zivilisten ging aber deutlich zurück, je mehr Führer der Hamas gezielt getötet wurden. In anderen Worten bedeutete das, dass deren Anschläge im Laufe der Zeit immer uneffektiver wurden. Der amerikanische Politikwissenschaftler und Professor am Washingtoner Brookings Institute Daniel Byman führt diese Entwicklung auf den Verlust von »gut ausgebildeten Terroristen« zurück, da diese im gleichen Zeitraum nicht ersetzt werden konnten. Der merkliche Rückgang der übrigen Anschläge nach 2005 wurde nach Bymans Einschätzung durch die Kombination von gezielten Tötungen und der israelischen Sperranlage zum Westjordanland erreicht.

Anfang 2013 tauchte wieder einmal einer dieser Terroraufrufe unter dem Namen al-Qaidas auf, an die sich die Welt schon längst gewöhnt hat. Diesmal wurden »gläubige Muslime« dazu aufgefordert, kleine Bretter mit Nägeln auf die Autobahnen des Westens zu werfen, um so Unfälle zu provozieren. Mit Öl, das man auf die Straße kippe, ließen sich ebenfalls Karambolagen provozieren, wie die Absender in dem englischsprachigen Online-Magazin *Inspire*, einem Blatt für Sympathisanten der Ideologie, zum Besten gaben. Natürlich gab es von Seiten der Sicherheitsbehörden die zu erwartenden Reaktionen: Man nehme diesen Aufruf sehr ernst, sei besorgt und Ähnliches.

Man könnte diese neue »Strategie« des islamistischen Terrorismus einmal unter einem ganz anderen Blickwinkel betrachten. Vor gut einer Dekade griffen neunzehn Männer in gekaperten Zivilmaschinen das Zentrum Amerikas an und führten damit eine Zäsur in der Weltgeschichte herbei. Sie schafften es, ihre teuflischen Pläne über Jahre unentdeckt zu lassen und mit Hilfe einer kontinentübergreifenden Logistik zum Erfolg zu führen. Zwölf Jahre später kommt ein Aufruf im Internet, dass Holzbretter mit Nägeln auf Autobahnen geworfen werden sollen, um den Versicherungsschaden eines platten Reifens zu verursachen. Wenn hinter all dem nicht die perfide und verabscheuungswürdige Logik des Terrorismus stünde, könnte man über diesen Niedergang einer Organisation herzlich spotten. Es fällt jedenfalls schwer zu glauben, dass Nagelbretter die Idee eines neuen Osama bin Ladens sind. Es mutet vielmehr wie ein Akt der Konzeptlosigkeit an.

Gefahren der Legitimation

Einer der stichhaltigsten Kritikpunkte an gezielten Tötungen ist die fehlende Kontrolle: Wer darf darüber entscheiden, ob ein Mensch getötet wird? In den USA ist es derzeit Präsident Barack Obama mit Unterstützung eines Beraterstabs. Ob er richtig entscheidet, ist nicht zu kontrollieren, unter anderem auch deshalb, weil es keine Transparenz im Verfahren des Targeting-Prozesses gibt. Wer auf eine Zielliste kommt und ob die Beweise für die Gefahr, die von dieser Person ausgeht, tatsächlich ausreichen, ist für Außenstehende nicht nachzuvollziehen. Daniel Goldhagen schlug in seinem Buch vor, eine Organisation zu gründen, die für solche Entscheidungen zuständig ist. Doch wenn eine solche Organisation ebenfalls mit Vertretern aller Länder besetzt werden würde, stünde sie vor dem gleichen Problem wie die UNO: Schnelle Beschlüsse wären nicht möglich. Ohne eine breite Beteiligung der Staaten der Welt aber fehlte ihr die nötige Legitimation.

Eine weitere oft formulierte Forderung gilt der rechtlichen Regelung von gezielten Tötungen. Dies klingt zunächst logisch und verheißt Schutz vor Missbrauch. Vorstellbar wäre demnach eine Art Regelkatalog, der bestimmte Bedingungen vorschreibt, die bei der gezielten Tötung einer Person erfüllt sein müssen. Ganz ähnlich war dies auch für den Abschuss von gekaperten Zivilflugzeugen vorgesehen, damit der befehlsgebende Minister und der Luftwaffenpilot Rechtssicherheit haben. Eine rechtliche Regelung, so streng sie auch immer sein mag, bedeutet im Endeffekt aber die Freigabe der Tötung. Im Falle des zurückgenommenen Luftsicherheitsgesetzes wurde zudem befürchtet, dass eine Legitimation gleichzeitig eine Verpflichtung zum Abschuss einschließe.

Das könnte sich bei gezielten Tötungen auf gesicherter rechtlicher Basis ähnlich verhalten: Wer das Recht zu töten hat, braucht nur noch die vorgeschriebenen Bedingungen zu prüfen und kann dann schießen. Eine wirkliche Gewissensentscheidung, die in der Frage von Leben und Tod aber einen unermesslichen Schutzfaktor bietet, wäre dann nicht mehr nötig – Bedingung eins bis sechs erfüllt: Feuer frei. Ob gezielte Tötungen ein Mittel der Politik sein dürfen, ist hochumstritten. Einigkeit besteht jedoch darin, dass sie zu keiner alltäglichen Selbstverständlichkeit werden dürfen. Eine rechtliche Zulassung würde die Tore dahin öffnen.

Bei einer rechtlichen Regelung würde sich ebenfalls die Frage stellen, ob nicht alle Staaten das gleiche Recht hätten, gezielte Tötungen durchzuführen. Moralisch stellt sich die Frage ohnehin. Wenn die USA und zukünftig auch andere Staaten ihre Drohnen aufsteigen lassen, um weltweit Feinde zu eliminieren, warum sollte dies nicht auch China oder Simbabwe machen? Es gibt auf diese Frage keine wertneutrale Antwort, genauso wenig wie auf die Frage, warum manche Staaten Atomwaffen besitzen dürfen und andere nicht. Es hängt abermals von den Werten ab, die hinter der jeweiligen Politik eines Staates stehen – und denen kann man sich verbunden fühlen oder nicht. Aus diesem Grund müssen freilich auch anderen Mächten gezielte Tötungen zugestanden werden. Wenn der amerikanische Präsident den Anführer einer Rebellenarmee töten lässt, hat dieser das gleiche Recht oder Unrecht, dies zu tun. Dasselbe gilt auch für völkerrechtlich einwandfrei legitimierte Kriege.

Eine besondere Problematik wirft zuletzt noch die Distanz bei gezielten Tötungen auf, speziell bei Einsätzen mit Drohnen. Für die moralische Legitimation zu töten spielt es zwar keine Rolle, ob dies mit Schwert oder Rakete geschieht, sehr wohl könnte sich aber die Frage der örtlichen Begrenzung eines bewaffneten Konflikts neu stellen. Wenn ein Drohnenpilot einen Taliban-Kämpfer in der afghanischen Unruheprovinz Helmand tötet, ist dies durch das Völkerrecht gedeckt: Der afghanische Kämpfer ist Kombattant. Der amerikanische Drohnenpilot besitzt diesen Status jedoch ebenfalls. Ergibt sich aus dieser Tatsache nun das Recht für die Taliban, den Soldaten in Nevada zu bekämpfen, wenn er ansonsten auf die völkerrechtlichen Bestimmungen achtet? Der Schutz der eigenen Soldaten, der durch die Distanz hundertprozentig wird, könnte sich an anderer Stelle in neue Gefahren verwandeln.

Bewaffnete Drohnen haben die militärischen Strategien stark verändert. Sie sind eine überlegene Technik, gegen die es bisher keine effektiven Abwehrmaßnahmen gibt. Sie bieten die Möglichkeit, den Krieg quasi von zu Hause aus zu führen und somit Geld und eigenen Blutzoll zu sparen. Wie sich die Welt der bewaffneten Auseinandersetzungen darauf einstellen wird, ist noch nicht absehbar. Sicher ist aber eines: Sie wird es. Es wäre naiv anzunehmen, dass mit der Drohnentechnik Krieg und der Einsatz von Gewalt zur risikolosen Angelegenheit werden und ohne Reaktionen bleiben. Es gab in der Geschichte der Waffentechnik noch kein System, das nicht pariert worden wäre. Auf die Rüstung folgte die Armbrust, auf Mauern die Artillerie, auf das U-Boot das Sonar und auf das Maschinengewehr der Panzer. Dem Panzer folgte die Panzerfaust, dem Flugzeug die Flak, und auf alle erdenkliche Kriegstechnik, die sich heute in Besitz von bewaffneten Kräften auf dieser Welt befindet, folgte schließlich eine technologisch und finanziell so überlegene Supermacht, dass es niemand mehr mit ihr aufnehmen könnte – jedenfalls auf konventionelle Weise. Dann aber wurde der Krieg verlagert.

Die Gefahr, dass die Drohnentechnik den Krieg auf die Gebiete holt, die sie eigentlich beschützen soll, ist durchaus gegeben. Schon jetzt ist die Verlagerung der Konflikte in ein ziviles Umfeld eine logische Konsequenz, auf die Übermacht westlicher Armeen zu reagieren. Natürlich ist es völkerrechtswidrig, wenn sich Guerillagruppen unter die zivile Bevölkerung mischen und mit Sprengfallen, Entführungen und anderen terroristischen Mitteln kämpfen – das soll hier nicht gerechtfertigt werden. Was aber bleibt ihnen anderes übrig? Ein Kräftemessen mit den Amerikanern auf Basis eines regulären Kampfes ist nicht mehr möglich. Saddam Husseins Armee beispielsweise wurde zweimal innerhalb weniger Wochen hinweggefegt. Kein Panzer und kein anderes Waffensystem kann der amerikanischen Macht, vor allem mit seiner enormen Luftüberlegenheit, ernsthaft entgegentreten. Wer also kämpfen will, muss sich zwangsläufig auf die wenigen Schwachpunkte konzentrieren, die übrig blieben. Das ist die perfide Logik des Terrorismus, aber sie ist nachvollziehbar. Auch das Töten aus der Distanz wird so beantwortet werden.

Einer der US-Marines in Helmand antwortete 2011 auf die Frage, worin er noch den Sinn seines Einsatzes sehe, da der Abzug der westlichen Truppen beschlossen sei: »Wir sind hier, um die Kämpfe von zu Hause fernzuhalten. Die wollen gegen uns kämpfen, und es ist unser Job, das lieber hier zu tun als in den Staaten.« Eine erschütternde Logik.

Epilog

Anfang des Jahres 2010 habe ich ein Buch über den Krieg in Afghanistan veröffentlicht, an dem ich in zwei Einsätzen als Nachrichtenoffizier teilgenommen habe. Zu diesem Zeitpunkt stritt sich die deutsche Öffentlichkeit noch darüber, ob dieser Einsatz tatsächlich ein »Krieg« sei oder doch nur etwas »Kriegsähnliches«. Im Vordergrund dieser heute absurd anmutenden Diskussion standen meist rechtliche Argumente: Es ging um den Unterschied zwischen internationalen und nichtinternationalen Konflikten, um die Befugnisse des Militärs und manchmal sogar um die Frage des Versicherungsschutzes der eingesetzten Soldaten, der angeblich an den offiziellen Status des Einsatzes gekoppelt war. Doch waren dies alles freilich nur vorgeschoben Bedenken. In Wahrheit ging es immer um die eine entscheidende Frage, die in Deutschland nie offen diskutiert wurde: Kann Töten erlaubt sein? Viele Fehler, die in den zehn Jahren des deutschen Einsatzes gemacht wurden, hatten ihre Ursache in der Weigerung, sich dieser Frage öffentlich und ehrlich zu stellen.

Mit dem Einsatz von Kampfdrohnen zu gezielten Tötungen ist diese alte Frage in neuem Gewand aufgetaucht. Drohnen bringen das Töten so nah wie nie zuvor und lösen es aus den gewohnten Kategorien des herkömmlichen Krieges heraus, die in der Vorstellung der meisten Menschen immer noch dominieren. Der vielleicht größte Unterschied zwischen dieser tradierten Vorstellung von Krieg und dem Krieg der heutigen Realität besteht darin, dass wir unterscheiden müssen: Wenn wir kämpfen gehen, dann nicht mehr gegen eine andere Macht, ja nicht mal mehr gegen eine andere Armee. Wir kämpfen gegen Individuen und verwenden einen erheblichen Teil unserer militärischen und politischen Anstrengungen darauf, diese von den Unbeteiligten zu trennen. Die Abteilung, in der ich in Afghanistan eingesetzt war, hatte im Prinzip keine andere Aufgabe. Wer ist Feind und wer nicht?

Die Trennlinie zwischen Feinden und Nichtfeinden wurde dabei keineswegs dort gezogen, wo sie das Völkerrecht sieht, sondern wesentlich enger. Ein einfacher Aufständischer, der mit seiner Kalaschnikow gegen uns antrat, wurde im Grunde nicht in die Kategorie »Feind« eingeordnet. Wenn er sich an einem Hinterhalt gegen unsere Infanterie beteiligte, musste er freilich die Konsequenzen tragen und wurde bekämpft, außerhalb solch expliziter Situationen jedoch betrachteten wir solche Männer nicht als Feinde im eigentlichen Sinne, vielmehr als arme Teufel, die entweder verleitet oder gezwungen wurden, gegen uns zu kämpfen. Wir hatten es stets auf das Führungspersonal hinter ihnen abgesehen: Personen, die die Organisation von Selbstmordkommandos organisierten, die Waffen schmuggelten oder die lokalen Aufständischen finanzierten und mit Informationen versorgten.

In logischer Konsequenz dieser komplizierten Trennung hatte sich zumindest bei mir auch die Überzeugung entwickelt, gegen die identifizierten Individuen gezielt vorzugehen. Es gab keine homogene Feindesgruppe, keine feindliche Bevölkerung, aber es gab eben einzelne Personen, die für Dinge verantwortlich waren, die andere ins Verderben brachten. Einen Mann zu töten, weil er abends eine Sprengfalle vergraben und dafür 400 Dollar bekommen hatte, schien möglicherweise richtig, wenn er unmittelbar dabei war. Weil wir jedoch wussten, unter welchen Umständen er dies tat, rückte der eigentliche Fokus automatisch auf jene Personen, die für diese Umstände verantwortlich waren.

Schon in unserem überschaubaren Zuständigkeitsbereich des Einsatzgebiets Kundus gab es häufige Verbindungen nach Pakistan. Immer wieder tauchten Meldungen auf, dass lokale Taliban-Kommandeure zur Lageeinweisung oder zur Winterpause über die Grenze entschwanden. Auf unserer Ebene war es nicht möglich, diese nach Pakistan zu verfolgen. Dennoch waren sie durch den Ortwechsel keineswegs aus dem Spiel, selbst wenn das Völkerrecht die Grenze zwischen den beiden Ländern auch als

»Kriegsgrenze« definierte. Diese Individualisierung der Kategorie »Feind« ist mir deshalb so sympathisch, weil sie genau all jene armen Teufel heraushält, die unter anderen Bedingungen ein ganz normales Leben führen würden.

Die Frage, ob man einen Menschen töten darf, hängt darüber hinaus auch sehr stark von der Perspektive ab. Der grundsätzliche Wert militärischer Zurückhaltung und supranationaler Institutionen, die anstelle von einzelnen Staaten handeln, steht außer Frage. Kommt es jedoch zu Situationen, in denen Menschen unsere Prinzipien- und Rechtstreue mit ihrem Leben bezahlen müssen, wechsele ich die Perspektive. Es sind freilich immer wieder die gleichen Beispiele wie Srebrenica und Ruanda, die dafür bemüht werden, aber sie sind einfach da. Aus rechtlichen Gründen die Hilfe zu versagen, die dem Morden Einhalt gebietet, verträgt sich nicht mit meiner Vorstellung von Moral, insbesondere wenn man sich bereit erklärt hat, Verantwortung zu übernehmen. Terroristische Bedrohungen folgen derselben Logik.

Es handelt sich dabei selbstverständlich um Einteilungen in Schuld, Mitschuld und Unschuld. Und ebenfalls bin ich sehr vertraut mit den akademischen Diskussionen um die Problematik solcher Pauschalisierungen. Im Angesicht dieser monströsen Verbrechen jedoch – und terroristische Attacken auf zivile Ziele gehören zweifelsfrei dazu – will mir die »Pflicht zur Neutralität« nicht gelingen. Wenn ein Massenmörder wie Joseph Kony seit Jahren durch den afrikanischen Busch zieht, um Menschen abzuschlachten, bin ich ganz auf der Seite des Kampagneninitiators Jason Russell und des US-Soziologen Daniel Goldhagen. Gibt es keine anderen Mittel, einen Mörder und Kriegsverbrecher in einer überschaubaren Zeit zu stoppen, muss er gezielt getötet werden.

Wenn der Afghanistaneinsatz zu Ende gegangen sein wird, stellt sich für die Deutschen die Frage, wie zukünftig mit Problemen der internationalen Sicherheit umzugehen ist. Schon bei den Einsätzen in Libyen und Mali, aus denen sich die Bundesrepublik heraushielt, wurde »Afghanistan« als Synonym für »gescheitert« verwendet. Die »Angst vor einem zweiten Afghanistan« mahnt zur Zurückhaltung. Doch ist Zurückhaltung nicht immer die beste Lösung. Auf einen ganzheitlichen Ansatz, wie er über die Jahre des Afghanistaneinsatzes propagiert wurde, wird sich der intervenierende Westen so schnell nicht mehr einlassen, das gilt noch viel mehr für die Amerikaner.

Um sich dennoch der Verantwortung für den Frieden und die internationale Sicherheit zu stellen, wird die Praxis des gezielten Tötens weiter ausgebaut werden und, je nach Situation, um eine Strategie der »gezielten Schläge« erweitert. Das Prinzip dabei ist identisch: Wenn es die Situation erfordert, werden Streitkräfte mit kleinen Einheiten am Boden sowie Drohnen und Fliegern in der Luft gegen Einzelpersonen oder Gruppen vorgehen. Staatsführungen sind dabei ausdrücklich eingeschlossen. Diese Einsätze werden so kurz wie möglich sein, um die sogenannte »Konfliktnachsorge« möglichst schnell anderen zu überlassen. Das können zivile Organisationen sein, wahrscheinlicher aber eine oppositionelle Gruppe vor Ort, die man bewaffnen wird und danach versucht unter Kontrolle zu halten.

Es wird eine Rückbesinnung auf die Realpolitik sein, mit all ihren Schattenseiten, die so ungern ausgesprochen werden. Die Deutschen werden sich daran beteiligen müssen und sollten die Chance nutzen, die grundsätzlichen Fragen zum Einsatz von Gewalt zu klären. Eine Neutralität jedenfalls wird es nicht mehr geben. Sie war aber ohnehin immer nur eine Illusion.

Anmerkungen

Gezielte Tötungen im Krieg gegen den Terror

1 *Koran*, 2:191.
2 Al Qaida Arabian Peninsula.
3 In einem Interview mit dem amerikanischen Nachrichtensender ABC, www.abcnews.go.com/Politics/attorney-general-eric-holders-blunt-warning-terror-attacks/story?id=12444727#.T4_y19Xo95e.
4 www.cbsnews.com/2100-250_162-20113918.html.
5 »Why we should wince over al-Awlaki's death«, www.usatoday.com/news/opinion/forum/story/2011-10-04/killing-alawlaki-citizen-terrorist/50659674/1.
6 Zahlen nach London Bureau of Investigative Journalism.
7 Präambel des deutschen Grundgesetzes.

Obamas Drohnenkrieg und die Deutschen

1 Der Begriff »verlorenes Jahrzehnt« wurde sowohl vom *Spiegel* als auch der *Frankfurter Allgemeinen Zeitung* gebraucht.
2 *Spiegel*-Titel des Jahres 2008.
3 www.pewglobal.org/2012/06/13/global-opinion-of-obama-slips-international-policies-faulted.
4 *Fokus* und *Süddeutsche Zeitung*.
5 FATA steht für »Federally Administered Tribal Areas«.
6 Zahlen nach London Bureau of Investigative Journalism, www.thebureauinvestigates.com.
7 Ablauf des Auswahlverfahrens: www.nytimes.com/2012/05/29/world/obamas-leadership-in-war-on-al-qaeda.html?_r=1&pagewanted=all.

8 www.pewglobal.org/2012/06/13/global-opinion-of-obama-slips-international-policies-faulted.

9 So geschehen in einem Interview des Nachrichtensenders Fox News mit dem republikanischen Abgeordneten und Mitglied des Justizkomitees Timothy Griffin, 30. September 2011.

10 Otto Schily im Interview mit dem *Spiegel*, April 2004.

11 Heribert Prantl in der *Süddeutschen Zeitung*, 21. Juli 2011.

12 Ansprache Barack Obamas am 1. Mai 2011.

13 UN-Generalsekretär Ban Ki-moon am 2. Mai 2011, www.un.org/News/Press/docs/2011/sgsm13535.doc.htm.

14 www.dailystar.com.lb/News/Politics/May/02/Hariri-Bin-Laden-got-what-he-deserved.ashx#axzz1xadxDr9E.

15 Yousuf Raza Gilani in einem Interview mit AFP, 4. Mai 2011, www.dawn.com/2011/05/04/world-shares-blame-for-failure-on-bin-laden-gilani.

16 *Los Angeles Times*, www.articles.latimes.com/2011/may/04/local/la-me-0504-dalai-lama-20110504.

17 Siegfried Kauder in der *Neuen Passauer Presse*, www.pnp.de/nachrichten/heute_in_ihrer_tageszeitung/politik/114174_Kritik-an-Jubel-ueber-Bin-Ladens-Tod.html.

18 Die CDU-Bundestagsabgeordneten Thomas Dörflinger und Martin Lohmann.

19 www.bild.de/politik/inland/osama-bin-laden/gruenen-politiker-kritisieren-toetung-17712646.bild.html.

20 www.derwesten.de/politik/spd-politiker-haette-osama-bin-laden-vor-gericht-sehen-wollen-id4605711.html.

21 Präses Alfred Buß in der *Neuen Westfälischen*, www.nw-news.de/owl/4441393_Die_Welt_wird_nicht_besser_indem_man_Menschen_toetet.html.

22 Margot Käßmann zitiert aus *Spiegel online*, www.spiegel.de/panorama/gesellschaft/dresdner-kirchentag-die-kaessmann-show-a-766337.html.

23 Martin Dutzmann in einer Mitteilung des EPD, www.unserekirche.de/gesellschaft/aktuell/tten-nur-als-letztes-mittel-gerechtfertigt_7019.html.

24 www.waz.m.derwesten.de/dw/politik/ruhrbischof-overbeck-widerspricht-merkel-id4608686.html?service=mobile.

25 www.sueddeutsche.de/kultur/seebestattung-von-osama-bin-laden-sein-grab-ist-das-meer-1.1092951.

26 www.wdr5.de/nachhoeren/politikum.html?tx_rlmpflashdetec tion_pi1[html]=1&cHash=5fc4791d63.

27 Markus Franz ist Referent für Kommunikation und Redenschreiber im Willy-Brandt-Haus, www.spd.de/aktuelles/News/11752/ 20110503_osama_bin_laden_tod_jubel_armika.html.

28 *Marine Rundschau* 1909, S. 1232.

29 »L'arme du faible et du pauvre« in Maxime Labeuf: *Sous-Marins et Submersibles*, Paris 1925, S. 47.

30 Wörterbuch des Völkerrechts, Berlin 1962, S. 465.

31 www.spiegel.de/politik/ausland/drohnenangriffe-in-pakistan-lautlose-killer-toeten-hunderte-zivilisten-a-779596.html.

32 Zum Beispiel der *Kölner Express*, www.express.de/politik-wirt schaft/drohnen-angriffe-auf-al-kaida-obama-keine-gnade-fuer-terroristen,2184,16316180.html.

Völkerrecht und Gewalt

1 Bezeichnung der Russen im deutschen Vertragstext aus dem Jahr 1907.

2 Die Bundeswehr spricht heute von Operationsarten, der wesentliche Inhalt hat sich jedoch nicht geändert.

3 Ottawa-Abkommen.

4 Michael Walzer: *Just and Unjust Wars*. Basic Books 1977.

5 Artikel 43, Absatz 1, ZP I.

6 Michael Walzer: *Just and Unjust Wars*.

7 Aus der Ansprache Friedrich des Großen an seine Generäle und Stabsoffiziere kurz vor der Schlacht bei Leuthen gegen das österreichische Heer am 5. Dezember 1757.

8 Definition nach ICRC: »… unless and for such time as they take a direct part in hostilities«.

9 www.icrc.org/eng/resources/documents/feature/2009/direct-

participation-ihl-feature-020609.htm: »act as farmers by day and fighters by night«.

10 Der Autor dieses Buches begleitete die amerikanischen Soldaten im Februar 2011.

11 Michael Gross: *Moral Dilemmas of Modern War.*

12 Zusatzprotokoll I, Artikel 51 und 57.

13 Zitat von Präsident George W. Bush vom Oktober 2001.

14 Zur Schlacht von Tora Bora: Dalton Fury: *A Delta Force Commander's Account of the Hunt for the World's Most Wanted Man.*

15 Der *Spiegel* 22/2002 berichtete zum ersten Mal über den Einsatz des KSK gegen Terroristen in Afghanistan.

16 www.un.org/Depts/german/sr/sr_01-02/sr1368.pdf.

17 Die Partei Die Linke spricht regelmäßig vom »völkerrechtswidrigen Krieg in Afghanistan«.

18 Der Krieg im Irak wurde nicht unter OEF-Mandat geführt.

19 www.centcom.mil/en/countries/coalition.

20 www.fas.org/sgp/crs/terror/RS21049.pdf.

21 Es handelt sich hierbei um eine selbständig operierende Organisation, die sich der Hauptorganisation eher ideologisch verbunden fühlt.

22 www.hiik.de.

23 Nach den Anschlägen auf Nahverkehrszüge in Madrid am 11. März 2004, bei denen 191 Menschen getötet wurden, tauchte ein Bekennervideo auf. Die Botschaft endete mit den Worten: »Ihr liebt das Leben, wir lieben den Tod.«

24 Rede in deutscher Übersetzung auf www.usa.usembassy.de/etexts/docs/ga1-092001d.htm.

25 Sven Felix Kellerhoff: *Attentäter. Mit einer Kugel die Welt verändern*, Böhlau 2003, S. 222 ff.

26 Aus einem Schreiben des deutschen Botschafters in Konstantinopel vom 21. Juli 1914 zur Positionierung Bulgariens und Rumäniens.

27 Aus den Polizeigesetzen Baden-Württembergs, Bayerns, Brandenburgs, Hessens, Niedersachsens, von Rheinland-Pfalz, des Saarlands, Sachsens, Sachsen-Anhalts und Thüringens.

28 Ebenda.

29 www.daccess-dds-ny.un.org/doc/RESOLUTION/GEN/NR0/157/
27/IMG/NR015727.pdf?OpenElement.

30 www.bundeswehr.de.

Deutschland und Gewalt

1 Interview der *Zeit* mit Helmut Schmidt, www.zeit.de/2007/ 36/
Interview-Helmut-Schmidt/komplettansicht.

2 Der Historiker Wolfgang Kraushaar prägte den Begriff »nicht er-
klärter Ausnahmezustand«.

3 Helmut Schmidt im Interview mit Giovanni di Lorenzo in der *Zeit*,
30. August 2007.

4 Aus einem Interview mit dem *Zeit-Magazin* im Mai 2011.

5 *Vierteljahreshefte für Zeitgeschichte* 3/2009.

6 Interview mit dem *Zeit-Magazin*.

7 Akten des Auswärtigen Amts belegen die Einwände deutscher
Diplomaten.

8 So geschehen nach der Erstürmung des amerikanischen Konsulats
in Bengasi am 12. September 2012 und der Ermordung des Botschafters.

9 Weißbuch der Bundesregierung von 2006.

10 Auszüge aus André Schmitz, https://www.berlin.de/aktuell/12_01/
ereignisse/aktuell_369692.html.

11 Immanuel Kant: *Metaphysik der Sitten*.

12 Die Zahl der Toten der nationalsozialistischen Vernichtungspolitik
umfasst die Opfer des Holocaust, der Kriegsgefangenenlager und
der Euthanasieprogramme; die Zahl der Kriegstoten schließt die
Toten des Pazifikkriegs aus.

13 In seiner Rede vom 14. Mai 2012 anlässlich einer Reihe der Kon-
rad-Adenauer-Stiftung zum 20. Juli 1944.

14 In seiner Rede zum 60. Jahrestag des Anschlags am 20. Juli 1944.

15 www.zeit.de/2011/22/Fragen-an-Helmut-Schmidt/komplett-
ansicht.

Moral und Gewalt

1 »Ich schwöre, dass ich meine Kraft dem Wohle des deutschen Volkes widmen, seinen Nutzen mehren, Schaden von ihm wenden, das Grundgesetz und die Gesetze des Bundes wahren und verteidigen, meine Pflichten gewissenhaft erfüllen und Gerechtigkeit gegen jedermann üben werde. So wahr mir Gott helfe.«

2 Immanuel Kant: *Metaphysik der Sitten.*

3 Georg Lohmann: *Universelle Menschenrechte und kulturelle Besonderheiten.*

4 Nach einer Umfrage des Allensbacher Meinungsforschungsinstituts vom Mai 1971.

5 www.news.bbc.co.uk/2/hi/uk_news/politics/4698963.stm.

6 Dazu mehr in Josef Joffe: »Die Verständnis-Falle«, *Zeit*, 9. September 2004, www.zeit.de/2004/38/01___Leit_1_38.

7 Im Englischen »Trolley-Dilemma«.

8 www.mfa.gov.il/MFA/Foreign%20Relations/Israels%20Foreign%20Relations%20since%201947/1982-1984/55%20Address%20by%20Prime%20Minister%20Begin%20at%20the%20National#Address.

9 Wars of no choice and wars of alternatives.

10 Michael Walzer im Interview mit der *Frankfurter Allgemeinen Zeitung.*

11 Grundgesetz, Artikel 14, Absatz 3.

12 Aus der Urteilsverlesung des Bundesverfassungsgerichts.

Menschenrechte durchsetzen, Kriege humanisieren?

1 Aus einem Interview mit einem Reporter der BBC.

2 www.consilium.europa.eu/uedocs/cms_Data/docs/pressdata/en/cfsp/129645.pdf.

3 www.sueddeutsche.de/digital/umstrittenes-video-kony-eine-kampagne-die-froesteln-laesst-1.1305052.

4 www.zeit.de/politik/ausland/2012-03/kony-2012-invisible-children-kritik.

5 Jeff McMahan: *Killing at War*, Oxford 2009.

6 www.haaretz.com/news/ex-shin-bet-chief-israeli-assassination-policy-led-to-period-of-calm-1.160054.

Israelische Soldaten brechen ihr Schweigen

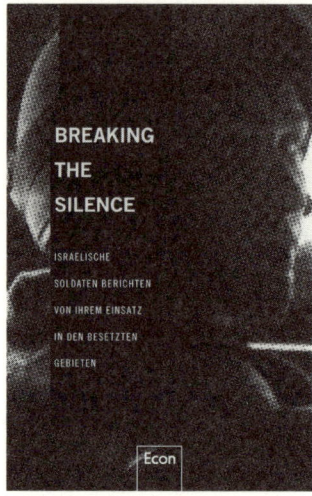

Breaking the Silence (Hrsg.)
Israelische Soldaten berichten von ihrem Einsatz in den besetzten Gebieten
416 Seiten mit s/w-Abbildungen und farbigen Karten
Hardcover mit Schutzumschlag
€ [D] 19,99 · € [A] 20,60
ISBN 978-3-430-20147-6

In diesem Buch berichten Veteranen der israelischen Armee von Schikanen und Übergriffen gegenüber der palästinensischen Bevölkerung, die sie gesehen oder selbst begangen haben. Ein schockierendes Dokument über das Vorgehen der israelischen Armee und die Realität in den besetzten Gebieten.

»Ein wichtiges Buch« *Avi Primor*

»Ein extrem wichtiger Beitrag, um die Ereignisse
im Nahen Osten besser zu verstehen.«
Financial Times Deutschland

Ein »Contractor« packt aus

George Cypriano Bühler · **Kampf den Piraten**
Mein Einsatz unter fremder Flagge
288 Seiten mit Bildteil, Klappenbroschur
€ [D] 18,00 · € [A] 18,50
ISBN 978-3-430-20150-6

George Cypriano Bühler hat einen gefährlichen Job: internationale Handelsschiffe
vor Piraten zu schützen. In seinem Insider-Report berichtet er von seinem
abenteuerlichen Einsatz für maritime Sicherheitsfirmen am Horn von Afrika.
Packend erzählt er von lebensgefährlichen Feuergefechten, Überraschungs-
angriffen im Morgengrauen, Kompetenzgerangel an Bord und spart auch
die politische Dimension seiner heiklen Mission nicht aus.
Ein spannender und aktueller Bericht aus einer verschwiegenen Branche.

Bericht aus der Schlammzone

Johannes Clair · **Vier Tage im November**
Mein Kampfeinsatz in Afghanistan
416 Seiten mit Bildteil, Klappenbroschur
€ [D] 18,00 · € [A] 18,50
ISBN 978-3-430-20138-4

Johannes Clair, ein 25jähriger Fallschirmjäger, hat den Krieg in Afghanistan am eigenen Leib erlebt. Er war dabei, als erstmals seit dem Zweiten Weltkrieg Artillerie eingesetzt wurde, hat mehrere Sprengstoffanschläge und vier Tage Dauerbeschuss überlebt. In seinem mitreißenden und sehr persönlichen Buch erzählt er von seinem Wunsch, in Afghanistan etwas zu bewirken, vom Leben als Soldat, von seinen Hoffnungen und seiner Todesangst. Clair ist ein reflektierter Beobachter und beschreibt ehrlich, wie der Einsatz ihn verändert hat. Ein sehr bewegendes Dokument über eine moderne Kriegserfahrung.

Econ

Bestseller-Autor Jürgen Roth schlägt Alarm

Jürgen Roth · **Spinnennetz der Macht**
Wie die politische und wirtschaftliche Elite unser Land zerstört
ca. 350 Seiten · Hardcover mit Schutzumschlag
€ [D] 19,99 · € [A] 20,60
ISBN 978-3-430-20134-6

In seinem neuen Buch beschreibt der Enthüllungsjournalist Jürgen Roth den
mmer schamloseren Machtmissbrauch einer gesellschaftlich destruktiven Elite:
Höchste Politiker in Berlin, die Ermittlungen gegen Steuersünder behindern;
Richter, die sich nicht für die Wahrheit interessieren oder nur die Interessen
von Banken wahrnehmen; Unternehmer, deren unethisches Verhalten von
prominenten politischen Fürsprechern gedeckt wird. Roths Recherche
bietet eine explosive Mischung aus neuen Fällen kriminellen und
unethischen Handelns der sogenannten deutschen Elite.